Anna K. Bellmann
Under water

Anna K. Bellmann

Under water

Wie die Luft zum Atmen

PIPER

Mehr über unsere Autoren und Bücher:
www.piper.de

ISBN 978-3-492-50244-3
© Piper Verlag GmbH, München 2019
Redaktion: Birgit Förster
Covergestaltung: Cover&Books by Rica Aitzetmüller
Covermotiv: Bilder unter Lizenzierung von Shutterstock.com genutzt
Printed in Germany

Für meine Familie
und das Meer

Das Meer ist nur ein Behälter für all die ungeheuren,
übernatürlichen Dinge, die darin existieren;
es ist nicht nur Bewegung und Liebe;
es ist die lebende Unendlichkeit.

Jules Verne

Im Hafen von Anchorage, Alaska

Noch 6 Tage.

Sie hatte die Nacht über kein Auge zu getan. Ihr Rücken schmerzte, und die Angst hatte sich langsam wie eine Spinne von ihrem Kopf zu ihrem Bauch bewegt und saß jetzt dort fest. Bewegungslos und giftig.

Sie konnte nichts essen. Sie hatte keinen Hunger. Oder sie spürte ihn nicht, weil das andere sich in ihrem Magen so breitgemacht hatte. Die Landmenschen mit den hervortretenden Augen und der leicht gelblichen Haut hatten ihr zwar Wasser und etwas Reis hingestellt, wollten ihr aber die Fesseln nicht abnehmen.

Wahrscheinlich halten sie mich für gefährlich. Merla musste ungewollt grimmig lächeln. Doch für Heiterkeit gab es überhaupt keinen Grund. Es sah ganz und gar nicht gut für sie aus. Die Verwandlung hatte bereits begonnen. An den Armen sah sie ihre Haut grünlich glänzen, und ihre Zehen ließen sich nicht mehr spreizen, sosehr sie sich auch bemühte.

»Verdammt«, flüsterte sie heiser und versuchte, die Fesseln an ihren Handgelenken zu ertasten. Doch die Knoten der Fischer waren doppelt und dreifach und jede noch so kleine Bewegung ausgeschlossen. Sie würde an das kleine Fläschchen, das sie um den Hals trug, niemals herankommen. Das war ihr klar.

Sie hörte ihren eigenen Atem keuchend von den Wänden ihres Gefängnisses widerhallen, während die Motoren des Fischtrawlers gleichmütig unter ihr wummerten.

Immer mit der Ruhe!, beschwor sie sich.

9

Doch es nützte nichts. Die Angst rührte sich, und ihr Gift floss durch ihre Adern: Ihr Puls und ihre Gedanken begannen zu rasen. Wo war Marc? Das Schiff? Wussten sie, was passiert war? Und: Wie viel Zeit blieb ihr noch?

Merla zwang sich, ruhig und gleichmäßig zu atmen, aber jeder Zug, den sie nahm, schmeckte dünner und leerer. Wie absurd: Endlich konnte sie über Wasser atmen, und nun würde sie hier oben jämmerlich ersticken.

Aber sie hatte es einfach tun müssen! Die Rufe aus der Tiefe waren so voller Schmerz und Qual gewesen. Es war richtig gewesen, die unschuldigen Leben zu retten.

Aber was war nun mit ihrem eigenen Leben?

Immer wieder hörte sie Schritte. Männerstimmen, die laut riefen. Türen, die zuschlugen. Die Fischer würden ihren Augen nicht trauen, wenn sie entdeckten, was sie da gefangen hatten.

Ein Wesen, das kaum ein Mensch je zu Gesicht bekommen hatte, doch von dem die Seefahrer schon seit Jahrhunderten erzählten. Eine junge Frau mit auffallend langen Haaren, einer schimmernden Haut, graugrün wie angelaufenes Kupfer, und ungewöhnlich smaragdfarbenen Augen. Das konnte wohl noch als besondere Laune der Natur gelten. Von der Taille abwärts aber war der Unterschied zu jedem Menschen auf Erden unerklärbar: Ziemlich bald würden dort geschuppte, zart schimmernde Beine sein, die in noch mal halb so langen, geschwungenen Flossen endeten.

Das würde eine gelungene Überraschung werden! Unpassenderweise musste sie wieder lächeln. Sie sah noch einmal zu ihren Füßen, und das Lächeln verschwand, als ihr klar wurde: Mehr als zwei Stunden blieben ihr nicht.

Nun wäre es wirklich mal an der Zeit, dass er *mich* rettet, dachte sie noch, bevor sie das Bewusstsein verlor.

I

Maui, Hawaii

Vom Tag war noch kaum etwas zu sehen. Das wenige Licht hatte keine Farbe, war noch grau von den Schatten der Nacht. Nur die weißen Wellenkämme hoben sich deutlich von Meer und Himmel ab. Marc liebte genau diese Stimmung. Und vor allem liebte er es, allein zu surfen. Spätestens in einer Stunde würde die Sonne aufgehen und das Wasser voll sein mit Surfern, die noch kurz vor der Arbeit oder Schule eine Welle reiten wollten. Er atmete tief durch und streckte sich, dehnte seine müden nackten Beine, bevor er die vom vielen Paddeln muskulösen Arme in den Schultern kreiste. Dann lief er zum Wasser, warf sich auf sein Brett und arbeitete sich der tosenden Brandung entgegen.

Obwohl das Wasser hier im Pazifik nicht kalt war, wirkte das erste Tauchen unter einer Welle hindurch wie eine Dose Coke auf ex. Augenblicklich war Marc hellwach. Die Wellen brachen heute sauber. Auch wenn er kaum etwas sehen konnte: Marc wusste genau, wo er sein musste, um sich den ersten perfekten Ritt des Tages zu holen.

Als er endlich draußen war – wo die Dünung das Wasser nur noch hob und senkte –, setzte er sich auf sein Brett und drehte sich um.

Die Silhouette der Berge hob sich dunkel gegen den Himmel ab. Noch war nicht zu erahnen, in welches Paradies die Sonne die Insel bald verwandeln würde. Fettes, glänzendes Grün, Blumen in allen Farben und dazu Menschen, die mit »Aloha« grüßten und gerne mal die Arbeit links liegen ließen, um surfen zu gehen. Es war das größte Glück seines siebzehn Jahre währenden Lebens gewesen, dass sein Vater gerade hier auf Hawaii einen Job als Meeresbiologe bekommen hatte. Wer wollte schon im kalten, nebligen San Francisco aufwachsen, wenn hier einfach alles perfekt war? Das Wetter, die Wellen und auch die Mädchen waren irgendwie entspannter.

Bevor Marc anfangen konnte, seinen Gedanken über Mädchen im Allgemeinen und eines im Speziellen nachzuhängen, sah er eine Welle ganz nach seinem Geschmack das Wasser auftürmen. Eigentlich ahnte er sie mehr, als er sie sah. Doch schnell drehte er sein Board, legte sich ins Hohlkreuz und paddelte an. Die Welle hob ihn hoch, er spürte, wie sein Brett ins Gleiten kam, machte noch zwei schnelle Züge und sprang auf. Adrenalin und eine große Dosis Glück durchströmten ihn, als er die Welle entlangschoss und sein Brett in weichen, aber schnellen Schwüngen die Wasserwand zerfurchte.

Der Schatten direkt vor ihm brachte seinen Ritt abrupt zum Ende. In Bruchteilen von Sekunden registrierte er, dass es weder eine Schildkröte noch ein Hai war. Zum Glück! Eine Frau mit sehr langen Haaren schwamm da vor ihm. Sie hatte kein Brett, surfte auf dem Bauch, einen Arm zum Lenken nach vorn gestreckt.

Was zum Teufel machte die da auf seiner Welle? Es war doch definitiv kein Surfer mit ihm auf dem Wasser gewesen, und oben auf dem Parkplatz hatte auch kein Auto gestanden.

Er strauchelte. Das Meer gönnte ihm diesen kurzen Moment der Ablenkung nicht. Er hatte über die Schrecksekunden zu viel Geschwindigkeit verloren, und die donnernden Wassermassen hinter ihm hatten ihn eingeholt. Wie von einem unsichtbaren Seil gezogen, riss die Welle ihm das Brett unter den Füßen weg, sog es in sich hinein und zog Marc hinterher. Sein Körper wurde nach oben gerissen, und er wusste, was gleich kam: Er würde auf das Riff prallen, als würde ihn ein wütender Riese dagegen schleudern. Das kannte er schon, so ein heftiger Waschgang gehörte zum Surfen dazu.

Es würde wehtun, aber er würde es überleben.

Instinktiv schlang er noch die Arme um den Kopf, schon knallte er mit dem Hinterkopf auf den harten vulkanischen Meeresboden. Er war zwar nur kurz ohnmächtig, aber als er wieder zu sich kam, schrien seine Lungen bereits heftig nach Sauerstoff. Weil es auch im Wasser noch dunkel war, hatte er komplett die Orientierung verloren. Marc tastete zu dem Fuß, an dem das Surfboard festgebunden war, und hoffte, dass es noch da war. Ja, die Leash war nicht gerissen. Gut – das Brett würde Richtung Oberfläche aufsteigen. Das war seine Chance. Seine Lungen brannten und seine Beine schlugen hektisch im Wasser, versuchten verzweifelt, schneller in Richtung der rettenden Luft zu paddeln. Noch unerträglich weit weg sah er das Wasser minimal heller werden, und mit letzter Kraft kämpfte er sich nach oben. Keuchend holte er Luft – endlich. Doch das Meer gab ihm keine Chance zum Ausruhen. Kaum hatte er ein paarmal hektisch eingeatmet, rollte die nächste Welle wie ein heranrauschender Schnellzug über ihn hinweg. Wieder wurde Marc nach unten in die Dunkelheit gedrückt, und er wusste genau, dass das bisschen Sauerstoff in seinen Lungen nicht mehr lange ausreichen würde. Während er hektisch mit Armen und Beinen ruderte, suchte er verzweifelt nach einem Lichtschimmer. Vergebens. Seine Bewegungen waren ohne Ziel. Um ihn war nur Dunkelheit. Dann wurde es noch dunkler, sein Körper kraftloser. So ist es also, dachte Marc und wurde schlagartig ruhig.

* * *

Wohin war er verschwunden? Merla hatte den Surfer zu spät geortet. Sie wäre niemals in die Welle gegangen, wenn sie den Landmenschen vorher bemerkt hätte. War er zum Strand oder wieder nach draußen gepaddelt? Merla stieß sich mit einigen kräftigen Flossenschlägen in die Tiefe und wollte gerade zurück ins offene Meer schwimmen, als sie einen leblosen Körper unter sich treiben sah. Unsicher sah sie sich um – sie schwamm in fünf Meter Tiefe, und weit und breit war kein anderer Meeresbewohner zu sehen. Sollte sie es riskieren und den Nichtschwimmer retten?

Sie wusste, es war verboten. Strengstens verboten! Aber wahrscheinlich war sie selbst der Grund dafür, dass er jetzt ertrank. Schließlich hatten sie dieselbe Welle gesurft. Vielleicht war sie ihm im Weg gewesen und er war deshalb gestürzt … Merla schob die Zweifel beiseite. Sie hatte keine Zeit, länger darüber nachzudenken! Sonst käme sie zu spät. Sein Körper lag bereits reglos am Meeresboden. Rasch schwamm sie zu ihm hinunter und packte ihn an den Schultern. Mit schnellen, kurzen Flossenschlägen nahm sie Geschwindigkeit auf und glitt mühelos Richtung Wasseroberfläche. Als die Brandung sprudelnd und schäumend über sie hinwegrauschte, wagte sie einen Blick auf den Jungen, der schlaff in ihren Armen lag: Wasser lief ihm aus den Mundwinkeln, seine Lippen schimmerten bläulich.

Bei der leuchtenden Sonne! Hoffentlich ist es noch nicht zu spät!, dachte Merla und suchte mit den Augen die Felsen und das sandige Ufer ab. Sie brauchte einen Platz, wo sie ihn ungesehen an Land bringen konnte und die Wellen ihn nicht gleich wieder zu sich holen würden. Da – hinter einem vorgelagerten Felsen schien das Wasser flach und geschützt zu sein. Als der Junge sicher auf dem steinigen Grund lag, beugte sie sich über ihn und hoffte, dass noch etwas Leben in ihm war. Doch es war zu spät. Sein Herz hatte aufgehört zu schlagen.

Was sollte sie tun? Konnte man das Herz vielleicht wieder aktivieren? Bei ihresgleichen funktionierte so etwas im Notfall. Zaghaft presste sie die Hände auf sein Brustbein und begann, im Rhythmus eines kräftigen Herzschlags zu drücken. Immer wieder setzte sie ab und horchte auf den Herzschlag des Erdenmenschen. Nichts.

»Oh mein Gott! Was machst du denn da? Hast du noch nie einen Erste-Hilfe-Kurs gemacht? Eine Herzmassage hat nichts mit Streicheleinheiten zu tun. Geh mal zur Seite!«, herrschte sie die Stimme eines Mädchens an, das irgendwie aus dem Nichts aufgetaucht war. Mit energischem Schwung stützte diese sich auf den Brustkorb des Jungen und drückte ihn so heftig ein, dass die Rippen sich sichtbar nach innen durchbogen. »Los, du musst ihn beatmen! Nun guck nicht so – mach schon!«

Merla hatte keine Zeit, sich von dem Schock zu erholen. Noch ein Erdenmensch! Sie drehte sich kurz um und sah, dass ihre Flossen zwischen den Felsen im Wasser verborgen waren. Zu verschwinden war jetzt noch auffälliger, als zu bleiben. Aber ihm Atem geben? Noch hatte sie genug Luft für zwei in ihren Adern, aber bald würde sie ihren Kopf wieder unter die Wasseroberfläche bringen müssen, um nicht zu ersticken.

»Jetzt mach schon! Er stirbt!« Die Stimme des Mädchens schrillte panisch in ihren empfindlichen Ohren, und es war mehr ein Reflex als vernünftige Überlegung, als sie ihre Lippen auf seinen Mund presste.

Merla hatte ihr zweites Atemsystem bisher noch nie benutzt, doch nun musste sie ihre Lungen einsetzen. Der Sauerstoff wurde aus ihrem Blut in die Lungenbläschen gedrückt, und sie atmete mehr Sauerstoff aus, als es ein Erdenmensch je könnte.

Sie blies in seine Lungen, gab ihm ihre letzten Reserven, während das andere Mädchen wie wild auf sein Brustbein eindrückte. Der Brustkorb hob und senkte sich bei jedem geschenkten Atemzug und bebte heftig unter den Stößen der Herzmassage. Bitte! Nicht sterben! Es war ihre Schuld, dass er hier mit dem Tod rang. Nur ihre! Sie mussten es einfach schaffen.

Merla wusste nicht, wie viel Zeit schon vergangen war, wie oft sie ihm ihren Atem geschenkt hatte. Sie konnte nur hoffen, dass das Mädchen nicht bemerkte, dass sie nie absetzte, um Luft zu holen.

Da! Merla sah die Augäpfel des Jungen unter den geschlossenen Lidern zucken und gab ihm noch einen Zug rettender Luft. Hustend und keuchend atmete der Junge ein, spuckte einen Schwall Wasser aus und öffnete die Augen.

* * *

Das Erste, was er wahrnahm, waren grüne, eigentümlich leuchtende Augen, die ihn durchdringend und fremdartig ansahen. Dann eine Stimme, die zu ihm sprach, obwohl der Mund des Gesichts vor ihm sich gar nicht geöffnet hatte. »Wow! Er lebt, er lebt – wir haben es geschafft! Fast hätte ich gedacht, du packst es nicht, Marc!«, jubelte die Stimme und Marc bemerkte, dass es ein zweites Mädchen war, das gesprochen hatte und nun neben ihm auf und ab hüpfte. Er hatte sie schon öfters auf dem Wasser gesehen, fiel ihm ein. Sie surfte gut. Und ging auf dieselbe Schule wie er – zwei Klassen unter ihm. Oder drei? Marc drehte sich wieder zu dem anderen Gesicht mit den grünen Augen um und versuchte vorsichtig, sich aufzusetzen. »Okay, ich schätze, ich bin nicht tot, aber das war ziemlich nah dran.« Er wischte sich eine Haarsträhne aus den Augen. »Verdammte Waschküche da draußen! Bist du in meiner Welle gesurft? Falls du mir das Leben gerettet hast, würde ich dir sogar verzeihen, dass du mir die beste Welle des Morgens vor der Nase weggeschnappt hast … Wo kamst du überhaupt her? Bist du in die Welle getaucht?« Er sah sie ungläubig an. »Ihr Body-Surfer seid echt total verrückt!«

Zögernd antwortete das Mädchen: »Tut mir leid, normalerweise bin ich immer allein auf dem Wasser, ich habe dich nicht gesehen.« Ihre Stimme klang rau, aber gleichzeitig seltsam weich und melodisch. Als sei sie es nicht gewohnt, sie zu benutzen, dachte Marc. »Wie heißt du überhaupt?«

* * *

Merla sah den Jungen jetzt zum ersten Mal richtig an: Er hatte braune Locken, aus denen das Wasser lief, braune Augen und ein Grübchen in der rechten Wange, als er sie anlächelte. Alles wurde plötzlich gleißend hell, und das Leuchten des Lichts traf sie absolut unvorbereitet.

»Merla, die Wagemutige, Tochter des Wassers«, antwortete sie wie ferngesteuert.

Der Schock war wie ein Schlag ins Gesicht. Erst als sie den Klang ihres eigenen Namens hörte, wurde ihr bewusst, was das bedeutete. Ihr wurde eiskalt und ihre Schuppen erzitterten. Doch das Leuchten blieb.

»Echt? Schöner Name!« Marc lachte leise. »Bisschen dramatisch vielleicht, aber heute hast du deinem Namen auf jeden Fall alle

Ehre gemacht«, fügte er hinzu, während er sich fragend zu dem anderen Mädchen drehte.

»Keana, die, die auch gern im Wasser ist«, sagte sie breit grinsend, »Wir kennen uns aus der Schule, ich bin in der Neunten, und du darfst dich ruhig auch bei mir bedanken. Ohne mein beherztes Zupacken wäre das nix mehr geworden mit dir! Die da hatte von ...«

... Herzmassage keine Ahnung, hatte sie sagen wollen, aber als sich Keana zu der Stelle wandte, wo eben noch das andere Mädchen gesessen hatte – war da niemand mehr.

»Wo ist sie?« Keana blickte sich suchend um. Marc sah nur einen dunklen Fleck, dort, wo Merla eben noch gewesen war. Gleichmütig spülte der Pazifik seine Wellen über die Felsen vor ihm. Das Mädchen mit den grünen Augen und der fremdartigen Stimme war verschwunden.

2

Was für eine Katastrophe! Was sie getan hatte, war entsetzlich, und von Sekunde zu Sekunde war es nur noch schlimmer geworden. Sie hatte nicht nur das Gesetz gebrochen, sondern gleich alles falsch gemacht, was nur möglich war.

Merla schüttelte verzweifelt den Kopf, sodass ihre hüftlangen Haare im Wasser wie ein lebendiges Wesen um ihren Körper schwebten. Nie! Niemals durfte sich ein Meermensch den Landwesen zeigen.

Allein das würde schreckliche Konsequenzen haben. Merla erschauerte.

Aber noch viel weniger durfte sie jemandem, den sie nicht kannte, ihren wahren Namen verraten. Den durfte nur ein Einziger hören! Nur der eine! Der, der das *ewige* Licht entzündete.

Aber sie hatte ihm ihren wahren Namen ja auch gar nicht sagen *wollen*! Er war wie von allein von ihren Lippen geglitten. Was war nur in sie gefahren?

Merla schloss die Augen und drehte sich mit langsamen Bewegungen um die eigene Achse – das tat sie immer, um sich zu beruhigen.

Nur diesmal half es nicht. Kein bisschen! Bei der Vorstellung, er würde ihren Namen rufen, riss sie erschrocken die Augen auf und erstarrte. Sie würde zu ihm kommen müssen. Und sich ihm so zeigen, wie sie war: ein Mädchen des Meeres mit schimmernden Schuppen an den langen Beinen, die in schlanken Flossen endeten. Sie konnte nur hoffen, dass dieser Marc noch zu benommen gewesen war und ihren Namen längst wieder vergessen hatte.

Merla versuchte Ordnung in ihre wild rasenden Gedanken

zu bringen, aber in ihrem Kopf schwirrte es wie ein Schwarm Makrelen auf der Flucht.

Galt der Bund des Namens überhaupt auch für die Males? Das Geschenk des *ewigen Lichts* war selten, nur wenige Wesen des Meeres empfingen dieses größte Wunder des Lebens. Und wurde einem die Gnade zuteil, so war der wahre Name der erste Schritt, der den Bund zwischen den Liebenden besiegelte.

Jedes Meerwesen wusste von den ersten

Flossenschlägen an, dass die Nennung des wahren Namens unumkehrbar war. Es war ein Versprechen, das man nur einmal im Leben geben konnte. Nur einmal oder niemals. Ein Bund für die Ewigkeit.

Ein dicker Knoten verstopfte Merla den Hals und drückte ihr Tränen in die Augen. Reiß dich zusammen! Noch ist ja gar nichts sicher!, versuchte sie, die verstörenden Gedanken zu beruhigen, und schwamm langsam nach Hause.

»Was ist denn mit dir los, hat dich ein Wal gerammt?« Die Stimme holte Merla jäh in die Wirklichkeit zurück.

»Du machst ja ein Gesicht wie ein Tintenfisch.« Maris lachte, und seine hellblauen Augen strahlten vor Vergnügen. »Na, Schwesterherz, hast wohl eine Welle zu viel gesurft, oder warum bist du so grün im Gesicht?«

»Ach, lass mich in Ruhe«, Merla warf ihm einen giftigen Blick zu und tauchte unter ihrem Bruder ab.

»Hey, war ja nur 'ne Frage!«

Maris war niemand, der sich schnell abwimmeln ließ. Mit einer schnellen Drehung war er wieder vor ihr und sah sie fragend an. Auch wenn er manchmal extrem nervte – Merla liebte ihren Bruder.

»Jaja, schon okay«, murmelte sie halblaut, »die Wellen waren heute nicht so gut und ich hab schlechte Laune.«

Mit schnellen Flossenschlägen ließ sie ihn hinter sich und schwamm in den Wald aus hohen Algen, der sich hier kilometerweit über den Meeresboden erstreckte. In dieser Tiefe bewegte sich das Wasser kaum noch und wie Bäume ragten die mächtigen breiten Algen in die Höhe. Die einzige Lichtquelle kam von kleinen Fischschwärmen, die wie leuchtende, weiße Wolken durch den Wald schwebten. Aber Merla konnte selbst im Dunkeln etwas sehen, ihre Iris glich der einer Katze an Land.

Als sie sich der großen Felsenöffnung näherte, hinter der sich die Siedlung der Meermenschen verbarg, blickte sie sich noch einmal um. Maris war ihr zum Glück nicht gefolgt.

Die riesige Grotte unter dem Meeresboden lag mehr als zweihundert Meter unter der Oberfläche. Außerhalb der Grotte war Licht nur noch wie eine schwache Erinnerung. Aber die Wesen, die hier lebten, brauchten es nicht. Trotzdem war es in der Siedlung nicht dunkel. Algen, die von den Meermenschen angepflanzt waren, spendeten ein weißlich violettes Licht, das sowohl die einzelnen Wohngrotten als auch die Wege dazwischen diffus silbrig beleuchtete. Spezielle Korallenzüchtungen, die mit wenig Licht auskamen, leuchteten in allen Farben. Muschelkolonien waren zur Zierde um die einzelnen Höhlen ansässig gemacht worden, und Schwärme von Leuchtfischen lebten zwischen den Korallen. Kein Mensch hätte ahnen können, welche Vielfalt und Farbenpracht sich hier tief unter der Wasseroberfläche verbarg.

Ein hässlicher Viperfisch kreuzte plötzlich ihren Weg, als Merla in die Höhle ihrer Familie eintauchte.

»Hast du dich verschwommen? Verzieh dich«, murmelte sie und schubste ihn mit einer kleinen Flossenbewegung leicht durchs Wasser.

»Merla! Wo warst du denn so lange?«

Die durchdringende Stimme ihrer Großmutter verriet, dass sie ernsthaft böse war. Eigentlich war sie die Sanftheit in Person, doch seit dem Verschwinden ihrer Tochter – Merlas Mutter – war sie ständig in Sorge. Eine Verspätung, und das so kurz vor Anbruch des Tages, war eine mittlere Katastrophe.

»Ich bin doch da, Mommie, es ist alles in Ordnung«, versuchte es Merla mit einem fröhlichen Tonfall, um ein Donnerwetter abzuwenden.

Aber dafür war es bereits zu spät. Mit blitzenden Augen funkelte Selva ihre Enkelin an, und am Schimmern ihrer Schuppen erkannte Merla, dass es mehr als nur eine Ermahnung geben würde.

»Wie oft habe ich dir schon gesagt, dass du pünktlich zum Sonnenaufgang zu Hause sein sollst!? Meinst du, es macht mir Spaß, dich ständig zu ermahnen? Und dieses Wellenschwimmen, das du da betreibst – meinst du, ich wüsste das nicht? Glaubst du etwa, deine Mommie würde hier nur so vor sich hin schwimmen und wäre zu alt, um irgendetwas mitzukriegen? Denkst du nicht, du …?«

Jäh unterbrach Selva ihre Schimpftirade, als sie in Merlas Gesicht blickte.

»Aber, Liebes, was ist denn los? Du weinst ja! Geht es dir nicht gut?« Besorgt nahm sie Merla an die Hand und zog sie zu sich. In Merlas Kopf drehte sich alles, und ihr war so schlecht, als hätte sie verfaulte Fischköpfe verschluckt, aber der liebevolle Ausdruck im Gesicht ihrer Mommie beruhigte sie etwas. Sie überlegte, ob sie sich schnell etwas ausdenken sollte, aber das Unvermeidliche würde sowieso passieren, und bald wüsste jeder, dass sie eine Gesetzesbrecherin war. Eine Gesetzesbrecherin, die bestraft werden musste.

Ihre Stimme überschlug sich, als es aus ihr heraussprudelte:

»Ich musste es tun! Ich konnte ihn doch nicht ertrinken lassen, schließlich ist es ja auch meine Schuld gewesen! Und dann hat er mich gefragt und ich habe ihm geantwortet. Verstehst du? Ich war so verwirrt, dass da dieser Mensch mit mir sprach – ich habe gar nicht gemerkt, dass er ein Mensch war. Das heißt, doch, klar habe ich das gemerkt, aber der Name kam einfach so aus mir heraus. Ich wollte ihn gar nicht sagen!«

Fast trotzig sah sie Selva in die Augen, die betroffen schwieg. »Mommie?«

Merla versuchte in den Augen ihrer Großmutter zu lesen, aber die waren unergründlich grün. Erst als sie anfing zu sprechen, bemerkte Merla den Ausdruck von Schmerz in den Augen der alten Meerfrau.

»Du weißt, was das bedeutet«, sagte Selva mit leiser Stimme. »Du wirst dich vor dem höchsten Rat verantworten müssen.«

Merla hob zornig die Augenbrauen. »Aber warum denn? Niemand hat mich gesehen. Es war keiner dort, ich bin auf dem Rückweg nur Maris begegnet, und der wird wohl kaum seine eigene Schwester verraten.«

Aber sie wusste, dass das mehr Wunsch als Wahrheit war. Das Meer vor den Inseln war ein einziger Marktplatz. So viele Lebewesen, die sich dort tummelten. Ja: Wale und Delfine konnten mit ihrem feinen Sonar sehr wohl bemerkt haben, dass ein Wasserwesen für längere Zeit keine Schallwellen entsandte. Schließlich war sie doch mindestens für eine Viertelstunde an Land gewesen, um den Menschen zu retten.

Noch dazu kalbten die Wale gerade. Von Norden, vom kalten Meer aus, waren in den letzten Tagen mehr und mehr Buckelwale eingetroffen, um hier vor den Inseln zu gebären. Ihr Gesang erfüllte seitdem das Wasser. Merla liebte diese besondere Zeit der Lieder. Fast bis zur nächsten Kolonie konnte man die Gesänge eines Wales hören, und um diese Zeit sang es aus jeder Richtung. Die Wale hörten alles, sogar manches Signal an Land.

Würden die Wale als Zeugen befragt, stünden ihre Chancen wahrscheinlich schlecht. Sie würde die Wahrheit nicht verbergen können.

Merla fühlte eine kalte Welle der Panik von ihrem Herzen aus Richtung Flossen fließen und sah ihre Großmutter fragend an. Sanft nahm Selva ihre Enkelin in den Arm und blies ihr zarte Luftblasen auf die Augen, so, wie sie es bereits getan hatte, als Merla noch ein kleines Meermädchen gewesen war. Doch die beruhigende Wirkung stellte sich nicht ein.

Merla registrierte eine heftige Wasserbewegung, und als sie sich aus den Armen ihrer Großmutter löste, sah sie ihre Schwester in der Wohnhöhle auftauchen. Sira war älter als Merla und normalerweise beherrscht und gelassen, doch schon an ihrem hektischen Auftauchen erkannte man, dass sie in Aufruhr war.

»Du sollst sofort vor dem Hohen Rat erscheinen, Merla! Sofort!

Akana lässt überall nach dir suchen, und die Wale rufen, sodass man es bis zur großen Dunkelheit hören kann. Was ist denn passiert?«

Merla versuchte, ihre erneut aufsteigende Panik unter Kontrolle zu halten, als sie mit mühsam beherrschter Stimme antwortete: »Er ist ein Teres und heißt Marc, und ich musste ihn einfach retten.«

Ihre Schwester sah sie bestürzt an und nahm sie in die Arme.

Merla verbarg ihr Gesicht in Siras Locken und sprach nicht noch aus, was ihr Herz schier zum Bersten bringen wollte: Und ich fürchte, es ist geschehen. Das Licht hat uns getroffen. Zumindest mich, und sie erschrak über dieses Gefühl, das glitzernd hinter der Angst vor dem, was jetzt passieren würde, hindurchschimmerte.

3

Marc hatte keine Zeit gehabt, sich noch lange über das verschwundene Mädchen zu wundern. Keana war achselzuckend zu ihrem Surfbrett gegangen und hatte ihm nur noch ein »Bis später, ich versuch noch schnell 'ne Welle zu schnappen« zugerufen. Er rieb sich die schmerzende Brust und befühlte vorsichtig die Stelle an seinem Hinterkopf, wo er auf den Meeresboden aufgeschlagen war. Es tat verdammt weh, und die Beule schien ihm fast hühnereigroß.

Der Parkplatz, auf dem sein alter Ford stand, war jetzt nicht mehr so leer. Marc musste einen Augenblick suchen, bevor er seinen Wagen entdeckte. Kurz dachte er darüber nach, ob er vielleicht die Schule sausen lassen sollte – seine Beule war ziemlich überzeugend –, aber er konnte es sich nicht leisten, die letzten Vorbereitungsstunden in Chemie zu verpassen. Außerdem war dieser Kurs sein einziger mit Leilani. Der Gedanke an sie ließ ihn kurzfristig seinen Schmerz vergessen, und er fuhr zügig durch die Ananasfelder zur Hauptstraße Richtung Kahului.

Die West-Maui-Mountains-Highschool war so ziemlich die coolste Schule, die er je besucht hatte, und das sollte was heißen, denn Marc hatte schon viele Schulen besucht. Er war in Deutschland geboren worden und hatte dort die ersten acht Jahre seines Lebens verbracht. Als sein Vater angefangen hatte, Projekte beim GEOMAR Forschungszentrum in Kiel zu betreuen, waren sie von Köln nach Kiel gezogen, und seine ersten Grundschuljahre hatte Marc auf einer kleinen Dorfschule am Ostufer der Kieler Förde verbracht. Aber die Karriere ihrer Mutter ging in Deutschland nicht voran, und beide Eltern hatten schon immer vom Auswandern geträumt. Als seine Mutter die Stelle in Amerika angeboten bekam, war der Jubel zu Hause riesig, sein Vater hatte die Esstischlampe mit dem Champagnerkorken getroffen, und alle freuten sich über die Scherben, die Glück bringen sollten. Das erste Jahr in den USA war wie im Flug vergangen. Englisch hatte er schnell gelernt, und es fiel ihm schon fast schwer, in seiner Muttersprache zu denken, als sie von New York nach Phoenix zogen, wo ihre Mutter einen gut bezahlten, aber zeitintensiven Posten am Krankenhaus bekam und ihr Vater nur am Wochenende zu Hause war, weil er sich als Meeresbiologe in Phoenix fühlte wie ein Fisch im Wald.

Die Karriere seiner Eltern blühte in dem Maße auf, wie ihre Ehe den Bach runterging. Bis sich seine Eltern schließlich trennten und sein Dad einen Job in San Francisco angeboten bekam. Für Marc und seinen Bruder Leo war die Entscheidung, mit ihrem Vater zu gehen, nicht einfach gewesen. Aber ihre Mutter hatte in ihrem Job als Ärztin in der Forschung manchmal so viel Zeit im Krankenhaus verbracht, dass ihr Vater ihnen einfach näherstand. Außerdem war Carla eine ziemliche Landratte: Wasser war ihr schlichtweg zu nass. Während die Brüder schon früh die Leidenschaft ihres Vaters fürs Surfen geteilt hatten. Trotzdem: San Francisco war nicht perfekt gewesen. Das Wasser kalt, die Haie hungrig und die Mitschüler eher Schnösel, die für Surfer so viel übrig hatten wie ein klassisches Orchester für Gangsta-Rapper. Deshalb war Hawaii und speziell Maui für Marc und Leo ein echter Glücksfall. Leo konnte hier seine Profi-Surfer-Ambitionen so richtig ausleben, und es verging kein Tag, an dem sein kleiner Bruder nicht nach der Schule noch mindestens drei Stunden in den Wellen von Ho'okipa trainierte. Er war gut, richtig gut – das gestand Marc seinem Bruder neidlos zu. Er selbst surfte zwar auch ganz passabel, aber nicht unter Druck bei einem Wettkampf. Seine Ergebnisse waren da nicht besonders motivierend, weshalb er das Trophäen-Surfen seinem Bruder überließ und sich über die Wellen freute, die er im Morgengrauen ganz für sich allein hatte. Ihm fiel das Mädchen mit den grünen Augen wieder ein, und je länger er darüber nachdachte, umso seltsamer erschien ihm die Begegnung am Morgen. Was war nur mit ihrer Stimme gewesen und wie hatte sie die große Welle überhaupt anpaddeln können? Sie musste eine verdammt gute Bodysurferin sein. Im Gegensatz zu anderen Surfern benutzten die Bodysurfer kein Brett, sondern nur ihren Körper, um die Wellen entlangzugleiten. Es brauchte eine extrem athletische und schnelle Schwimmerin, um die Drei-Meter-Wellen von Ho'okipa zu surfen. Und so eine Schwimmerin hätte ihm längst vorher auffallen müssen.

Marc bog auf den Schulparkplatz ein und sah schon von Weitem Leilani mit zwei ihrer Freundinnen in der Nähe des Schultors stehen. Hektisch parkte er ein und versuchte möglichst lässig auf die drei Mädchen zuzuschlendern. »Hi!« sagte er, bemüht, einen entspannten Eindruck zu machen. Doch mehr als ein kurzes »Aloha« und ein flüchtiger Blick kam nicht zurück. Enttäuscht registrierte Marc die gleichgültige Reaktion. Leilani war so ziemlich das hübscheste Mädchen der Schule – für Marc stand sie ganz oben auf der Hotlist. Mit ihren langen dunklen Haaren und den sanften braunen Augen sah sie aus wie eine Südsee-Schönheit aus dem Bilderbuch. Sie gab Hula-Stunden für die jüngeren Klassen, und Marc hatte gesehen, wie anmutig und wunderschön sie den Tanz ihrer Vorfahren tanzte. Nach einigen oberflächlichen Schwärmereien interessierte Marc sich bereits seit einer Weile ernsthaft für Leilani. Und er plante fest, sie um ein Date zu bitten, wenn sich endlich mal eine passende Gelegenheit dafür ergab.

Was für ein verkorkster Morgen, dachte Marc, als er sich auf seinen Stuhl im Chemieraum fallen ließ.

»Alles, was wir Menschen bisher mit Sicherheit sagen können, ist, dass nichts sicher ist.« Mit solchen oder ähnlichen philosophischen Weisheiten eröffnete Mr Burns gerne seinen Unterricht und holte dabei sein Laptop aus der Tasche. »Wer hat diesen so klugen Satz gesagt? Okay, ihr wisst es wahrscheinlich sowieso nicht«, fügte er sofort hinzu, »Joachim Ringelnatz, ein deutscher Schriftsteller und Kabarettist. Vergesst es besser schnell wieder, sonst werdet ihr noch für Freaks mit bedenklichem Inselwissen gehalten. Interessanterweise hat der schlaue Mann auch noch gesagt: ›Und nicht mal das ist sicher.‹« Er grinste zufrieden. »Und damit zur Chemie und zur Vorbereitung auf die Abschlussprüfung in diesem Jahr.«

Marc versuchte sich zu konzentrieren, merkte aber schnell, dass es heute nahezu unmöglich war. Von der Beule am Hinterkopf breitete sich langsam, aber sicher ein pochender Kopfschmerz bis in seine Haarspitzen aus. Und immer wieder tauchte das so fremd scheinende Mädchen in seinen Gedanken auf und sah ihn aus unergründlich grünen Augen an. Als es endlich klingelte, hatte er nicht eine Sekunde vom Unterricht mitbekommen.

Nach ebenso sinnlosem Englisch- und Biologieunterricht schleppte sich Marc hungrig und ausgelaugt in die Mensa. Sein Kopf wummerte bei jedem Schritt, und er war froh, abseits des Lärms einen Platz am Tisch neben seinem Bruder zu finden, der ausnahmsweise mal allein saß.

»Du siehst ja übel aus«, begrüßte Leo ihn mit einem kurzen Lächeln und wandte sich dann wieder seiner Pasta zu.

»Danke, dass du mir das auch noch sagst, Bruderherz. Du musst mich auch nicht fragen … aber falls du es wissen willst: Ich wäre heute beim Surfen fast draufgegangen.«

Der ernsthafte Ton in Marcs Stimme ließ Leo aufschauen, und er sah seinen Bruder besorgt an.

»Wenn mich nicht eine grünäugige Schönheit gerettet hätte«, fügte Marc beiläufig hinzu. »Ich erzähl's dir gleich. Ich hol mir nur kurz ein paar Nudeln.«

Marcs nur knapp ein Jahr jüngerer Bruder hätte fast ein Klon von ihm sein können – zumindest was Größe, Körperbau, Gesichtsform und sogar die tiefe, volle Stimme betraf. Nur bei den Farben hatte die Natur eine andere Variante gewählt: Leo war blond und hatte die blauen Augen ihrer Mutter geerbt. Seine Grübchen waren erstens beidseitig und zweitens noch tiefer als Marcs, was daran lag, dass Leo einfach eine echte Frohnatur war. Mit ihm gab es immer etwas zu lachen. Er war beliebt und normalerweise von einem ganzen Schwarm von Freunden und Fans umzingelt. Allerdings waren seine liebsten Beschäftigungen nicht besonders sozial: Außer fürs Surfen begeisterte sich Leo nur noch für Logarithmen und Computerspiele. Manchmal schrieb er sogar Programme für eine Softwarefirma in Los Angeles, und Marc bewunderte ihn für seine Fähigkeiten. Obwohl er das Leben deutlich lockerer nahm, bekam er extrem viel geregelt. Oder vielleicht gerade wegen seiner Lockerheit, mutmaßte Marc öfter.

Als Marc mit einem Teller voll bunter Pasta zurückkam, hatte Leo bereits aufgegessen und sah seinen Bruder erwartungsvoll an.

4

Der Rat, bestehend aus drei Meermenschen und vier Meeresbewohnern, war bereits vollzählig, als Merla – flankiert von ihrer Familie – in die Mitte der großen Halle schwamm. Wobei groß noch deutlich untertrieben war! Hoch wie eine gigantische Kathedrale war der Krater des Vulkans und ebenso kunstvoll gestaltet. Schnitzereien aus Perlmutt und Muschelkalk bedeckten die Wände. Und auch die lichtdurchlässige Decke der Kuppel war von Meermenschenhand geschaffen: Im Magma geschmolzener Sand war zu riesigen, lichtdurchlässigen Platten geformt worden, die den zylinderförmigen Krater nach oben abschlossen und ihn so von oben unsichtbar machten.

Doch die vorherrschende Farbe war weiß, und Akana in der Mitte schien Teil dieses imposanten, strahlenden Saales zu sein. Sie wirkte jünger als Merlas Großmutter, obwohl sie bedeutend älter war. Ihre Haare schimmerten im Licht der kleinen fluoreszierenden Fische, die darin schwebten, ihre Flossen waren bis zur Taille von einem glänzenden Netz aus weißen Perlen überzogen, und ein festes Korsett aus Perlmutt bedeckte ihren Oberkörper.

»Bist du Merla, Tochter von Ansa, Großtochter von Selva?«, fragte die Ratsvorsitzende mit ihrer hellen wasserklaren Stimme.

Maris stieß seine Schwester sachte mit der Hand an, um ihr Mut zu machen. Doch Merlas Stimme war nicht mehr als ein zartes von Luftblasen begleitetes Plätschern, als sie der Ratsherrin antwortete. In der Pause, die darauf folgte, ließ sie den Blick nach oben schweifen und bemerkte unbehaglich, dass nicht nur neben ihnen, sondern auch über ihnen unzählige Wasserwesen fast regungslos trieben.

Merla fühlte sich so klein wie ein frisch geschlüpfter Seestern unter dem harten Blick Akanas und den an die siebzig sie beobachtenden Meermenschen ihrer Kolonie. Die wenigen Paare, die vom Licht und damit von Nachwuchs gesegnet waren, hatten ihre noch nicht mündigen Kinder in ihren Höhlen zurücklassen müssen, und die meisten hier waren nun Ältere mit zerfurchten, rissigen Flossen und nachlassendem Schimmer, aber aufmerksamen Augen. Dazu Delfine, Orcas und Haie, Schildkröten und große Thunfische.

»Ist es wahr, was man mir berichtet?« Akana blickte kurz zu dem neben ihr verharrenden Delfin. »Du hast dich einem Menschen gezeigt? Du hast das Wasser, dein Element und unser aller Lebensraum, verlassen, warst komplett sichtbar als Wesen des Meeres und hast zudem noch zugelassen, dass ein *zweiter* Mensch dich so sieht?« Ihre Stimme erhob sich zu einem tosenden Brausen und schien von den Wänden der Höhle widerzuhallen. »Bist du von Sinnen?« Ihre Stimme überschlug sich. »Du hast uns alle in größte Gefahr gebracht! Ist dir das klar?«

Ein vielstimmiges Rauschen erhob sich. Das Wasser wirbelte von vielen Flossen geschlagen auf, und von überall flogen Stimmen fast sichtbar durch die Halle. Merla suchte die Nähe ihrer Großmutter und spürte, dass auch diese Angst hatte.

»Was tun wir mit Verräterinnen? Mit denen, die das höchste Gesetz gebrochen haben? Die unsere Welt in den Abgrund stürzen und uns alle in Lebensgefahr bringen wollen?«, schallte Akanas Stimme über das Getöse der Menge hinweg.

»Sie müssen in die große Dunkelheit gehen!«, schloss sie nach einer kurzen Pause, die sich für Merla wie eine Ewigkeit anfühlte.

Furcht breitete sich in ihrer Brust aus und kroch ihr langsam die Kehle hinauf. Die große Dunkelheit! Noch nie war jemand von dort zurückgekehrt. Alles Leben wurde mit jedem weiteren Meter Tiefe verschluckt. Kein Sonar und kein Orientierungssinn halfen einem dort. Und irgendwann brachte der Druck des Wassers jede einzelne Zelle zum Platzen – wenn sie nicht vorher schon an Sauerstoffmangel gestorben war.

Mit einem sachten Flossenschlag drängte Merla sich an die Seite ihrer Großmutter, unfähig, auch nur ein Wort zu ihrer Ver teidigung hervorzubringen. Doch Selva stieß sich mit einem energischen Schwung in die Höhe und wandte sich an all die Kreaturen des Meeres, die hier sonst so friedlich miteinander lebten.

»Nein! Wartet!«, rief sie mit ihrer tiefen, volltönenden Stimme in das allgemeine Chaos aus Blasen, Schallwellen und Klängen. »Das ist nicht rechtens! Meine Enkelin hat unbedacht gehandelt – ja! Aber nicht, weil sie nicht um die Heiligkeit des Gesetzes wusste, sondern weil das höchste Gesetz von allen ihr Handeln bestimmte: das Retten von Leben! Der Teres wäre ohne ihre Hilfe zweifellos verloren gewesen. Und ist nicht jedes Geschöpf unter oder über Wasser ein lebenswertes Wesen? Du weißt, Akana, dass das Leben über allem steht. Es ist die Pflicht von uns Meermenschen, unseren Brüdern und Schwestern des Landes zu helfen. Auch das ist ein Gesetz. Ich bitte den Hohen Rat dieses zu bedenken.«

Für einige Sekunden herrschte Stille in der Höhle. Nur wenige wagten es, Akana zu widersprechen, und die Meeresbewohner warteten regungslos auf ihre Reaktion.

Streng presste Akana ihre Lippen aufeinander und glitt zurück auf den Sitz aus zartrosa Herzmuschelschalen.

»Wir haben deinen Einwand gehört, Selva. Wir werden eine Entscheidung treffen.«

Lornas und Velron, die beiden anderen Meermenschen des Rates, schwammen langsam an ihre Seite und ließen Akana mit unbewegten Gesichtern flüsternd ihre Meinung wissen. Akana schüttelte den Kopf und sah Lornas böse an. Der Delfin zu ihrer Rechten stieß eine kurze Abfolge von Klicklauten aus, der mächtige Buckelwal ließ eine Folge lang gezogener Laute erklingen, und der Entsandte der Wirbellosen, ein Tintenfisch aus der Gattung der Riesenkraken, begann unmerklich, vibrierende Wasserwellen zu produzieren. Lediglich der Tigerhai, der regungslos im Hintergrund stand, hielt sich mit einer Reaktion zurück. Die Sonargeräusche der Wale und Delfine konnte Merla verstehen, die Sprachen der anderen Meeresbewohner waren ihr fremd. Nur sehr wenige Meermenschen waren in der Lage, Vibrationen der Wirbellosen und Fische zu deuten.

Merla spürte, wie sich ihre Flossen verkrampften, als sie verstand, dass der Wal und der Delfin gegen Akana gestimmt hatten. Auch Lornas schien gegen sie gesprochen zu haben, denn er sah Merla fest und freundlich an. Velron hingegen wagte es nie, gegen Akana zu stimmen, und würde sich auch diesmal ihrer Meinung anschließen, so viel stand fest.

»Was ist los, worauf warten sie?«, raunte Merla ihrer Mommie leise zu.

»Es sieht alles danach aus, als ob der Entsandte der Fische die entscheidende Stimme hätte. Der Rat scheint gespalten.«

Wie in Zeitlupe und ohne erkennbare Bewegung seines mächtigen Leibes kam der Tigerhai nach vorn geschwommen. Er war ein beeindruckend schönes Tier: Seine Zeichnung hob sich dunkel von dem silbern schillernden Körper ab. Sie glich dem Schatten der Sonne auf flachem Meeresboden und war eine perfekte Tarnung. Ein Zeichen für sein jugendliches Alter. Dennoch: Er war ein gefürchteter Jäger, der nur hier im Ratssaal keine Bedrohung darstellte – ansonsten mussten sich die meisten Wesen vor ihm und seinen Verwandten in Acht nehmen.

Alle Augen richteten sich jetzt auf den Hai. In der Halle war es fast gänzlich still geworden, das Wasser klar und ruhig wie Glas. Merla nahm kaum noch wahr, was um sie herum geschah. Ihr Körper fühlte sich taub an, und in ihrem Kopf rauschte es wie die Brandung am Strand. Auch ihrer Familie sah man die Anspannung an: Straff traten die zarten Muskeln am Hals ihrer Großmutter hervor, nervös zuckten die Schuppen an den Flossen ihrer Schwester. Und Maris Kiemen flatterten wie kleine Zitterfische in der Strömung. Sie alle hatten Angst.

Endlich zeigte der Haifisch eine Regung. Merla sah ein Beben entlang seiner Flanken, das sich in unterschiedlichen Abständen veränderte.

Und schon im nächsten Moment explodierte das Wasser. Luftblasen verwirbelten die Sicht, Stimmen und Schallwellen überschlugen sich, und Selva nahm ihre Enkelin schützend in die Arme.

5

Marc war froh, als er nach der letzten Unterrichtsstunde endlich im Auto saß. Mit immer noch leise hämmernden Kopfschmerzen fuhr er die gewundene Küstenstraße Richtung Osten. Zu dieser Zeit bedeutete das allerdings mehr Stehen als Fahren, denn obwohl Maui eine beschauliche Insel war, gab es hier – auf der einen Hauptverkehrsader – zu den Stoßzeiten immer Stau. Haiku hieß das kleine Dorf, in dem sein Vater ein Haus gekauft hatte. Überall wucherte tropisches Grün, und die wenigen Häuser, die hier oben am Hang standen, wirkten wie Pippi Langstrumpfs »Villa Kunterbunt« auf Amerikanisch.

Sein Handy klingelte, und Marc erkannte überrascht die Mobilnummer seines Vaters. »Hi, Dad! Was gibt's?« Selten rief ihn sein Vater übers Handy an. Er beharrte darauf, dass die Dinger Krebs und Kopfschmerzen auslösten, und nutzte seins fast nie.

»Hi! Ich möchte, dass ihr euch heute Abend ausnahmsweise mal ein Hemd anzieht.« Marc hörte seinen Vater lächeln. »Der Gouverneur und ein paar Medienvertreter werden sich heute die neuesten Berichte unserer aktuellen Analysen der CO_2-Werte im Pazifik anhören. Anhören … traurig gucken, ein paar lasche ›Wir werden uns darum kümmern‹-Statements abgeben und dann das Ganze wieder so rasch wie möglich vergessen. Zum Kotzen, diese ignoranten Säcke! Deshalb möchte ich, dass ihr dabei seid. Ich schaffe es sonst nicht, dabei auch noch freundlich zu bleiben. Passt das?«

Marc zögerte kurz. Lieber hätte er sich entspannt und seine Beule gekühlt, aber er wusste, dass er seinem Dad diese Bitte nicht abschlagen konnte.

»Ok, wann sollen wir da sein?«

»Um neunzehn Uhr geht's los. Sei bitte pünktlich! Und sag das auch deinem Bruder. Und denkt daran, ein Hemd anzuziehen!«

Ohne sich zu verabschieden, beendete sein Dad das Gespräch. Marc sah erstaunt aufs Display. Der schien ja mächtig angespannt zu sein. So kurz angebunden war er selten.

Marc ließ sich in die Hängematte auf der Veranda fallen, schloss die Augen und war nach wenigen Sekunden eingeschlafen.

Als er nach über einer Stunde wieder aufwachte, war das Pochen in seinem Kopf schwächer geworden. Mit einem Blick auf sein Handy sprang er auf: Schon kurz vor sechs! Und er hatte noch nicht mal mit Leo gesprochen. Wahrscheinlich saß der noch mit seinen Nerd-Freunden am Computer und bastelte an neuen Apps herum. Meistens irgendwelche Spiele. Wenn er wenigstens mal was Sinnvolles programmieren würde, dachte Marc, als er Leo eine knappe WhatsApp schickte: *Bruder! 19:00 mit Gouverneur+Dad. At @ asap Hemd holen! M.*

Die Dusche brachte Marc wieder in einen deutlich klareren Zustand. Er ließ sich das weiche Wasser über den Nacken rieseln und betastete die Beule, die mittlerweile gefühlt faustgroße Ausmaße angenommen hatte. Nur mit einem Handtuch um die Hüften öffnete er die Badezimmertür, als sein Bruder mit großen Schritten die Treppe ins Obergeschoss herauf stürmte und an ihm vorbei ins Bad stürzte.

»Du bist ja echt witzig! Hättest du mir nicht früher Bescheid sagen können? Ich bin wie ein Irrer den Berg hochgestrampelt. Wo müssen wir denn hin? Lahaina oder Maalaea?«

Noch während er sprach, zog er sein Shirt und seine Shorts aus und ließ die Sachen achtlos auf dem Boden liegen, bevor er sich ebenfalls die Hitze des Tages vom Körper wusch.

»In die Whale Foundation in Maalaea. Keine Sorge, das schaffen wir schon. Dusch halt mal kürzer und vor allem: Nimm die Klamotten da noch weg, sonst bekommt Dad einen Anfall. Du weißt doch, wie ihn das nervt.«

»Und dich anscheinend auch – klingst ja schon fast wie er. Das war wohl ein Schlag auf den Hinterkopf zu viel, Bruderherz, oder waren es die grünen Augen der unbekannten Schönheit, die dich so in Bann gezogen haben? Hey, bleib mal locker!«

Die grünen Augen. Sofort sah Marc die Szene wieder vor sich. Er war sich sicher, noch nie in seinem Leben so seltsame Augen wie diese gesehen zu haben.

Die Iris war irgendwie heller gewesen als normal. Es schien, als hätten ihre Augen geleuchtet. Und was hatte sie eigentlich angehabt? Wenn das grün-braune Zeug ein Bikinitop war, dann bekam man das wohl höchstens in Bioläden. Mit Muscheln und Perlen darin, hatte es wie selbst gestrickt ausgesehen. Dass sie damit überhaupt surfen konnte …

»Erst so einen Stress machen und dann hier rumträumen – komm schon!«

Mit dem Schlüssel in der Hand klopfte ihm Leo auf die Schulter. Dann schüttelte er den Kopf wie ein nasser Hund, sodass seine halblangen Haare flogen und Marcs frisches, hellblaues Hemd mit dunklen Wassertropfen bespritzten.

»Ich fahre und du träumst einfach noch ein bisschen weiter, okay?«, rief er und zog Marc am Ärmel zur Haustür heraus.

Die Pacific Whale Foundation hatte sich dem Ziel verschrieben, Wale, Delfine, Meeresschildkröten und andere Wasserwesen zu schützen. Sie war in den Achtzigerjahren als private Institution mit Hauptsitz auf Maui, der drittgrößten Insel des US-Bundesstaates Hawaii, gegründet worden. Zwar konnte man hier auch als Tourist Whalewatching-Trips buchen, aber die Hauptarbeit der rund hundertzwanzig Mitarbeiter lag im Bereich Forschung und Schutz.

Hawaiis Gouverneur und die Politiker waren sich dessen bewusst, dass die Wale zu den großen Tourismusmagneten gehörten. Keine Hawaii-Reise ohne Whalewatching. Da kam richtig Geld in die Kassen, und auch wenn die Gesundheit der großen Meeressäuger nicht jedem Politiker ernsthaft am Herzen lag, dafür aber der Profit, die die Inseln mit jedem glücklichen Wal-Touristen machen konnten.

Ihr Vater war eigentlich kein Spezialist für Walfische oder Delfine. Klaus Beck hatte seinen Doktor zwar auch in Meeresbiologie gemacht, aber sein Fachgebiet waren Mikroorganismen und die kleinen Lebewesen, die den Anfang der Futterverwertungskette bildeten. An deren Ende dann aber irgendwann der Wal stand, und so hatten die versammelten Politiker einen triftigen Grund, um von der Regierungsinsel O'ahu herübergeflogen zu kommen und den Vortrag ihres Vater zu hören.

Das Maui Center war – sehr passend – in klarem Azurblau gestrichen und befand sich in einem neuen Gebäudekomplex direkt gegenüber den Segeljachten und Motorbooten des Hafens von Maalaea. Außer einem Diner, einer Tauchschule und einem Fitnesscenter gab es hier nicht viel. Anders als in Lahaina, der Touristenattraktion mit den alten – oder auf alt gemachten – Holzhäusern mit zierlichen Balkonen im Kolonialstil, den Restaurants direkt am Pazifikufer und den alten Walfangschiffen zum Bestaunen, verirrte sich hier kaum je ein Tourist hin.

Trotzdem waren direkt vor dem Eingang schon viele Parkplätze belegt, sodass Leo Marcs alten Subaru ziemlich weit entfernt stehen lassen musste. Die letzten Meter zum kleinen Saal gingen sie im Laufschritt, während sich Leo noch das Hemd in die Hose steckte, weil es zwar sauber, aber doch reichlich verknittert war.

»18 Uhr 59 – keine Minute zu früh. Da habt ihr aber mal wieder ein perfektes Zeitmanagement geliefert«, begrüßte ihr Vater sie mit spöttischem Unterton und drückte sie an sich.

»Wir wären auch früher gekommen, wenn dein ältester Sohn nicht gemütlich auf der Veranda geschlafen hätte, anstatt mir rechtzeitig Bescheid zu sagen«, antwortete Leo und drückte seinem Bruder den Ellbogen in die Rippen.

»Wenn du sonst nicht so ein entspannter Typ wärst, würde ich dich jetzt glatt als Petze bezeichnen, kleiner Bruder.« Marc grinste breit, und seine braunen Augen funkelten. »Hey«, er zog es genüsslich in die Länge, »relax! Wir sind doch pünktlich!« Endlich konnte er an diesem bisher so vergeigten Tag auch mal einen Punkt machen.

»Jetzt hört mal kurz zu, Jungs«, unterbrach ihr Vater das Geplänkel und deutete unauffällig auf eine gut aussehende Frau. Sie trug ihre langen, glatten, schwarzen Haare offen, und ihr Gesicht zeigte die typisch polynesischen Züge: weit auseinanderstehende Augen, etwas verbreiterte Nase und volle Lippen. Was für eine Schönheit, dachte Marc. Sie stand nur ein paar Meter von ihnen entfernt und hörte mit konzentriertem Gesichtsausdruck ihrem Gesprächspartner zu. »Das da ist die Vize-Gouverneurin von Hawaii: Akela Kehanamoku«, sagte er mit leiser Stimme. »Der Gouverneur hatte wohl mal wieder was Besseres vor«, er holte hörbar Luft, »aber vielleicht ist es auch besser so, denn seine Vertreterin ist eine echte Hawaiianerin, also polynesischer Abstammung. Könnte sein, dass ihr der Zustand des Meeres und die Zukunft der Meerestiere wichtiger ist als den anderen Pfeifen.« Zwischen seinen Augenbrauen hatte sich eine steile Falte gebildet, und seine Kiefermuskeln waren angespannt. Er wirkte angriffslustig und entschlossen.

Marc betrachtete die Frau genauer: Trotz der ersten grauen Strähnen im Haar sah sie jung und energiegeladen aus. »Wow, solche Babes arbeiten für die Regierung?«, raunte sein Bruder ihm zu, als sie ihrem Vater in Richtung Vize-Gouverneurin folgten.

»Darf ich mich vorstellen? Mein Name ist Dr. Klaus Beck, ich leite die Forschungsabteilung des Maui Ocean Centers und freue mich sehr, Sie heute Abend hier begrüßen zu dürfen, Mrs Kehanamoku«, sagte ihr Dad mit seiner volltönenden Bassstimme, die ihm sonst immer die sofortige Aufmerksamkeit seines Gegenübers einbrachte. Doch die Vize-Gouverneurin war anscheinend nicht so leicht zu beeindrucken. Sie beendete in Ruhe das Gespräch, das sie gerade geführt hatte, bevor sie sich lächelnd zu ihnen umdrehte.

»Dr. Bag – spreche ich das so richtig aus? –, schön, Sie kennenzulernen«, sagte sie mit ebenfalls tiefer, aber weicherer Stimme. »Ich habe schon viel von Ihrer Arbeit gehört und bin gespannt, was Sie heute zu berichten haben.«

»Und ich freue mich, dass Sie den Weg zu uns auf sich genommen haben, und hoffe sehr, dass mein Vortrag Ihnen die Dringlichkeit der Situation deutlich machen wird.«

Die Vize-Gouverneurin nickte freundlich, während ihre Augenbrauen sich leicht amüsiert hoben, und wandte sich dann ihrem Platz in der ersten Reihe zu.

Charmantes Lächeln, aber mit der ist sicher nicht zu spaßen, dachte Marc, als er sich neben Leo auf einen der Stühle vor dem Rednerpult setzte. Sie sah aus wie eine Frau mit eigener Meinung und Durchsetzungskraft. Ähnlich wie sein Vater.

Der Saal war nicht groß, eher wie ein Gemeindeversammlungsraum mit niedriger Decke, und nur die vielen imposanten Fotografien von unterschiedlichsten Walen ließen ihn einigermaßen einladend wirken. Man sah, dass das Geld des Instituts knapp bemessen war und dass nicht in Äußerlichkeiten investiert wurde.

Nachdem sein Vater die wenigen Politiker, interessierten Gäste und seine Institutskollegen – insgesamt wohl an die sechzig Personen – begrüßt hatte, begann er seinen Vortrag.

»Einen schönen guten Abend, aloha und herzlich willkommen im Namen des meeresbiologischen Instituts von Hawaii und der Pacific Whale Foundation, deren Gast wir hier heute Abend sind. Mein Name ist Dr. Beck. Bitte üben Sie die Aussprache erst im Anschluss an meinen Vortrag, und bitte versuchen Sie auch, sich Ihr Lachen über meinen Akzent zu verkneifen«, einige Leute grinsten, »aber ich denke, das Thema ist sowieso weniger zum Lachen. Ich will Sie nicht lange mit Zahlen und Daten langweilen und werde versuchen, so anschaulich wie möglich die Ergebnisse unserer Forschung aus dem letzten Jahr darzustellen. Mein Thema heute sind die Todeszonen im Meer und die Folgen der Versauerung der Ozeane.

Ich werde Ihnen einige Bilder zeigen und dazu ein paar Worte sagen. Anschließend stehe ich Ihnen gerne noch für Fragen zur Verfügung.«

Marc kannte diesen Tonfall bei seinem Vater und musste unwillkürlich lächeln. Sollte auch nur eine einzige unsinnige oder verharmlosende Frage laut werden – sein Dad würde keine Gnade kennen. So umgänglich Klaus Beck sonst auch war: Beim Thema Zerstörung der Meereswelt geriet seine Freundlichkeit rasch an ihre Grenzen.

Im Saal wurde es dunkel, und alle sahen auf die weiße Leinwand.

Gleich das erste Bild der Präsentation war ein Schock.

Kadaver von weißlichen Fischen bedeckten den grauen Meeresboden dicht an dicht.

So weit das Auge reichte. Es sah aus wie nach einem Atomschlag. Nur eben unter Wasser.

»Das ist ein Bild aus einer sogenannten Todeszone. Todeszone deshalb, weil hier absolut kein Leben mehr möglich ist. Es fehlt den Lebewesen der Sauerstoff zum Atmen.« Er machte eine Pause und sah seine Zuhörer eindringlich an.

»Schuld daran sind wir Menschen. Es sind die Abwässer der großen Städte, die das Algenwachstum fördern. Sterben die Algen dann ab, werden sie von Bakterien zersetzt. Ja, und diese hungrigen Biester verbrauchen den gesamten Sauerstoff. Alle anderen Lebewesen ersticken kläglich. Dieses Bild kommt übrigens aus der deutschen Ostsee, und das Areal der Unterwasserwüste ist so groß wie Irland.« Wieder machte er eine bedeutungsvolle Pause.

»Ostsee?, fragen Sie sich vielleicht. Ganz schön weit weg, oder? Aber zu früh gefreut: Auch im Pazifik sind solche ›schwarzen Wasser‹ entstanden. Sie gehören zu den fünfhundert bisher bekannten Todeszonen weltweit. Wobei«, er lächelte grimmig, »diese Zahl ein Witz ist. Nicht mehr als die Spitze des Eisbergs.«

Marc sah aus dem Augenwinkel, wie die Vize-Gouverneurin sich über ihr Handy beugte. Und er sah, dass auch sein Vater ihr sichtbares Desinteresse bemerkt hatte. Das konnte ungemütlich werden.

Noch weitere erschreckende Bilder wurden gezeigt, und sein Vater nannte unfassbare Zahlen und Fakten, aber nichts davon war Wissenschaftler-Kauderwelsch, alles war gut verständlich und eingängig. Außer der Politikerin hörten alle im Saal gebannt zu. Vor allem, als Dr. Beck plötzlich abrupt seine Präsentation unterbrach und sich Mrs Kehanakamoku zuwandte, die immer noch auf ihr Handy starrte.

»Mrs Vize-Gouverneurin, ich störe Sie nur ungern bei Ihrer Kommunikation, aber dieses Thema betrifft auch Sie: Noch ist der Pazifik hier vor den Inseln nicht betroffen; wenn die Regierung unter ihrem Präsidenten allerdings so weitermacht und sogar die Fakten leugnet, dann ist es nur noch eine Frage der Zeit!« Sein Tonfall schwoll immer mehr an. »Und wenn die Todeszonen wachsen, meinen Sie, dass dann auch nur noch ein Tourist kommt? Wenn man Wüsten sehen will, fährt man nach Afrika und nicht nach Hawaii!« Wütend starrte er die Regierungsvertreterin an.

Verdammt, reiß dich zusammen Dad!, dachte Marc.

Doch die Vize-Frau blieb gelassen. »Es tut mir sehr leid, Dr. Bag, aber ich bekomme gerade eine Eilmeldung der Küstenwache«, entgegnete sie betont ruhig. »Ich fürchte, ich werde dazu demnächst etwas sagen müssen, da der Gouverneur derzeit auf dem Festland ist. Was die Haltung der Regierung zum Thema Meeresschutz sein sollte, sehe ich genauso wie Sie, und ich verspreche Ihnen hiermit, dass ich wiederkommen werde.« Sie wandte sich an den gut gefüllten Saal. »Entschuldigen Sie mich bitte. Mahalo.« Nach diesen Worten verließ sie zusammen mit zwei Begleitern den Saal, in dem es schlagartig alles andere als ruhig war.

Ein Raunen erfasste den Saal, überall wurden hektisch Handys gezückt, dann kündigte Marcs Vater eine kurze Pause an und das Licht wurde eingeschaltet.

»Was ist passiert?«, fragte Leo seinen Bruder, der bereits dabei war, die Internetseite der örtlichen Zeitung aufzurufen. »Warte, das Laden dauert gerade ewig«, antwortete Marc, als sein Vater neben ihm auftauchte und wieder die steile Falte zwischen seinen Augenbrauen präsentierte. Nur dass er diesmal nicht zornig, sondern eher beunruhigt aussah. »Hier ist es! Was? Das ist ja unheimlich!«, murmelte Marc.

»Lies schon vor«, drängte sein Vater ungeduldig.

»Breaking news: Partyschiff der *Pacific Dreams*-Flotte fünfzig Kilometer vor der Küste O'ahus treibend aufgefunden. Alle zweihundert Menschen an Bord – Besatzung und Passagiere – tot. Um das Schiff: zwei tote Buckelwale und mehrere Kadaver von Delfinen. Keinerlei Hinweise auf die Ursache für den Tod von Mensch und Tier. Kein Hinweis auf Fremdeinwirkung. Die Bergung der Leichen wird noch am heutigen Abend beginnen. Eine Obduktion soll Aufschluss über die Todesursache geben. Auch die Wale und Delfine sollen vom meeresbiologischen Institut untersucht werden. ›Auf den ersten Blick sieht es aus, als seien die Tiere erstickt‹, so ein unbestätigtes Statement eines Biologen.«

Marc schwieg betroffen.

»Das ist ja schrecklich! Wie im Horrorfilm! Oder wie in diesem Roman von Frank Schätzing«, sagte Leo entsetzt.

»*Der Schwarm*«, ergänzte sein Vater. »Komisch, daran habe ich auch gleich gedacht. Aber das hier klingt ziemlich real. Ich werde gleich mal mit den Kollegen auf O'ahu Kontakt aufnehmen. Auch wenn das nicht mein Fachgebiet ist und eine Todeszone ja nur unter Wasser und nicht über Wasser auftritt.« Er tippte eine Nachricht in sein Handy. «Erst mal abwarten, was die drüben herausfinden.«

Im Saal wurde es immer lauter. Alle waren schockiert über die Nachricht, und in den Gesichtern standen Fassungslosigkeit und viele unbeantwortete Fragen.

Nach einer Viertelstunde trat Marcs Vater wieder ans Rednerpult, und die verbliebenen Gäste hörten seinen Ausführungen überraschenderweise noch eine knappe Stunde lang aufmerksam zu. Doch vermutlich hatten seine Worte und die schockierenden Bilder wenig Chance, einen bleibenden Eindruck in den Köpfen der Zuhörer zu hinterlassen, zu sehr waren alle mit der schrecklichen Nachricht von den vielen Toten beschäftigt.

Um kurz nach neun endete der Vortrag, und Marc und Leo machten sich ohne ihren Vater auf den Heimweg, da dieser noch mit einigen Kollegen ins Gespräch vertieft gewesen war.

Als sie entlang der dunklen Zuckerrohrfelder nach Haiku zurückfuhren, wechselten die Brüder kaum ein Wort. Während Leo versuchte, noch mehr Informationen zu dem Todesschiff – wie es bereits im Netz genannt wurde – zu bekommen, fuhr Marc die unbeleuchtete Straße den Berg hinauf und fragte sich, ob das nicht alles ein bisschen viel für einen Tag war. Da war er knapp dem Tod im Wasser entkommen und von einer fremdartigen Schönheit gerettet worden, während für mehr als dreihundert Menschen auf dem Meer, ganz in seiner Nähe, jede Hilfe zu spät gekommen war. Was für eine seltsame Fügung, dachte er und lenkte den Wagen in die Einfahrt vor ihrem kleinen Haus, das im schwachen Mondlicht ebenso fahlweiß leuchtete wie die toten Fische auf dem Foto von der Todeszone.

6

Es war so dunkel. Und still. Die Weite um sie herum schien grenzenlos. Doch der Junge mit den braunen Augen hielt ihre Hand fest, lächelte sie an und sagte: »Du brauchst keine Angst zu haben. Ich rette dich. So, wie du mich gerettet hast.«

Mit einer liebevollen Geste strich er ihr über das Gesicht. Doch plötzlich griff er sich an den Hals, die Augen angstvoll aufgerissen, und sein Körper kämpfte wie wild gegen den Sauerstoffmangel. Verzweifelt versuchte sie, ihm Atem zu geben, aber nichts davon schien bei ihm anzukommen. »Hilf mir!«, flehten seine Lippen stumm.

Dann erstarrte sein Blick, und sein Körper trieb schlaff von ihr weg, sank immer schneller Richtung Dunkelheit. Die Hilflosigkeit fühlte sich an wie Fesseln um ihren Körper und ihr Herz trommelte wie verrückt.

»Nein!!!« Merla schreckte hoch. Sie brauchte einige Sekunden, um zu begreifen, wo sie war. Die weichen Algen, die ihre enge Schlafmuschel formten, leuchteten beruhigend im dunklen Grün, und das innere Netz aus zarten Fäden, in die ihre Mommie Korallenstücke und Perlmutt geflochten hatte, war so schön, dass ihr Anblick sie langsamer atmen ließ und sie wieder in die Wirklichkeit zurückbrachte. Sie sah hinüber zu den Schlafmuscheln der anderen. Alles war ruhig: Wie Perlen an einer Schnur stiegen die Luftblasen aus den Ruheplätzen von Selva, Sira und Maris – ihr Schrei hatte zumindest niemanden geweckt.

Merla zog die Schnüre an der Öffnung enger, und das Gewebe aus Algen schmiegte sich wie ein Kokon an ihren Körper, sodass es fast ihre Haut und die Schuppen an den Beinen berührte.

Was für ein schrecklicher Traum. Schon wieder. In den letzten Nächten hatte sie immer wieder wild geträumt und immer war der Junge mit den braunen Augen ertrunken. Aber nicht nur ihre Nächte beherrschte er, auch tagsüber dachte sie dauernd an ihn. Wie es ihm wohl ging?

Nach der Entscheidung des Hohen Rates hatte Selva darauf bestanden, dass Merla die Höhle der Familie für eine Weile nicht verließ. Es müsse erst mal wieder Ruhe einkehren und außerdem wisse man bei ihr ja nie, ob sie sich nicht gleich schon wieder in Schwierigkeiten bringen würde. Merla hatte nicht dagegen aufbegehrt.

Akana war nach ihrer Niederlage immer noch aufgebracht, und Merla wusste, dass außer ihr auch andere Meermenschen die Gnade, die ihr zuteilgeworden war, nicht für angebracht hielten.

Die Stimmung unter den knapp hundert Bewohnern ihrer Kolonie in Bezug auf Teres war schon vor ihrer leichtsinnigen Rettungsaktion angespannt gewesen.

Die Wale hatten von ihrer Reise aus dem Norden Fürchterliches berichtet: unermesslich große Teppiche aus bunten Stoffen der Teres hatten sie am Auftauchen und Atmen gehindert; viele von ihnen waren verendet, weil ihre Mägen davon verstopft worden waren.

Merla wusste, dass Akana aus zwei Gründen wütend war: erstens, weil sie es als Demütigung empfand, überstimmt zu werden, und zweitens, weil sie Erdenmenschen abgrundtief hasste.

Und mit diesem Hass war sie nicht allein. Es schien, als habe sich die Wut wie ein Virus in der Unterwasserwelt ausgebreitet. Hinter vorgehaltener Hand hörte man Stimmen flüstern, die von Kampf und Gegenwehr und einem Ende des friedlichen Zusammenlebens kündigten. Merla wusste nicht, ob das nur das übliche Gerede war oder tatsächlich der Beginn einer neuen Zeit. Und wie passte der Tod der Wale und Delfine am Tag ihres Tribunals zu diesen Gerüchten? Noch am selben Abend war die schlimme Botschaft verbreitet worden: Zwei Wale und fünf Delfine hatten ihr

Leben neben einem großen Segelschiff gar nicht weit entfernt von hier verloren. Waren das auch die Teres gewesen?

Müde drehte sie sich um und lauschte dem leise perlenden Geräusch der Luftblasen, das von ihr und ihrer schlafenden Familie zu hören war. In ihrem Kopf drehten sich die Gedanken, und immer wieder tauchten die Augen und das Lächeln dieses Jungen aus dem Strudel auf. So abwegig es auch sein mochte, aber sie spürte, dass diese Begegnung etwas in ihr heftig in Bewegung gebracht hatte. Etwas, von dessen Existenz sie zuvor zwar gehört hatte, jedoch keine Vorstellung gehabt hatte, wie es sich anfühlen mochte.

Das *ewige Licht*.

Ihre Mommie hatte mit keinem Wort mehr über ihren zweiten fatalen Fehler gesprochen, und somit war Merla mit ihren Fragen und Ängsten allein.

Konnte es sein, dass diese Begegnung der Beginn des ewigen Lichts war? War es überhaupt möglich, dass ein Teres im Licht erschien? Klar wie Sonnenstrahlen im flachen Wasser hatte sie ihn in Erinnerung. Und auch das Leuchten, als er sie angelächelt hatte. Wieder und wieder ließ sie die Bilder vom Moment seines Untergangs bis hin zu dem Blick in seine Augen vor sich abspielen, und jedes Mal erinnerte sie sich an das Leuchten, als er sie schließlich ansah.

Sie musste mehr über das *ewige Licht* in Erfahrung bringen!

Müde wechselte sie noch einmal die Schlafposition und schlief endlich ein.

Die Stimmen, die sie weckten, waren zwar gedämpft, aber als Merla die Augen öffnete, hörte sie deutlich ihren Namen.

»Wie kommst du denn darauf, Selva? Wieso sollte Merla eine Wandlerin werden?«

»Ach, Lornas. Sie hat es ihm gesagt!«

»Das kann doch nicht wahr sein!« Er sah Selva beunruhigt an. »Den Namen ihrer Seele. Wie konnte …?« Er unterbrach sich. »Weiß Akana davon?«

Merla drehte sich so, dass die Schallwellen besser an ihr Ohr treffen konnten, doch außer ihrem und Akanas Namen verstand sie nicht, was ihre Großmutter mit dem Ratsmitglied besprach.

»Nein! Und ich bitte dich inständig – sag ihr erst mal nichts!« Merla hörte ihre Mommie schluchzen. »Nicht noch meine kleine Merla! Schon mein einziges Kind habe ich an einen Teres verloren. Jetzt auch noch sie? Was für grausame Schatten, die das *ewige Licht* auf mich wirft.«

»Beruhige dich, Selva! Noch wissen wir ja nicht, ob das Licht sie getroffen hat, und wenn, dann ist auch noch unklar, ob sie die Verbindung eingehen werden.«

Selva antwortete leise, wie zu sich selbst: »Ich weiß nicht, Lornas, mein Gefühl sagt mir, dass große Veränderungen anstehen. Und ich spüre die Unruhe in mir genauso wie beim Gesang der Wale und in Akanas Augen.«

»Dein Gefühl trügt dich nicht, Selva: Es steht Großes bevor. Aber das hat nichts mit dir und deiner Enkeltochter zu tun. Ihr werdet davon erfahren, wenn das Licht des Mondes geschmolzen ist.«

»Was siehst du in Akanas Augen, Mommie?« Merla war lautlos aus ihrer Schlafmuschel geschlüpft und hinter ihre Großmutter und Lornas geglitten, der sie ernst ansah.

»Merla, wie geht es dir, mein Schatz? Hast du gut geschlafen?« Ihre Großmutter legte ihr die Hände an die Wangen und sah sie liebevoll an.

»Geht so«, antwortete Merla kurz angebunden und wandte sich an Lornas. »Was werden wir erfahren? Worüber habt ihr gesprochen?«

»Nichts.« Lornas wandte sich ohne weitere Worte von ihr ab, schickte eine kleine Welle Licht in Selvas Richtung und verließ ihre Höhle.

Merla sah erwartungsvoll zu Großmutter und bemerkte den sorgenvollen Ausdruck auf deren Gesicht. Ach, wenn doch nur nicht sie der Grund dafür war! Mehr als alles im Meer liebte sie ihre Mommie, die ihr nach dem Verschwinden ihrer Mutter Halt gegeben hatte und ihre tröstliche Heimat geworden war.

»Nichts, was du wissen musst, Kind«, sagte Merlas Großmutter laut und bestimmt. »Ach, was für ein schöner Tag. Das Meer sieht ruhig aus heute, und die Sonne scheint hell. Schau, wie das Licht auf den Algen glänzt«, fügte sie hinzu, während sie begann, das Netz aus Korallen und leichtem Lavagestein, das den Eingang zu ihrer Höhle verdeckte, wieder zu schließen.

Merla wusste, dass das Thema damit für ihre Mommie beendet war und sie kein Wort mehr darüber verlieren würde, bis sie es für angebracht hielt.

Mit grummelndem Magen begann Merla aus dem Vorrat Algen und würzige Schwämme für die Morgenmahlzeit zu holen. Zum ersten Mal seit dem katastrophalen Tag spürte sie, dass sie wieder richtig Hunger hatte.

Sira war mittlerweile aufgewacht, und auch Maris öffnete gerade seine Schlafhöhle und rief seiner Familie ein fröhliches »Möge die Sonne uns leuchten!« zu.

Gemeinsam nahmen sie ihre Mahlzeit aus frischen Wasserpflanzen mit aus Blasentang gewonnenem Meerzucker ein. Merla aß deutlich mehr als sonst, während ihre Schwester und ihre Großmutter eher zurückhaltend waren und auch kaum ein Wort sprachen. Nur ihr Bruder redete wie immer gut gelaunt drauflos.

»Habt ihr eigentlich gehört, dass Velron, diese rückgratlose Qualle, angeblich nur wieder einmal den Sitz im Rat bekommen hat, weil er einige Bewohner von den äußeren Hängen mit Extra-Rationen an Meerzucker bestochen hat? Er scheint eine versteckte Bezugsquelle gefunden zu haben und konnte damit seine Position wieder mal verlängern. So eine Schande!« Erbost griff er nach weiteren frischen Algen.

»Das ist das Einzige, was man Akana zugutehalten kann – sie mag zwar unnahbar und vielleicht auch unberechenbar sein, aber immerhin ist sie ehrlich. Ich verstehe gar nicht, dass sie so einen wie Velron überhaupt in ihrer Nähe duldet – sie muss doch wissen, was für ein Schlabberfisch er ist«, entgegnete Merla.

»Passt bloß auf, was ihr sagt, ihr beiden! Hier in der Höhle könnt ihr ja gerne frei heraus reden, aber gerade jetzt, nachdem

Merla so knapp der höchsten Strafe entgangen ist und Akana bestimmt noch die Schuppen zittern vor Wut, solltet ihr draußen besser nicht so vorlaut drauflosreden.« Selva sah ihre Enkelkinder warnend an. »Wir stehen bestimmt unter besonderer Beobachtung.«

»Sollen sie uns doch beobachten – wir sind so brav und friedlich wie kleine Clownfische, nicht wahr, Schwesterherz?« Grinsend zog ihr Bruder Merla an einer Haarsträhne, die sie zum Essen mit festem Seegras zusammengebunden hatte.

Lachend stieß sie seine Hand weg. Zum ersten Mal seit Tagen vergaß sie das Entsetzen und die Panik, die sie seit der unheilvollen Rettung verspürt hatte. Sie dankte ihrem Bruder im Stillen für seine Gabe, alle um sich herum mit seiner Fröhlichkeit anzustecken.

»Wenn ich allerdings nicht bald die Sonne sehe, mutiere ich eher zu einem Anglerfisch der großen Dunkelheit – sollen wir heute nicht endlich mal wieder baden, Mommie?«

»Ja, wirklich, ich fühle mich auch schon ganz düster und müde«, stimmte Sira mit ein. »Wirklich, Mommie, wir sollten zum Licht schwimmen!«

»Na gut«, sagte Selva milder. »Ich denke auch, dass es Zeit ist. Vier Tage sind wirklich genug. Aber lasst uns nicht durch die Felder der grünen Ebene, sondern an den tiefen Kanten vorbeischwimmen – dort ist weniger los und wir laufen nicht Gefahr, direkt jemandem vom Rat oder aus Akanas Familie zu begegnen.«

Gemeinsam schwammen sie durch den dunklen Wald und dann parallel zu den Feldern der grünen Ebenen, die abrupt in eine karge Landschaft ohne Vegetation übergingen. Der Meeresboden hier war schwarz vom Vulkangestein und fiel teilweise mehrere Hundert Meter tief in dramatischen Schluchten ab. Abgesehen von ein paar wenigen kleinen Fischen und einem prächtigen Gelbflossenthunfisch begegnete ihnen niemand.

Die tiefen Kanten boten wenig Lebensraum für Mensch, Tier und Pflanzen, und das Wasser an der Oberfläche war stets von wilden Wellen und ungünstigen Strudeln aufgewühlt, sodass die Menschen in ihren Booten diesen Bereich ebenfalls mieden.

Gemächlich ließ sich die Familie dem Licht der Sonne entgegentreiben, das mit jedem Meter, den sie weiter aufstiegen, glitzernder und heller wurde. Etwa sieben Meter unter der Wasseroberfläche verharrten die Meermenschen, drehten ihre Körper waagerecht und wandten ihre Gesichter dem Licht zu.

Das Grün ihrer Schuppenhaut an den Beinen und Flossen begann zu leuchten, als die Reaktion nach einer halben Stunde begann.

Merla seufzte vor Wohlgefühl. Das Licht durchflutete ihre Zellen, und sie spürte ein Kribbeln wie von Millionen kleinster, feiner Bläschen, die um und in ihren Körper wogten und prickelten und sie eins mit allen Elementen werden ließ. Das Sonnenlicht durchströmte sie, und sie spürte, wie die Energie dieses brennenden Sterns ihren Körper mit Kraft versorgte.

Regungslos gab sie sich dem Strömen, Prickeln und Pulsieren hin, fühlte, wie ihre Muskeln kraftvoller, ihr Herz leichter und ihr Kopf klarer wurde.

Es war jedes Mal wieder das schönste Gefühl, das sie sich vorstellen konnte.

Normalerweise war ihr Kopf leer und frei, wenn sie badete, sie war dann nur noch flimmernde Energie, aber diesmal war es anders.

Plötzlich stand das Gesicht des Jungen wieder klar vor ihrem inneren Auge und überlagerte alles andere.

Ein wirklich gut aussehendes Exemplar von Erdenmensch habe ich da gerettet, dachte sie und musste lächeln.

Von Landmenschen hatte sie bisher nur eine vage Vorstellung gehabt. Meistens hatte sie sie auf ihren Booten gesehen: unförmige Wesen mit kurzen Beinen und dicken Bäuchen.

Sie hatte die seltsamen, kurzen, stummelartigen Flossen der Teres, die sie über den harten Boden an Land trugen, im Wasser baumeln gesehen. Neben den länglichen Dingern der Wellenreiter, auf denen sie durch die Wellen glitten. Natürlich aus sicherer Entfernung.

Aber sie hatte nicht gewusst, dass sich ihre Haut so fest und gleichzeitig warm anfühlte. Und ob alle Teres so weiche Augen mit so großen Pupillen hatten? Sie waren ihr so liebevoll vorgekommen.

Und sie hatte das Licht darin gesehen.

Ein anderes, helleres Licht noch als das, was sie jetzt von den Haarspitzen bis zu den Enden ihrer Flossen durchströmte.

Ein wärmeres.

7

Marc tastete fluchend nach dem Wecker, um ihn für eine kurze
Schlummerphase zum Schweigen zu bringen, war aber sofort hellwach, als ihm der Traum, den er gerade geträumt hatte, wieder
einfiel. Was passiert war, wusste er nicht mehr, aber dass *sie* da
gewesen war.

Das Mädchen mit den grünen Augen. Er erinnerte sie so deutlich, dass er ihre seltsame Stimme fast hören konnte und das
Leuchten um sie herum sah, als sie ihren Namen gesagt hatte.
Wie hatte der gelautet? Merla, die Wagemutige, Tochter des Wassers? Nein, wahrscheinlich hatte er sich sowohl das Leuchten als
auch diesen bescheuerten Namen nur eingebildet. So hieß ja wohl
niemand! Oder er hatte sich verhört und sie hatte einfach einen
komischen Doppelnamen. Etwas wie Wagemut-Hochwasser oder
so. Er nahm sein Handy, schaltete es ein und begann alle möglichen Varianten dieses Namens zu googeln. Aber das Ergebnis
war frustrierend deutlich: Weder auf Maui noch auf den Nachbarinseln noch *irgendwo* in den USA gab es jemand mit diesem
oder ähnlichem Namen. Genervt legte er das Handy zur Seite. Er
würde Keana in der Schule danach fragen. Wahrscheinlich war ihr
Kopf klarer als seiner gewesen, und sie würde sich genau an den
Namen erinnern.

Er hätte sich nämlich wirklich gerne noch einmal richtig bei
dem Mädchen bedankt, ihr vielleicht etwas geschenkt oder sie
zum Essen eingeladen. Er hatte ihr schließlich sein Leben zu verdanken! Stückchenweise war seine Erinnerung zurückgekehrt,
und er hatte realisiert, dass er wirklich dem Tode nah gewesen
sein musste, als das Mädchen ihm zu Hilfe kam.

Wie sie ihn in dem dunklen Wasser überhaupt hatte sehen können – er hatte ja selbst kaum die Hand vor Augen gesehen. Und dann ihr Verschwinden – als ob sie sich weggebeamt hätte. Marc verschränkte die Arme hinter dem Kopf, lauschte dem vielstimmigen Gesang der Geckos und Vögel, die in der Morgendämmerung ihr Konzert gaben, und betrachtete den Hibiskusstrauch vor seinem Fenster, dessen knallig pinkfarbene Blüten mit zunehmender Helligkeit zu leuchten begannen.

Was genau hatte bei dem Mädchen, dieser Merla, überhaupt geleuchtet? Die Haare? Nein. An die Farbe ihrer Haare konnte er sich nicht erinnern, sie waren ja auch nass gewesen, aber bis zum Boden hatten sie gereicht. Nein, es mussten ihre Augen sein, die geleuchtet hatten, und als er sich daran erinnerte, wurde ihm eigentümlich warm in der Magengegend, und er musste lächeln.

»Wenn das kein glückliches Kind ist: Wacht schon morgens mit einem Lächeln auf dem hübschen Gesicht auf. Du Glückspilz, wovon du wohl geträumt hast.« Feixend stand Leo in der Tür und schnupperte an seinem Becher Kokosmilch mit Kakao. »Ich dagegen muss mich erst mal mit stärksten Heißgetränken auf Betriebstemperatur bringen. Aber vielleicht bringen mich ja die Wellen zum Lächeln – kommst du mit zum Surfen? Soll sogar noch besser sein als letzten Freitag, als du deinen wilden Ritt mit Bodenkontakt hattest. Du warst schon das ganze Wochenende nicht im Wasser«, fügte er hinzu, während er nach nebenan in sein Zimmer ging, um seine Schulsachen zu holen. Dank der Holzwände konnte man sich quasi durch das ganze Haus unterhalten, ohne besonders laut zu rufen. Das konnte durchaus von Vorteil sein, ließ aber auch wenig Raum für Privatsphäre in ihrem Drei-Männer-Haushalt.

»Nee, ganz ehrlich, die Erfahrung war echt 'ne Nummer zu heftig für mich, ich muss mich nicht schon wieder von Poseidon in die Mangel nehmen lassen. Ich mach noch ein bisschen Yoga und fahre mit dem Rad zur Schule. Pass bloß auf dich auf!«

»Nun werd mal nicht komisch, Bruder, so ein kleiner Waschgang hat noch niemandem geschadet, außerdem bin ich um einiges zäher als du. Und falls nicht, rettet mich ja vielleicht auch eine langhaarige Schönheit«, erwiderte Leo, steckte den Kopf noch mal durch die Tür und floh vor dem Kissen, das ihm sein Bruder nachwarf, die Treppe hinunter.

»Jungs! Was ist denn hier schon wieder am frühen Morgen los? Beruhigt euch!«, brummte ihnen ihr Vater aus dem Badezimmer zu.

»Genau, Dad, sag mal Marc, dass er ein bisschen chillen soll. Der regt sich immer so schnell auf, wenn seine Haare nass werden und er mal ein bisschen die Luft anhalten muss. Tschüss, Leute – have a good one!«, rief Leo lachend auf dem Weg nach draußen.

Marc stand auf, streifte sich ein T-Shirt über und setzte sich zu seinem Vater in die Küche, der eine dampfende Tasse Kaffee vor sich stehen hatte, den Laptop mit der Homepage der *Maui News* vor sich auf dem Tisch.

»Morgen, Dad«, sagte Marc und nahm sich einen Teller.

Sein Vater murmelte ihm kurz ein norddeutsches »Moin!« zu und beugte sich wieder über sein Laptop.

»Hier! Sie haben endlich noch mehr Informationen freigegeben. Sie schreiben, dass tatsächlich alle Menschen an Bord dieses Segelschiffs erstickt sind. Es war wohl von einer Party-Gesellschaft für drei Tage gechartert worden – kaum einer war unter dreißig Jahre alt. Die wollten nur schön vor Anker liegen, in der Sonne chillen, tanzen und feiern. Vielleicht einen Geburtstag oder eine Verlobung … und jetzt sind alle tot. Entsetzlich! Hör mal: ›Die Autopsieberichte lassen keinen Zweifel zu: Alle Menschen auf dem Party-Segler müssen innerhalb weniger Sekunden gestorben sein. Es gibt keine Anzeichen dafür, dass irgendjemand noch eine Chance hatte, sich zu retten. Alle fanden den Tod exakt dort, wo sie sich gerade aufhielten, bei welcher Tätigkeit auch immer. Es wurden zwar keinerlei Rückstände auf Gift oder Gas in den Körpern gefunden, aber die Gerichtsmediziner gehen davon aus, dass es sich um ein schnell wirkendes Gas wie Kohlenmonoxid oder Schwefelwasserstoff gehandelt haben muss.‹«

»Schwefelwasserstoff?«, unterbrach Marc seinen Vater. »Aber das stinkt doch übelst nach verfaulten Eiern – hätte das nicht jemandem auffallen müssen?«

»Nein, wenn das Zeug hoch konzentriert auftritt, werden deine Riechnerven sofort beim ersten Einatmen gelähmt, du riechst nichts mehr, und nach zwei weiteren Atemzügen ist es ganz mit dir vorbei – Atemlähmung. Tod. Dieses Gas ist wirklich teuflisch. Eine gefährliche Waffe.«

»Kommt das denn in der Natur überhaupt vor, oder meinst du, das war ein Anschlag?«

Marcs Vater nahm einen großen Schluck von seinem Kaffee und zog den Laptop näher zu sich heran. »Ja, doch, das kommt auch in der Natur vor. Landwirte kennen das: In Gülle zum Beispiel entstehen diverse gefährliche Gase, darunter auch Schwefelwasserstoff. Und Grünalgen produzieren ebenfalls Schwefelwasserstoff, wenn sie blühen oder verfaulen.«

»Aber ich habe noch nie von Grünalgenopfern gehört, Dad«, bemerkte Marc und biss in einen der Pancakes, die sein Vater jeden Morgen backte.

»Ich aber. Warte …« Klaus Beck tippte etwas in seinen Rechner ein, scrollte die Seite herunter und las. »Da! Wusste ich's doch! In Frankreich, in der Bretagne, ist mal ein Reiter im letzten Moment davongekommen. Er war am Strand durch Algenreste geritten, die eine dicke, unsichtbare Gasschicht über sich schweben hatten. Das Pferd schnupperte, brach zusammen, und der Reiter wurde auch sofort bewusstlos. Der hatte das Riesenglück, dass ihn ziemlich schnell jemand rauszog und ins Krankenhaus brachte. Da wurde er mit schweren Schäden am Atemsystem behandelt und gerade eben noch gerettet.

Und hier! Auch in Frankreich: Eine ganze Rotte von Wildschweinen. Mehr als dreißig verendete Tiere wurden am Strand in Grünalgen gefunden.« Er goss sich noch einen Kaffee in den Becher. »Das sind ganz schön giftige Dinger, diese Algen. Aber warum zum Teufel sollten so viele Grünalgen gerade um dieses Schiff herum auftauchen und blühen?«

»Dann müsste man doch auch irgendwelche Überreste gefunden haben, oder?«, fragte Marc.

»Wahrscheinlich hatte die Küstenwache für so was gar keine Augen, als sie dahin kam. Immerhin hatte das Schiff keinen Funkspruch mehr beantwortet, nicht auf Ansprache der Küstenwache reagiert und ist trotzdem zügig weitergefahren, mit Kurs in Richtung Insel. Die mussten so schnell wie möglich an Bord.«

Er atmete hörbar aus, und seine Stimme war belegt, als er weitersprach: »Mein Gott, das muss ein entsetzlicher Anblick gewesen sein: ein Schiff voll mit Leichen.« Er schüttelte den Kopf und trank noch einen Schluck. »Aber ein Anschlag? Niemand hat sich dazu bekannt. Und warum dieses Schiff? Das macht keinen Sinn. Das Einzige, was dieses Drama neben dem Tod so vieler Menschen und dem Leid der Angehörigen angerichtet hat, ist, dass die Vize-Gouverneurin meinen Vortrag nicht gehört hat. Aber um sie davon abzuhalten, hätte sicher niemand gleich ein ganzes Schiff vergiften müssen.«

»Ich hoffe, sie hält ihr Versprechen und kommt wieder, Dad.«

»Wir werden sehen«, antwortete sein Vater knapp und räumte den Tisch ab.

»Ich mach noch ein bisschen Yoga auf der Veranda und fahre dann zur Schule.«

»Soll ich dich mitnehmen?«

»Nein danke. Ich möchte heute mit dem Rad fahren. Willst du nicht ein paar Übungen mitmachen?«

Sein Vater ging in die Hocke, drückte sich in einen perfekten Handstand und grinste seinen Sohn an, als er wieder hochkam. »Topfit, wie ich bin, habe ich gerade meine Übungen schon gemacht. Hab einen guten Tag heute, mein Sohn!«, sagte er noch, klopfte Marc, der fast einen Kopf größer war als er, ein paarmal kräftig auf die Schultern und verließ das Haus.

Nachdem er seine Yoga-Asanas – die ein perfekter Ausgleich zum Surfen und zu dem intensiven Footballtraining in der Schule waren – gemacht hatte, setzte Marc sich aufs Rad und genoss die

Abfahrt von ihrem Haus am Hang bis hinunter zur Hauptstraße, die parallel zur Küste Richtung Hauptstadt führte.

Noch war die Luft an seinen nackten Beinen und Armen kühl. Doch die Sonne war bereits hinter dem großen Vulkan Haleakala aufgetaucht. Das Grün der Insel und das tiefe Blau des Meeres strahlten im Morgenlicht um die Wette. Der Wind schlief noch ein bisschen länger, sodass der Pazifik in spiegelglatten, mehrere Meter hoch brechenden Wellen an den Strand rollte.

Perfekte Surf-Bedingungen, dachte Marc und ärgerte sich jetzt doch ein wenig, dass er diesen Morgen ungesurft verbracht hatte. Morgen früh würde er wieder surfen gehen! Sein Bruder hatte recht – je eher ein Reiter nach einem Sturz wieder aufs Pferd kommt, desto besser. Nur dass diese Stürze da draußen oft lebensgefährlich waren. Und die Wellen ließen sich von nichts und niemandem zügeln.

Er überholte die Autos, die sich hier nun langsam zum morgendlichen Stau sammelten, und fragte sich wie so oft, warum die Amerikaner ihre Autos so sehr liebten, dass sie freiwillig so viel Zeit im Stau verbrachten, wo doch die Insel nicht groß und das Fahrrad oft die schnellere Alternative war.

Er sah seinen Bruder mit dem Surfbrett auf dem Dach ein paar Autos weiter vorn im Schritttempo vorankriechen, holte auf, bremste und klopfte mit der flachen Hand so kräftig auf das Autodach, dass Leo erschrocken zusammenfuhr.

»Na, du zäher Brocken – bisschen schreckhaft, was?« Er winkte seinem Bruder lachend zu und trat noch einmal kräftig in die Pedale. Um viertel vor acht Uhr war er am Schulgebäude. Bestens gelaunt und hellwach.

Als er sein Fahrrad anschloss, sah er aus dem Augenwinkel Leilani mit ihrer Freundin Sarah aus dem Auto steigen. Auf der kleinen Geburtstagsfeier am Wochenende bei seinem Surf-Buddy Kai war sie auch da gewesen. Und er hatte die Chance genutzt, endlich mal mit ihr zu sprechen. Sie hatten abseits am Feuer gesessen, in die Flammen geguckt und stundenlang geredet.

Weil sie aus einer hawaiianischen Familie stammte, wusste sie viel über die alten Mythen und die Kultur ihres Volkes, das sich vor allem als Polynesier betrachtete, weniger als Amerikaner.

Und der Hula, den sie so liebte, war mehr als nur ein Tanz für die Touristen, erzählte sie ihm. Der König von Hawaii hatte ihn als Sprache des Herzens und deshalb als Herzschlag des hawaiianischen Volkes bezeichnet. Nicht nur anmutige Frauen tanzten ihn: Es war ein Familientanz auch für Männer, Kinder und Alte. Er könne sie doch mal in ihrer Hula-Stunde besuchen, hatte sie freundlich gesagt, worauf er lachend erwidert hatte, dass er zumindest darüber nachdenken würde.

Im Gegenzug hatte er von seiner Kindheit im fernen und kalten Deutschland berichtet. Sie war fassungslos gewesen, als er erzählte, dass die Badesaison in Kiel manchmal bei unfreundlichen fünfzehn Grad Wassertemperatur eröffnet wurde, und sie lachte erschrocken auf, als er ihr von seinen Schlittschuhlaufkünsten auf einem nur halb zugefrorenen Teich erzählte, die ungeplant mit einem kalten Bad geendet hatten.

Es war ein richtig toller Abend gewesen, und er rechnete fest mit einem Ja, wenn er sie jetzt nach einem Date fragen würde.

Sein Herz machte einen kleinen Extraschlag, er lächelte und ging den beiden entgegen. »Ladys, einen wunderschönen guten Morgen. Seid ihr in Sachen Chemie genauso nervös wie ich? Ich hab das Gefühl, dass ich alles hundertmal gelesen habe, aber so richtig verstanden … Nee. Ich schätze, ich werde mir einen guten Platz suchen müssen.« Er sah Leilani mit einem Blick an, der sowohl frech als auch unschuldig war.

Sie lachte. »Schon okay, Mr Ullrick, Sie können gerne neben mir sitzen und ein bisschen abschreiben. Ich hab es, glaub ich, ganz gut drauf, nachdem ich am Wochenende und gestern den ganzen Abend dran saß. Hatte der Herr Besseres vor, als zu lernen?«

»Aber ja, schöne *Wahine*, ich hab mir von morgens bis abends darum Gedanken gemacht, wie ich Sie wohl zum Date einladen könnte. Und heute Morgen wurde mir klar: Ich frage sie einfach während der Chemiearbeit, da kann sie nur nicken.« Leilani lachte noch mehr. »Oder unauffällig den Kopf schütteln. Aber wenn du dir schon so lange Gedanken gemacht hast, dann sage ich einfach jetzt schon mal Ja. Wann und wo?«

»Freitag, neunzehn Uhr? Wie wär's mit dem Fisherman's Wharf in Lahaina, da gibt es ganz gute Livemusik, und die Burger schmecken auch. Soll ich dich abholen?«

»Solange du nicht mit dem Fahrrad kommst – gerne. Bis später dann in Chemie!« Ihre Augen funkelten belustigt. Dann verschwand sie mit Sarah in der Horde an Schülern, die jetzt das Tor passierten.

Marc war mehr als zufrieden – geschafft! Er hatte ein Date und obendrein noch die Chance auf eine annehmbare Chemienote. Summend packte er seine Sportsachen in den Spind und schloss sich seinen Freunden Kai und Luke an, die auf dem Weg zum Mathekurs waren. Und ihn sofort mit Fragen zu Leilani nervten.

»Habt ihr eigentlich am Samstag draußen noch geknutscht?«

»Hast du sie noch nach Hause gebracht?«

Marc versetzte seinen Kumpels leichte Schläge auf die Oberarme. »Jungs – ihr seid ja schlimmer als die CIA. Nein. Weder geknutscht noch nach Hause gebracht.«

»Ja, und? Was ist denn jetzt mit euch? Ich dachte, du stehst auf sie?!«

Kai knuffte ihn mit der Faust in die Rippen, und Marc merkte schmerzlich, dass er auch dort noch letzte Spuren seines Aufpralls auf dem Meeresboden spürte. Bei dem Gedanken daran tauchten sofort wieder Merlas grüne Augen vor ihm auf.

»Hey, was ist denn mit dir los – hast du einen Geist gesehen?« Kai starrte ihn fragend an.

»Nee, alles in Ordnung – aber kennt einer von euch eigentlich Keana?«

»Jetzt wird es aber ein bisschen viel, Mr Casanova – erst ein Date mit der Schulschönheit und dazu noch eins mit 'nem krassen Surf-Babe?«, Luke zog spöttisch eine Augenbraue hoch.

»Entspann dich, Alter. Ich wollte sie nur was fragen. Ich hab euch doch von dem Mädchen erzählt, das mich gerettet hat … Ich wollte mich noch mal bei ihr bedanken, aber irgendwie hab ich mir ihren Namen nicht richtig gemerkt. Keana war ja auch da – vielleicht erinnert sie sich ja noch an ihn.«

»Klar kenn ich Keana. Meine Schwester ist im selben Jahrgang und die beiden sind schon seit Ewigkeiten miteinander befreundet. Wir können uns ja heute beim Mittagessen zu denen setzen. Dann kannst du sie fragen.«

Der Vormittag verging schneller als gedacht, und Marcs Magen knurrte hörbar, als er sich mit Kai und Luke auf den Weg in die Mensa machte. Keana saß mit Lukes Schwester und einem anderen Mädchen an einem Tisch am Fenster und gestikulierte gerade wild mit den Armen, während sie erzählte.

»Hey! Ist hier noch Platz?«, fragte er und stellte sein Tablett mit Fisch und Reis auf den Tisch.

»Ja sicher«, entgegnete Keana mäßig freundlich. »Was verschafft uns denn die Ehre?«

»Ich wollte mich noch mal in aller Ruhe bei dir für deine Hilfe bedanken. Du hast echt was bei mir gut. Ich war wohl ganz schön hinüber …«

»Das kann man wohl sagen«, unterbrach sie ihn. »Ehrlich gesagt, dachte ich, dir wär nicht mehr zu helfen. Ich bin wirklich froh, dass du es dir anders überlegt hast und dem Tod von der Schippe gesprungen bist. Ich hab immer noch Albträume davon – schließlich hab ich noch nie jemanden sterben sehen. Und habe das auch in Zukunft nicht vor! Also pass nächstes Mal bitte schön besser auf, wenn du surfen gehst, oder reite lieber nur noch deinen Drahtesel, anstatt dich in zu fette hawaiianische Wellen zu verirren …«

Luke und Kai lachten. »Hört, hört, da paddelt sie gerade mal seit zwei Jahren in Ho'okipas Wellen raus, und schon riskiert sie eine dicke Lippe. Ganz schön giftig, deine Freundin, Schwesterlein«, bemerkte Luke.

»Danke für den Tipp. Werde ich mir merken.« Marc tippte sich an die Stirn. »Aber sag mal, das andere Mädel, das dabei war …«

»Die war ja wohl komplett strange, oder?«, fiel ihm Keana erneut ins Wort. »Die Tattoos an ihren Armen waren cool. Halt typisch hawaiianisch, würde ich sagen. Aber«, sie sah ihre Zuhörer der Reihe nach an, »erstens hatte sie ein Kleid aus Jute oder so an – wie aus dem Naturstrickmodeladen –, zweitens hatte sie den unheimlichsten Blick, den ich je gesehen habe, und drittens«, sie machte eine bedeutungsvolle Pause, »konnte sie sich in Luft auflösen!«

Die anderen am Tisch stellten lachend Keanas Zurechnungsfähigkeit infrage. Nur Marc hielt sich raus – er hatte es ja selbst erlebt, wie das Mädchen urplötzlich verschwunden war.

»Es war aber wirklich alles etwas ungewöhnlich«, meinte Marc schließlich, als die Freunde sich wieder beruhigt hatten, und trank einen Schluck von seinem Eistee. »Vor allem: Eigentlich kennt man ja hier auf dem Wasser jeden. Aber die habe ich noch nie bei uns gesehen.«

»Vielleicht eine Touristin?«, warf Kai ein.

»Kann sein. Auf jeden Fall hatte sie einen ungewöhnlichen Namen.« Keana atmete hörbar ein und raunte dann theatralisch: »Merla, die Wagemutige! Und dann noch was mit ›aus dem Wasser‹. Ungelogen!«

Lukes Schwester lachte. »Die tickt ja wohl nicht ganz sauber!«

Marc konnte in den Spott der anderen nicht einstimmen. Dann hatte er also doch richtig gehört. Merla, die Wagemutige, Tochter des Wassers. Was hatte das zu bedeuten? Gedankenversunken aß er sein Essen auf und war immer noch in sich gekehrt, als er den Chemieraum betrat. Leilani hatte tatsächlich einen Platz neben sich frei gehalten, und die Arbeit war zudem doch nicht so schwer, wie er befürchtet hatte. Nur ein oder zweimal musste er seine Antworten mit ihren abgleichen.

Sie war trotzdem vor ihm fertig, gab ihr Heft ab und warf ihm noch einen Blick beim Rausgehen zu, der gerade eben den Tick zu lang war, den er sich erhofft hatte.

Nach dem Football-Training machte er sich auf den Weg nach Hause, radelte wieder an der Autoschlange vorbei und bog auf den Parkplatz vom Ho'okipa-Strand ab, um von der Steilküste aus die Wellen und die Surfer im Nachmittagslicht zu betrachten.

Die Wellenreiter vom frühen Morgen hatten ihren Platz jetzt den Windsurfern übergeben, denn der Wind hatte fast Sturmstärke erreicht. Das Meer war gesprenkelt mit bunten Segeln, die scheinbar chaotisch über das Wasser sausten. Die Wellen brachen immer noch groß, aber durch den Wind war die Wasseroberfläche so aufgewühlt, dass man beim Surfen ohne Segel mehr über eine Buckelpiste holperte als darüber hinweggleiten würde.

Für die Windsurfer dagegen mit ihren schwereren Brettern machte erst der Wind das Vergnügen perfekt. Marc sah Skipper, den besten Freund seines Vaters – gut erkennbar am einzigen schwarzen Segel mit pinkem Totenkopf –, mit hoher Geschwindigkeit vom offenen Meer aus auf eine sich aufbauende Welle zufahren und sie dann abreiten. Er machte erst oben eine waghalsige Kurve, kurz vor der brechenden Lippe, und dann eine ganz unten im Wellental, sodass man sehen konnte, wie groß die Wellen tatsächlich waren: zweimal so hoch wie der Mast des Windsurfers – auch für Hawaii eine beachtliche Höhe.

Skipper – den Namen verdankte er dem großen Segelschiff, das detailreich auf seiner gesamten breiten Brust eintätowiert war – fuhr gerade einen gewaltigen Wellenberg senkrecht nach oben und sprang aus der Welle heraus, drehte sich mehrere Meter über dem Wasser fliegend rückwärts um die eigene Achse und landete so, dass er gleich weiterfuhr. Marc hätte fast geklatscht und konnte nur knapp ein lautes Johlen angesichts dieses beeindruckenden Sprungs unterdrücken. Stattdessen beließ er es bei einem halblaut gemurmelten »Yaah, Mann!«

Seit sie auf der Insel lebten, kannte Marc Skipper, denn zum einen war er einer der nationalen Surf-Helden, die bei jeder noch so unfassbaren Wellenhöhe rausgingen, und zum anderen war er der Kapitän des Forschungsschiffes, mit dem sein Vater so oft auf den Pazifik rausfuhr.

Er liebte das Meer, die Wellen und das Surfen mehr als alles andere, und so hatte er außer diversen – sehr anhänglichen – Liebschaften und einem großen Freundeskreis keine Familie. In Marc und Leo hatte er so etwas wie Ersatzsöhne gefunden. Er war es gewesen, der den beiden die geheimsten Surfspots der Insel gezeigt und ihnen die erste Begegnung mit Walen ermöglicht hatte.

Er ritt noch einen massiven Wellenberg ab und Marc konnte seinen glücklichen Gesichtsausdruck erkennen, als er kurz vor dem Strand eine Halse machte und wieder aufs Meer rausfuhr.

Marc liebte es zu surfen, aber er liebte es genauso, dabei zuzusehen. Es war wie Meditation. Oder wie ins Feuer schauen. Das Auge suchte sich seine Ziele von allein, der Blick konnte wandern und die Gedanken auch.

Wahrscheinlich sind wir Surfer deshalb alle süchtig danach, dachte er, wir können dabei alles vergessen und sind wieder Teil des Wassers, aus dem wir stammen.

Das Licht der Sonne wurde schwächer, die Schatten länger, und sie begann immer schneller hinter den West Maui Mountains zu verschwinden. Marc schnappte sich sein Rad und machte sich auf den Heimweg. Die Rückfahrt war meist kein großer Spaß, weil es ziemlich steil den Berg hinaufging, und heimlich hoffte er, doch noch seinem Bruder oder seinem Vater zu begegnen, die ihn mit nach Hause nehmen würden. Bei dem kleinen Café der Canary, einer stillgelegten Fabrik, in der früher Ananas in Dosen verarbeitet wurden, hatte er gerade mal ein Drittel des Anstiegs geschafft und holte sich noch einen frischen Bananen-Mango-Shake für später.

Als er wieder aufs Rad stieg, hupte es, und sein Bruder hielt in dem alten Toyota direkt neben ihm.

»Soll ich dich mitnehmen oder genießt du deinen Ride, Bruder? Wie man hört, sattelst du ja eh bald vom Wellen- aufs Drahteselreiten um. Das hat dir zumindest die freche Kleine aus der neunten Klasse geraten, oder? Sehr lustig!«

»Ja, wirklich witzig, du Komiker. Warte kurz, dann schließ ich mein Rad hier an. Ich wollte morgen früh sowieso das Auto nehmen, weil ich vor der Schule aufs Wasser will.«

»Morgen? Da brauchst du nicht früh aufzustehen, die Wellen schlafen in der Nacht ein, und für morgen früh sind gerade mal noch ein bis eineinhalb Meter angesagt. Obwohl – vielleicht wären so sanfte, kleine Kinderwellen ja genau das Richtige, bei deinem Trauma …« Er grinste so sehr, dass seine Grübchen sich tief in die Wangen zurückzogen, und seine blauen Augen funkelten vor Vergnügen darüber, es seinem älteren Bruder mal wieder gezeigt zu haben.

»Mann, Alter, du nervst langsam mit deinem vorlauten Geplapper«, erwiderte Marc, als er sich neben seinen Bruder auf den Beifahrersitz setzte. »Fahr einfach los und quatsch nicht so viel.« Er machte ein so grimmiges Gesicht, dass Leo das Lächeln verging und er ohne weiteren Kommentar losfuhr.

»So ist es richtig, Kleiner – immer schön Respekt vor dem Alter zeigen«, sagte Marc ernst. »Und die Handbremse lösen, würde ich vorschlagen. Es riecht nach verbranntem Gummi.« Die Brüder sahen sich an und lachten gleichzeitig los.

8

Das Bad hatte ihnen allen sichtlich gutgetan. Die Augen ihrer Großmutter leuchteten fast durchs dunkle Wasser, als sie wieder in die Tiefe abtauchten. Maris' Schuppen glänzten in einem leicht rötlich goldenen Ton und Siras Locken schienen silbern zu fluoreszieren. Die kleinen Algen, die in das Gewebe ihres Ober- und Unterleibschutzes eingeflochten waren, hatten sich ebenfalls mit Licht aufgeladen, und jetzt, aktiviert durch die Bewegung, leuchteten und funkelten sie, sodass es aussah, als wären sie vier Kometen, die einen Lichtschweif durch das dunkle Firmament des Meeres hinter sich herzogen.

Dieses Spektakel hielt allerdings nicht lange an, und das war auch gut so. Denn so stark leuchtend waren sie selbst in der Tiefe aus der Entfernung gut zu sehen. Auch wenn Teres dieses Licht meist für Meeresleuchten hielten – der Moment ihrer größten Schönheit war zugleich der gefährlichste für die Meermenschen.

Maris und Selva schwammen hinüber zu den Algenfeldern der grünen Ebene, um bei der Ernte zu helfen, während Merla von ihrer Großmutter angewiesen worden war, auf direktem Weg zu ihrer Wohnhöhle zurückzuschwimmen. Und Sira sollte ihr nicht von der Seite weichen.

»So weit ist es also gekommen: Ich muss den Babysitter für meine kleine Schwester spielen, die immer so erwachsen tut, aber wenn es ernst wird, eben doch noch wie ein Kind reagiert, das gerade seine ersten Flossenschläge gemacht hat.« Sira verdrehte die Augen und schwamm missmutig neben Merla her, bis sie den Eingang der Höhle erreichten und sie als Erste ins Innere glitt.

»Weißt du was, Sira? Manchmal wünschte ich, ich wäre

genauso reif und klug wie du.« Merla sah ihre Schwester herausfordernd an. »Nur nicht so unglaublich langweilig! Du weißt rein gar nichts von der Welt um uns herum – du schwimmst weder mit Delfinen noch in Wellen. Du wettest nicht bei Krakenkämpfen und singst nicht mit den Walen. Du beobachtest keine Teres auf ihren Booten und ärgerst keine Haie. Du arbeitest auf den Feldern und badest im Licht und das ist auch alles. Dein Leben ist eine einzige Ödnis und falls dich mal das *ewige Licht* treffen sollte, so tut mir dein Verbundener jetzt schon leid – dem schlafen ja die Flossen ein an deiner Seite.«

Merla schlug zornig mit ihren Beinen durch das Wasser, sodass sie ihre Schwester nur noch schemenhaft durch die Verwirbelungen sehen konnte. Sie hasste dieses altkluge Geschwätz. Sira war weder ihre Mutter noch ihre Mommie noch sonst irgendeine Autorität – wie kam sie dazu, ständig so von oben herab mit ihr zu reden?

»Das *ewige Licht* – was weißt du denn schon davon?«, entgegnete Sira barsch. »Nichts!«

»Mehr, als du denkst, auf jeden Fall!«, antwortete Merla trotzig. »Zum Beispiel, dass es nur einmal im Leben leuchtet. Und nie vergeht.«

»Das stimmt so nicht ganz«, korrigierte Sira sie bestimmt. »Wenn dein Verbundener stirbt, kannst du theoretisch noch mal vom Licht getroffen werden. Aber die Chance ist natürlich sehr gering. Denn schließlich wird dieses Geschenk nicht jedem zuteil.« Ihre Stimme wurde leiser und weicher. »Unsere Mutter durfte zweimal dieses unermessliche Glück erleben. Aber dafür hat das zweite Licht sie von uns fortgerissen.«

Sira sah auf einmal so traurig aus, dass Merla sich für ihre wütenden Gefühle ihrer Schwester gegenüber schämte. »Ich vermisse sie auch, Sira. Sehr sogar. Wie es ihr wohl geht?«, fragte Merla und griff sachte nach der Hand ihrer Schwester. »Ich glaube, sie ist glücklich dort oben. Ich meine, schließlich teilt sie das Licht – sie *kann* nur glücklich sein, oder?«

»Ich weiß nicht.« Sira legte sich in die weichen, dichten Algen ihrer geöffneten Schlafmuschel und strich gedankenverloren über das zarte Grün. »Es heißt, dort oben ist es sehr laut. Ähnlich, wie wenn die riesigen Schiffe lärmen, nur noch viel lauter. Es ist alles voll mit Menschen, und die wenigen Tiere, die dort leben, leiden in engen Käfigen aus unbrechbarem Stein, bis die Menschen sie irgendwann aufessen.«

»Sie essen nicht nur Fische?« Merla erschrak.

»Wusstest du das etwa nicht?« Ihre Schwester sah sie fragend an. »Wusstest du auch nicht, dass *sie* daran schuld sind, dass die Wale mit Bäuchen voll von ihren bunten Stoffen sterben? Und jeden Tag werfen sie mehr und mehr davon ins Meer, sodass weder Wale atmen noch Meerwesen im Licht baden können. Die Stoffe sind nicht wie unsere gemacht. Sie vergehen nicht. Schildkröten verfangen sich mit ihren Mäulern genauso darin wie Delfine. Und winzig kleine Fische sterben zu Hunderttausenden mit aufgedunsenen Leibern, dort, wo sie ihr verschmutztes Wasser in das große Wasser leiten.« Sie seufzte leise. »In so einer Welt kann Mutter niemals glücklich sein, egal, wie hell ihr *ewiges Licht* leuchtet.«

Merla wurde es ganz dunkel ums Herz. War das wirklich wahr? Akana stand in Kontakt mit den Wandlern, die ohne Wasser lebten, und manchmal wurde im Rat von der oberen Welt berichtet. Wahrscheinlich hatte sie da gerade mal wieder geschwänzt.

Was für Tiere dort wohl in den Netzen lebten? Merla erschauerte.

»Wie ist es, wenn das Licht einen trifft, Sira?«, fragte Merla, um sich und ihre Schwester von den düsteren Gedanken abzulenken.

»Eigentlich ist es die Aufgabe des Familienältesten, dir alles über das Geheimnis des Lichts zu erzählen. Und das erst, wenn die Zeit dafür gekommen ist. Das weißt du doch.«

»Aber *du* weißt auch, dass Mommie mir rein gar nichts erzählt. Und dabei ist die Zeit für mich längst gekommen. Meera und ihre Schwester sind gerade mal so alt wie Maris, und selbst sie wissen es schon.«

Sira seufzte, strich sich über die Schuppen an ihren Beinen und sammelte ein paar kleine Garnelen aus ihren Haaren, bevor sie ihre Schwester an der Hand nahm und sie neben sich auf die Mulde aus Algen zog.

»Vielleicht sollte ich das nicht tun, aber was soll's. Es sind unruhige Zeiten. Versprich mir nur, es Mommie nicht zu erzählen.«

Merla sah ihre Schwester dankbar an. »Ich verspreche es.«

»Wenn dich das Licht trifft, so sagen die Alten, dann wird alles ganz hell. Heller noch als im Sonnenbad! Und Wärme durchströmt deine Adern. Vor allem dein Herz und deinen Kopf. Dein Herz schlägt schneller. Du siehst klarer. Und das Wasser zwischen dir und deinem Verbundenen beginnt zu leuchten. Es ist reinste Energie, die zwischen euch fließt und die euch stärkt. Von diesem Moment an weißt du, dass du ihn gefunden hast. Wenn sich beide des Lichtes sicher sind, dann sagt ihr euch eure Seelennamen, und der Bund ist besiegelt. Von da an wirst du das Licht immer in dir haben. Und du wirst Kinder bekommen können. Der größte Segen des Lebens.«

Merla sah ihre Schwester plötzlich wie zum ersten Mal. Die großen grünbraunen Augen. Das gelockte silberne Haar, das ihr um das Gesicht strich. Die feine Nase und der schön geschnittene Mund, der auf einmal gar nicht mehr missmutig, sondern liebevoll aussah.

Sie wurde sich ihres Starrens bewusst, senkte den Blick und zupfte an den zarten Häuten zwischen ihren Fingern.

»Darf man den Seelennamen nur demjenigen sagen, mit dem das Licht leuchtet?«, fragte sie und fürchtete sich schon vor der Antwort.

»Ich kann nicht glauben, dass du das fragst, Merla!« Siras Gesicht wurde schlagartig wieder streng. »Jedem Meereskind wird vom ersten Flossenschlag an beigebracht, dass man den Seelennamen auf gar keinen Fall jemandem verraten darf! Erst wenn man um das Geheimnis des Lichts weiß! Das solltest du dir doch wenigstens gemerkt haben!«

»Habe ich ja auch«, murmelte Merla schuldbewusst. »Aber warum denn eigentlich nicht?« Merla begann sich immer elender zu fühlen. Sie fürchtete, Sira könnte ihr ansehen, was sie getan hatte. Doch ihre Schwester blickte auf ihre zarten Flossenspitzen und sprach weiter.

»Weil es bedeutet, dass du dich offenbarst. Egal, ob es sich um einen aus dem Volk, einen Teres oder einen Riesenkalmar handelt. Du bist auf ewig an ihn gebunden. Ruft der andere dich, so wirst du die Frequenz seiner Stimme auch von sehr weit weg, durch Wasser und Luft hindurch, hören. Und du musst zu ihm schwimmen.

Sagst du ihn jemandem, für den du nicht leuchtest, so wird es für immer kalt in deinem Herzen bleiben. Du wirst dich nach seiner Nähe sehnen, denn das Licht reicht nicht für dich allein. Es muss erwidert werden. Dann hast du dein einziges Licht verschwendet. Es ist das Schmerzhafteste, was einem passieren kann.« Sie hob den Kopf und sah Merla direkt in die Augen. »Es sind schon Männer und Frauen freiwillig in die große Dunkelheit gegangen, weil sie die Kälte in ihrem Herzen nicht mehr ertragen konnten.«

Wie die Fangarme einer Giftanemone schloss sich die Furcht um Merlas Herz und packte zu.

»Was hast Du denn, Merla? Nun schau nicht so bestürzt – das passiert natürlich nur sehr selten.« Sira erhob sich und begann kleine Muschelschalen und Schneckenhäuser zu sortieren, die sie in ein neues Gewand flechten wollte.

Merla war über das plötzliche Ende ihres Gesprächs froh. Sie wandte sich von ihrer Schwester ab, glitt in ihre eigene Schlafmuschel und versuchte das harte Hämmern ihres Herzens zu ignorieren. Doch es gelang ihr nicht.

Sie bemerkte, wie Sira die Höhle verließ, und versuchte sich auf die Geräusche des Wassers zu konzentrieren.

Tief tönten die Wale, deren zartes Echo von den Wänden der Höhle hin und her geworfen wurden. Leise perlend klang das Lachen anderer Bewohner der Kolonie an ihr empfindliches Ohr, und sie beobachtete die kleinen Fische, die zwischen den leuchtend bunten Korallen ihrer Höhle schwammen.

Was war sie nur für ein ungeheuerlich dummes Wesen! Sie

hatte gewusst, dass es gefährlich und verboten war, ihren Namen zu sagen, aber dass es so schlimme Folgen hatte … Da hätte Akana mich doch besser gleich in die große Dunkelheit geschickt!

Sie krümmte sich zusammen, schlang die Arme um ihre schuppigen Flossenbeine und weinte. Ihre Tränen waren salziger als das Wasser um sie herum und stiegen in kleinsten Tropfen vor ihr auf, bevor sie sich kurz vor der Höhlendecke auflösten.

Merla, die Wagemutige! Diesen Namen hat man mir gegeben, dachte sie. Warum komme ich mir dann nur so überhaupt nicht mutig vor?

Sie musste an ihre Mutter denken und daran, wie sie strahlen konnte. Ihr Blick, ihre Bewegungen, ihre Umarmungen. Egal, mit wem sie sprach oder was sie tat – sie hatte immer geleuchtet. Genau wie ihr Vater, der nur noch eine ferne Erinnerung für sie war. Im kalten Ozean, in einem frei treibenden Netz der Teres, hatte man ihn nach mehreren Monden gefunden. Er war verhungert. Keine Nahrung, keinen Sauerstoff, kein Licht hatte er dort in der Tiefe bekommen, und so konnte er nur noch tot nach Hause gebracht werden. Doch ihre Mutter hatte das bereits in dem Moment gewusst, als er starb: Ihr Leuchten war augenblicklich schwächer geworden. Ansas Augen waren dunkler geworden, ihre Stimme weniger kraftvoll.

Bei der gütigen Sonne, ich will nicht an kaltem Herzen sterben! Ich habe das Leuchten gesehen. Auch bei ihm. Ich muss ihn wiedersehen, dachte sie noch, bevor sie erschöpft von den Tränen und den dunklen Gedanken einschlief.

9

Marc setzte sich jäh in seinem Bett auf und sah auf den Wecker: Viertel nach vier. Das war eindeutig zu früh, um aufzustehen. Aber er war so hellwach, dass er wusste, er würde nicht wieder einschlafen können. Seit einer Stunde schon hatte er sich gedreht und gewälzt, ohne Erfolg. Er stand auf, schlich so leise, wie es eben ging, die knarrende Holztreppe hinunter, machte sich einen Kakao mit Kokosmilch, aß ein bisschen Müsli und überlegte, ob er noch letzte Hausaufgaben machen oder doch nach den Wellen sehen wollte. Oder nach *ihr* suchen.

Sei nicht dämlich – wer geht schon um diese Zeit surfen?, schalt er sich. Obwohl: Bei ihrer letzten Begegnung war es ja auch so früh gewesen. Wenn ich eine Chance habe, herauszufinden, wer sie ist, dann am besten jetzt, beschloss er für sich und entschied sich für die Wellen. Er zog seine Boardshorts an, nahm sein Surfbrett von der Wandhalterung in der Garage und warf seine Schulsachen samt Schuluniform achtlos auf den Rücksitz des Toyotas.

Es war noch stockdunkel und der Himmel mit unzähligen glitzernden Lichtern versehen, als er auf den leeren Parkplatz oberhalb des Strandes abbog.

Im Dunkeln zu surfen war für ihn das Größte: Er fühlte sich dann wirklich eins mit dem Element und niemand droppte ihm in die besten Wellen rein. Außer sie heißt Merla und taucht aus dem Nichts auf, dachte er und lächelte bei dem Gedanken an sie. Er sah sich noch mal um, wollte sich vergewissern, ob er wirklich allein war, und ging nach ein paar Dehnungen ins nachtkalte Wasser.

Sein Bruder hatte recht gehabt: Die Wellen waren tatsächlich klein. Ein letzter Rest vom Mondlicht schimmerte auf dem Wasser, und Marc sah, dass es nur noch schulterhohe Wellen waren, die sich weiter draußen aufbauten und sanft rauschend brachen. Er paddelte über die schäumende Gischt hinweg und hatte noch trockene Haare, als er hinter der Brandung ankam. Marc setzte sich auf sein Brett und wartete darauf, dass seine Augen und sein Instinkt ihm eine erste Welle präsentierten.

Er wusste später nicht mehr, woher der Impuls gekommen war, aber plötzlich hörte er sich laut und deutlich ihren Namen rufen: »Merla! Merla – bist du hier? Merla!« Angestrengt versuchte er, etwas anderes als die Geräusche des Meeres zu hören. Doch natürlich antwortete niemand. Lächerlich, ich bin wohl tatsächlich etwas hart mit dem Kopf aufgeknallt, dachte er und hörte auf, in die Stille zu lauschen, die jenseits des Rauschens herrschte. Er fühlte, wie sich das Wasser hob, und machte sich bereit, die Welle anzupaddeln.

* * *

Was war das?

Merla hatte sich nach einigen Stunden unruhigen Schlafes aus ihrer Höhle geschlichen und schwamm nun ziellos durch den Algenwald. Sie hatte wieder schlecht geträumt, diesmal hatte sie im Traum mit ansehen müssen, wie ihre Mutter versuchte ihren Vater zu retten, der qualvoll vor ihren Augen starb. Mit verkrampften Kiefermuskeln und Schmerzen im Hals war sie aufgewacht und hatte beschlossen, sich nicht weiter quälen zu lassen.

Eigentlich hatte sie zu den perlenden Quellen schwimmen und die darin spielenden Fische beobachten wollen, doch irgendwas hatte sie die andere Richtung einschlagen lassen. Und nun hörte sie von dort ihren Namen. Augenblicklich fühlte es sich an, als wäre ihr Körper an ein unsichtbares Seil gebunden, das sie unweigerlich dorthin zog, von wo die Stimme gekommen war. Während sie sich dem Ort näherte, sprudelten die Gedanken so wild durch ihren Kopf, dass ihr schwindelig wurde. Er ruft mich! Gütige Sonne! Es kann nur er sein. Was wird er sagen, wenn er mich so sieht? Was soll *ich* sagen? Was, wenn er mich abstoßend und hässlich findet? Oder noch schlimmer: Was, wenn er nicht allein ist? Merla begann ihren Flossenschlag zu verlangsamen und suchte das Wasser mit ihrem feinen Sonar nach dem Rufenden ab. Ihr Ortungssinn war nicht so stark ausgeprägt wie der von Walen, reichte aber aus, um sie vor ungewollten Begegnungen mit Haien, Booten oder eben Teres zu schützen. Zum ersten Mal in ihrem Leben nutzte sie ihn, um einem von ihnen zu begegnen. Da! Ihre Sonarrezeptoren registrierten einen festen Stoff, der sich durchs Wasser bewegte. Das konnte ein Surfbrett sein! War er allein? Aufmerksam durchsuchte sie den Bereich um den Surfer. Die Erleichterung flatterte durch ihre Brust wie eine Brise auf der Wasseroberfläche: Es war nur *ein* Landmensch. Seine Arme durchschnitten wechselseitig das Wasser, er bewegte sich vom Land weg, Richtung offenes Meer. Direkt auf sie zu. Selbst wenn sie gewollt hätte, sie konnte nicht umkehren. Der Sog, der sie zu ihm hinzog, war zu stark. Außerdem wollte sie es gar nicht.

Sie wollte das Leuchten spüren, seine Augen sehen, sein Lächeln erwidern.

* * *

Was für eine feine, kleine Welle habe ich da erwischt, freute sich Marc, als er wieder nach draußen paddelte. Das gute Gefühl eines schönen Wellenritts durchströmte ihn, und er freute sich schon jetzt auf den Nächsten.

Er saß auf seinem Brett und dachte an Leilani und ihre Frage, warum er eigentlich überhaupt keine Angst hatte, im Dunkeln zu surfen. Es gab hier schließlich genug Tigerhaie, die über vier Meter lang und ziemlich bissig waren. Die Zahl der Hai-Attacken hatte in den letzten Jahren zudem ständig zugenommen. Doch wie die anderen Surfer blendete er das vollständig aus. Man konnte hier nicht im Wasser sitzen und ständig die Musik aus »Der weiße Hai« und die Sicht von unten auf die eigenen, im Wasser baumelnden Beine im Kopf haben – dann sollte man besser am Strand sitzen und Ukulele spielen. Darin waren sich alle Wassersportler einig. Außerdem war es wahrscheinlicher, von einer herunterfallenden

Kokosnuss als von einem Hai getötet zu werden, das hatte er irgendwo gelesen.

Shit, was war das? Sein Herz setzte einen Schlag aus, als das Wasser direkt vor ihm plötzlich in Bewegung kam und er trotz der Dunkelheit einen großen, hellen Körper durch das Wasser gleiten sah. »Was zum …!«, rief Marc, legte sich instinktiv flach bäuchlings auf sein Brett und nahm die Beine hoch.

»Du wirst dich doch nicht etwa vor einer – wie hast du mich das letzte Mal genannt? – ›verrückten Bodysurferin‹ fürchten?« Die Stimme hinter ihm klang genauso fremdartig, wie er sie in Erinnerung hatte. Er wusste, dass sie es war, ohne sich umgedreht zu haben.

»Merla!« Er bemerkte den Rest von Schrecken in seiner Stimme und zwang sich, ruhig weiterzusprechen. »Hi! Du bist ja nicht nur im Verschwinden, sondern auch im plötzlichen Auftauchen ziemlich gut. Wow!« Marc drehte sich zu ihr um, und sie bewegte sich neben sein Brett.

»Hey!« Der Einstieg war ja gut gewesen, aber nun wusste sie absolut nicht mehr, was sie sagen sollte. Sie nahm nur noch das Strahlen wahr, das von seinen Augen und seiner Aura ausging, und ihr schien es, als würde sie ihn gleichzeitig gestochen scharf und total verschwommen sehen.

Als sie nichts weiter sagte und ihn stattdessen nur unverwandt anstarrte, sprach Marc weiter: »Ich dachte, ich wäre der Einzige, der verrückt genug ist, um vor Sonnenaufgang allein surfen zu gehen. Aber anscheinend stehst du ja auch darauf – cool!«

»Mhh, ja«, stammelte sie halblaut. Komm schon: Reiß dich zusammen und sag etwas, sonst hält er dich noch für bescheuert! – Merla schlug mit den Flossenspitzen nervös durchs Wasser.

»Komisch, dass ich dich vorher noch nie gesehen habe – machst du hier Urlaub?«

Merla schüttelte den Kopf und erwachte damit aus ihrer Sprachlosigkeit. »Nein! Keinen Urlaub. Ich … ich lebe hier. Und eigentlich gehe ich in die Wellen hier, seit ich schwimmen kann.«

»Okay. Krass«, Marc hob zweifelnd die Augenbrauen, »ich

meine, das sind ja nun nicht gerade Kinderwellen hier in Ho'okipa, oder? Und ich verstehe immer noch nicht ganz, wieso ich dich dann noch nie hier gesehen habe. Ich surfe hier zwar erst seit vier Jahren, aber du wärst mir bestimmt aufgefallen.« Aufmerksam blickte er sie aus seinen dunklen und doch strahlenden Augen an.

Merla fühlte, wie das Leuchten zwischen ihnen etwas in ihr veränderte. Die Aufregung und Angespanntheit wich. Sie wurde ruhiger. Sie fühlte sich sicher. Ihre Stimme wurde fester.

»Nun ja, das kann schon sein, dass wir uns noch nie begegnet sind. Denn ich lebe zwar auch hier – aber nicht *auf* der Insel.«

»Ach so!« Marc lachte. »Dann lebst du wahrscheinlich *unter* der Insel, oder wie?« Keana hatte recht gehabt – das Mädel war total crazy.

»*Fast* richtig, Mr Oberschlau. Ich lebe *vor* der Insel.« Merla lächelte jetzt auch, und Marc sah, dass sie gar nicht verrückt, sondern eher ziemlich hübsch aussah. Sie hatte feine Gesichtszüge, einen spöttisch-charmant lächelnden Mund und eben diese Augen, die irgendwie zu leuchten schienen. Außerdem schien das Wasser um sie herum ebenfalls zu leuchten. Zumindest war es heller als die dichte Dunkelheit zuvor.

»Ist das hier ein Ratespiel? Also … wohnst du auf einem Schiff?«

»Wieder falsch. Wenn du es genau wissen willst: Ich lebe in einer Höhle hinter dem großen Algenwald und vor den sprudelnden Quellen. Und damit dein Gesichtsausdruck nicht noch ratloser wird: Ich schwimme in diesen Wellen schon immer, weil ich hier geboren bin. Im Wasser. Das ist mein Lebensraum. Ich bin ein Meermensch.«

»Klar und ich bin Harry Potter!« Marc musste jetzt wirklich lachen, doch als er den Ausdruck in den Augen des Mädchens vor ihm registrierte, blieb ihm das Lachen im Hals stecken.

»Was bitte genau meinst du mit ›Meermensch‹?«

Merla sah ihn fest an, nahm beide Arme – die mit ringartigen Tätowierungen versehen waren – gestreckt neben den Kopf, erhob sich langsam bis zur Hüfte aus dem Wasser und tauchte elegant kopfüber ab.

Das kann nicht sein! Fassungslos saß Marc auf seinem Brett. Ich bin verrückt geworden! Das sind noch die Nachwirkungen von meinem Nahtoderlebnis! Wild schossen die Gedanken hinter seiner gerunzelten Stirn hin und her und ihm war plötzlich kalt. Wo war sie?

Er suchte das Wasser um sich herum ab und sah – nichts. Verdammt, sie muss doch wieder auftauchen!, dachte er, als das Wasser nach quälend langen Minuten immer noch unbewegt blieb.

Die kalte Berührung an seinem Bein ließ ihn aufschreien. »Na, doch ein bisschen Angst, was?« Lachend tauchte Merla neben ihm auf und schubste mit einer Hand etwas Wasser auf ihn.

»Wieso kannst du so lange unter Wasser bleiben? Machst du ein Spezialtraining oder bin ich jetzt bei ›Die versteckte Kamera‹?« Marc kam sich langsam doof vor. Dieses Mädchen machte sich über ihn lustig und er checkte es nicht.

»Okay – ich verstehe absolut, dass du nicht glauben kannst, was ich dir eben gesagt habe. Dann musst du jetzt besonders tapfer sein, denn ich werde dir etwas zeigen. Aber nicht, dass du mit Herzstillstand vom Brett kippst. Bist du bereit?«

Marc fühlte sich absolut *nicht* bereit, noch mehr von diesen verrückten Geschichten zu hören, presste aber mühsam ein »Okay« über die Lippen.

»Gut, dann sieh mich an! Du siehst: Ich habe einen Kopf, Arme, Hände, einen Oberkörper«, sie drehte sich dabei im Wasser auf den Rücken und er sah wieder den ungewöhnlichen Naturstoffbikini, »so weit alles ganz normal, aber«, sie machte eine kurze Pause, »was sagst du hierzu?« Langsam zog sie ihre Beine über die Wasseroberfläche.

Marcs Gehirn versuchte alle möglichen Erklärungen für das, was er jetzt sah, zu finden, aber übrig blieb nur eine Leere in seinem Kopf und ein Bild, das er nie wieder vergessen sollte: Die Beine des Mädchens vor ihm glänzten silbern wie zwei schlanke Fische und anstelle von Füßen zeigte sie ihm lange, flache Flossen – ähnlich denen von Tauchern –, die in feinen, hauchdünnen Häuten endeten.

Keuchend atmete Marc aus und schüttelte ungläubig den Kopf. »Das glaube ich jetzt nicht!«, murmelte er leise.

»Das verstehe ich«, antwortete Merla ebenso leise, schlang beide Arme um die Spitze seines Surfbretts und legte ihr Kinn darauf ab.

Marc überlegte angestrengt, bis sein Gesicht langsam Erkenntnis widerspiegelte und er stockend zu sprechen begann: »Deshalb konntest du mich auch finden an dem Morgen, als ich fast ertrunken wäre, und konntest so mühelos mit mir durch die fetten Wellen schwimmen. Deshalb warst du so plötzlich verschwunden! Aber ...«, Marc zögerte, »wie konntest du mir Luft geben? Ich meine, dann wirst du wahrscheinlich auch wie ein Fisch atmen, oder? Wenn du schon unter Wasser lebst. Wie kam die Luft in meine Lungen?«

»Da bin ich aber beruhigt, dass du zumindest noch einen Rest Verstand behalten hast – ein völlig berechtigte Frage! Also ich kann ...« Merla brach abrupt ab.

»Was ist das?«

»Was denn?« Marc hob den Kopf und lauschte. Merla tauchte unter und kam schnell wieder hoch.

»Da kommt jemand – wir sind nicht mehr allein im Wasser!«

»Ich höre nichts!«

»Aber ich kann es *spüren*. Ich muss hier weg.« Sie sah ihm fest in die Augen. »Abgesehen davon, dass dir wahrscheinlich keiner glauben wird – ich brauche dein Wort, dass du niemandem von unserer Begegnung erzählst.«

»Ich will doch nicht in die Klapse gesteckt werden. Nein! Versprochen!« Merla blickte ihn immer noch fest an und Marc sah wieder den Lichtschein, der von ihr auszugehen schien.

»Warte, Merla! Ich hab noch tausend Fragen – wie kann ich dich wiedersehen?«

»Ruf mich und ich werde kommen«, sagte sie und glitt in einer fließenden Bewegung unter seinem Brett hindurch in die Tiefe.

Denn ich bin für immer an dich gebunden, setzte sie im Stillen hinzu, während sie immer schneller durch die Dunkelheit schwamm.

10

Die farblosen Schleier der Nacht verfärbten sich bereits ganz zart rosa über dem Pazifik, als Marc wieder an seinem Auto stand und sich gedankenverloren den Oberkörper und die Haare abtrocknete, ein T-Shirt und eine Shorts anzog und sich schließlich auf den Fahrersitz fallen ließ.

Das muss ein Traum sein, das kann unmöglich wirklich passiert sein, murmelte er vor sich hin und schlug mit der Faust auf seinen Oberschenkel, um sich aufzuwecken. Der Surfer, der sein Auto gerade neben ihm geparkt hatte, drehte sich zu ihm, um zu grüßen, und wunderte sich über Marcs verwirrten Gesichtsausdruck.

»Marc! Hey – alles okay bei dir?« Marc sah auf und bemerkte, dass es Skipper, der Freund seines Vaters, war, der ihn jetzt erwartungsvoll ansah.

»Was?«

»Ob bei dir alles in Ordnung ist, oder hast du mal wieder das Riff geküsst? Man erzählt ja viel hier am Strand, wenn der Tag lang ist.« Er grinste breit.

»Nein … Ich meine: Ja, alles gut bei mir! Ich bin nur gerade im Kopf ein paar Spanischvokabeln durchgegangen – wir schreiben heute einen Test.«

»Die scheinen dich ja fertigzumachen, diese Vokabeln – so, wie du eben gekuckt hast. Dann mal viel Glück! Die Wellen sind heute nichts für mich – sieht nach Kindergeburtstag aus da draußen. Have a good one! Und grüß den alten Beck von mir!«, setzte er hinzu, als er seinen Wagen startete und Richtung Lahaina fuhr.

Marc lehnte sich zurück, atmete tief aus und ließ seinen Blick über das Wasser wandern. Wenn Merla wirklich da draußen lebte, dann war sie bestimmt nicht die Einzige. Die Erkenntnis ließ seinen Magen kribbeln und die Bilder in seinem Kopf rasten. Was für eine Welt mochte sich dort verbergen, von der niemand etwas ahnte ...?

Oder etwa doch? Marc dachte an das alte deutsche Märchen von der kleinen Meerjungfrau und die albernen Serien wie »H_2O – Plötzlich Meerjungfrau«. Na, wie Arielle sah »sein« Meermädchen ja schon mal nicht aus. Allein die Tatsache, dass sie zwei Flossenbeine und nicht einen Fischschwanz hatte. Wenn die das bei Walt Disney wüssten – die Geschichte der Meerjungfrau müsste komplett neu erzählt werden, dachte er, als er nach Paia abbog, um noch etwas zu essen zu holen, bevor er in die Schule fuhr.

Der MANA-FOODS-Supermarkt hatte noch nicht geöffnet. Es war halb sieben Uhr morgens und die Insel erwachte ganz langsam zum Leben. Abgesehen von ein paar wenigen Joggern und Yogis, die sich zum Meditieren am Strand trafen, waren die Straßen noch menschenleer. Marc holte sein Handy heraus und gab den Suchbegriff »Meermenschen« in seinen Browser ein, fand einen Artikel auf Discovery Press und begann zu lesen:

Seemannsgarn oder wissenschaftliche Sensation? Forscher der amerikanischen Ozeanografie-Behörde »NOAA« machen eine bemerkenswerte Entdeckung: Im Meer zeichnen sie völlig neuartige akustische Signale auf – die »Stimme« eines bislang unbekannten Wesens? Augenzeugenberichten zufolge sollen im Bundesstaat Washington sogar Überreste eines mysteriösen Wassermenschen an Land gespült worden sein. Könnte ein solches Mischwesen aus Meerestier und Homo sapiens tatsächlich existieren? Sind geheime Militärexperimente für die rätselhaften Phänomene im Ozean verantwortlich? Von historischen Aufzeichnungen früher Seefahrer über aktuelle Forschungsberichte bis hin zu fantastischen Bildern einer fiktionalen Unterwasserwelt: »Wassermenschen: Kreaturen aus der Tiefe« fügt die Puzzleteile rund um den Mythos zusammen und wirft dabei mehr Fragen auf, als die Wissenschaft beantworten kann.

Er setzte ein Lesezeichen und beschloss, den Film dazu noch

heute Abend zu sehen. Vielleicht war er ja gar nicht der Einzige, der von der Existenz einer solchen Spezies wusste. Er musste dringend mehr erfahren. Andererseits – brachte er sie damit nicht in Gefahr? Ich habe es ihr versprochen und sie sah aus, als sei es ihr mit dem Versprechen mehr als ernst! Bei dem Gedanken an ihren Blick spürte er wieder dieses eigentümliche Gefühl von Wärme in seiner Brust. Vielleicht ist sie eine Sirene und hat mich verhext? Wenn es Meermenschen tatsächlich gibt, woher weiß ich, dass sie »gut« sind?

Hallo!? – Immerhin hat sie dein Leben gerettet, beantwortete er sich die Frage selbst und sah, dass die Tür zum Supermarkt endlich aufgeschlossen wurde. Mit knurrendem Magen kaufte er ein Avocado-Thunfisch-Sandwich, einen Schoko-Muffin und einen Smoothie. Morgen muss ich mir was zum Essen mitnehmen, sonst werde ich noch arm, dachte er und biss in sein Sandwich.

Erschrocken zuckte er zusammen und hätte sich fast verschluckt, als plötzlich die Beifahrertür geöffnet wurde und Leilani sich wunderschön lächelnd neben ihn ins Auto setzte. »Hey Marc! Aloha! Cool, dass ich dich hier treffe! Mein Auto hat den Geist aufgegeben. Kannst du mich mit zur Schule nehmen?«

Marc schaffte es gerade noch unauffällig Reste von Mayonnaise aus seinem Mundwinkel zu wischen und merkte, wie die Temperatur seiner Ohren akut anstieg. Er versuchte, sich selbst von seinen heißen Ohren abzulenken, schnallte sich an und startete den Motor. »Klar, natürlich, also: Gerne kann ich dich mitnehmen. Was machst du denn schon so früh hier? Ich meine, es ist erst sieben ...«

»Na ja, dasselbe könnte ich dich ja wohl auch fragen«, sagte sie, und ihre schneeweißen Zähne blitzten, als sie ihn anlächelte. »Ich wollte noch ein paar Sachen für die Aufführung am Wochenende organisieren. Du weißt doch – die Hula-Show. Und nach der Schule habe ich die nächsten Tage immer Probe. Außerdem wache ich sowieso meist früh auf – early bird ... weißt schon«, ergänzte sie lachend. »Und du?«

»Ich wollte eigentlich surfen gehen, aber die Wellen waren nicht so toll und außerdem …«, er brach ab, »egal – passt das denn dann mit Freitagabend, wenn du am nächsten Tag Aufführung hast?«

»Ja klar! Bis Freitag muss sowieso alles vorbereitet sein und die Generalprobe ist erst gegen Mittag. Also – einem schönen Abend mit dir steht nichts im Wege.« Marc erwiderte ihr Lächeln, und sein Herz begann zu galoppieren wie ein junges Wildpferd. Den restlichen Weg zur Schule redete sie vom Hula, von irgendwelchen Eifersüchteleien unter den Mädels und ihrer Vorliebe für Kalligrafie. Marc versuchte wirklich ihr zuzuhören, doch entweder drängten sich Bilder von Merla, wie sie ihm ihre Flossen zeigte, vor sein inneres Auge, oder er war so verzaubert von Leilanis süßem Lächeln, dass er später kein Wort mehr von dem wusste, was sie erzählt hatte.

Doch Leilani schien seine Verwirrung nicht zu bemerken. Mit einem fröhlichen »Danke und schönen Tag dir!« sprang sie aus dem Auto, und Marc blieb mit immer noch warmen Ohren zurück.

* * *

Er ist es! Wir teilen das Licht! Die Klarheit der Erkenntnis ließ ihr Herz fast doppelt so schnell schlagen wie normal, es fühlte sich an, als ob es gleich davonschwimmen wollte. Doch jetzt war es keine Angst mehr, die ihr Blut zum schnelleren Strömen brachte. Im Gegenteil: Freude durchflutete sie wie klares Wasser, das sich einen Weg durch die Wüste bahnt.

Sie drehte sich langsam um die eigene Achse, während sie sich beruhigte. Ich habe weder kompletten Unsinn von mir gegeben, noch hat er die Flucht ergriffen, als er mich gesehen hat. Das ist gut! Und er hat auf mein Leuchten reagiert, ich habe es gesehen – das ist noch besser!, dachte sie glücklich und überlegte, was sie als Nächstes tun, wie sie sich verhalten sollte. Sie musste mehr über das ewige Leuchten zwischen Meermensch und Teres wissen. Aber wen konnte sie fragen, ohne sich verdächtig zu machen? Sira kam überhaupt nicht infrage, Maris war ein Plappermaul und ihre Freundin Leva war schon seit Wochen in der Kolonie im Norden.

Vielleicht konnte sie ihre Großmutter bitten, sie zu besuchen? Aber in Anbetracht der Vorfälle war das wahrscheinlich zwecklos. Selva würde sie in nächster Zeit auf keinen Fall auch nur eine Flossenlänge weiter als nötig lassen.

Merla suchte sich einen ruhigen Platz an einem Abhang, der mit bunten Korallen bewachsen war, in denen ein paar bunte Fische nach Futter suchten. Ihr Sonar ortete eine Delfinschule und zwei Tigerhaie auf Jagd, aber in nächster Umgebung war kein größeres Lebewesen, sodass sie in Ruhe nachdenken konnte.

Konzentrier dich! Was hatte ihre Mutter ihr nicht alles erklärt? Wie sehr wünschte sie sich jetzt, sie hätte besser zugehört! Alles, was Merla und ihre Geschwister über Anatomie und Physiologie – also Aufbau und Funktionsweise – ihrer Spezies, der der Fische und Säuger und der Pflanzenwelt ihres Lebensraumes gelernt hatten, hatten Ansa und Selva ihnen beigebracht. Merla wusste, dass Meeressäuger an die Oberfläche schwammen, um Luft zu holen, sie wusste, wie der Gasaustausch in den Lungen der Atmer funktionierte. Genauso war es bei den Teres. Auch wenn sie selbst Sauerstoff aus dem Wasser filterten wie Fische, so waren sie ansonsten kaum von den Landmenschen zu unterscheiden.

Aber wie konnte ein Meermensch an Land leben? Wie sollte er atmen? Sie versuchte sich genauer an das zu erinnern, was ihre Mommie ihr beigebracht hatte. Es war irgendwie die Verbindung, die alles verändern konnte. Die unumkehrbar war. Und die ihre Mutter gewählt hatte. Wie war das gewesen?

Ein ungenutzter Kreislauf mit Luftröhre und verkleinerter Lunge gab auch ihr – theoretisch – die Möglichkeit, über Wasser zu atmen. Aber er war nicht voll funktionsfähig: Sie konnte zwar Sauerstoff ausatmen – so, wie sie es bei Marcs Rettung getan hatte – aber sie konnte nicht wieder einatmen. Dazu musste sie den Kopf und ihre Kiemen unter Wasser bringen.

Es war die Verbindung, die sie zu einem atmenden Wesen machen konnte. Jeder erwachsene Meermensch wusste von diesem Wunder der Natur und von der engen Verwandtschaft, die sie trotz aller Unterschiede mit den Menschen an Land verband.

»Alles Leben kommt aus dem Wasser – wir waren einst eine einzige menschliche Spezies, Merla«, hatte ihre Mutter gesagt, und Merla erinnerte sich, wie Ansa gelacht hatte, weil sie damals so zweifelnd und überrascht ausgesehen hatte.

Merla empfand einen leisen Anflug von Trauer, als sie an ihre Mutter dachte, doch eine kaum merkliche Bewegung des Wasser lenkte sie plötzlich ab. Sie sandte ihr Signal aus, und die feinen Sonarzellen in ihren Kieferhöhlen gaben ihr prompt Rückmeldung: zwei Wesen, die sich zügig in ihre Richtung bewegten.

Merla wusste nicht, warum sie es tat, aber einer Eingebung folgend, zwängte sie sich durch eine schmale Öffnung in der Wand, sodass sie in einer winzigen Höhle aus Lavagestein verborgen war.

Es waren zwei Meermenschen, die sich ihrem Versteck näherten. Was machten die so früh hier draußen? Noch war die Sonne nicht aufgegangen; es war ungewöhnlich für Meermenschen, denen der Schlaf normalerweise heilig war, schon jetzt durch die Dunkelheit zu schwimmen.

Außer man liebt Wellen und einen Landmenschen, dachte Merla und lächelte still in sich hinein. Doch die Stimme, die sie nun hörte, ließ ihr Lächeln schnell schwinden.

»… da gibt es überhaupt keinen Zweifel, Velron. Es hat funktioniert – sogar noch viel besser, als ich gedacht habe! Wie lange brauchen wir für eine hundertfache Menge?«

Akana! Die Ratsherrin war es, die dort draußen schwamm und augenscheinlich nicht bemerkt werden wollte – und um alles in der See wollte Merla auch nicht von ihr entdeckt werden.

Sie presste sich an die raue Wand der Höhle und konzentrierte ihre Aufmerksamkeit auf das, was draußen gesprochen wurde.

»Mehr als eine Mondfülle auf keinen Fall. Sie wachsen schneller, als wir vermutet hatten. Chlorobionta spricht sehr gut auf die Einzeller an. Sie vermehrt sich so stark, dass wir bald weitere Flächen brauchen werden.«

Merla konnte die beiden nicht sehen, aber als Akana weitersprach, klang aus ihrer Stimme Anspannung und eine unbestimmte Freude, die Merla nicht deuten konnte.

»Das ist kein Problem. Ich habe schon eine Idee, wo wir noch mehr anpflanzen können. Aber denk daran – kein Wort zu niemandem! Noch ist die Zeit nicht reif. Wir dürfen jetzt nichts überstürzen. Der Tod der Meeressäuger hat viele Fragen aufgeworfen, und ich will, dass alles vorbereitet ist, bevor wir den großen Schlag wagen.«

»Die Felder sind gut versteckt, und du weißt, dass ich Dinge für mich behalten kann, die geheim bleiben sollen.«

»Ich weiß, Velron«, ihre Stimme klang jetzt ungehalten, »aber die Situation ist zu ernst, um sich auch nur den kleinsten Fehler zu erlauben. Der Rat wird eventuell nicht zustimmen, das heißt, es muss alles ganz schnell gehen, wenn …«

Akana hatte abrupt aufgehört zu sprechen.

Merla erstarrte. Hatten sie sie entdeckt?

»Was ist?«, fragte Velron hastig.

»Drei von unserer Kolonie – hinter uns, auf der anderen Seite des Waldes, sie schwimmen in unsere Richtung.« Sie schnaubte wütend wie ein Walross. »Wenn es nur eins gewesen wäre, hätte ich meine Flossen darauf verwettet, dass es diese katastrophale Tochter von Ansa ist«, ihre Stimme war jetzt eiskalt von unterdrückter Wut, »sie ist genau wie ihre Mutter: hält sich an keine Regeln und meint auch noch, das Recht dazu zu haben. Lass uns zurückschwimmen, Velron. Ich weiß alles, was ich wissen muss. Ich möchte, dass du eine weitere Plantage anlegst: unweit des großen Grabens ist eine Hang, der fruchtbar aussieht und auf keiner der üblichen Routen liegt. Pflanz dort und berichte mir nach sieben Sonnen, wie sich Chlorobionta macht.«

»Du kannst dich auf mich verlassen, Akana«, hörte Merla noch Velrons Antwort, und dann herrschte nur noch Stille in der nachtblauen Tiefe vor ihrem Versteck.

Was bei allen Wesen des Meeres hatte das zu bedeuten? Merla kauerte immer noch in ihrer engen Höhle – bis Velron und Akana sie nicht mehr orten konnten, musste sie durchhalten. Ihr Rücken schmerzte dort, wo er gegen die Wand drückte, und ihre Flossen fühlten sich taub und kalt an. Was hatte Akana mit »großem

Schlag« gemeint? Wusste sie, wie die Meeressäuger in der Nähe des großen Schiffes der Landmenschen gestorben waren?

Und warum war Chlorobionta so wichtig?

Diese Grünalge gehörte wie viele andere Algenarten zu ihrem täglichen Speiseplan: Sie waren sehr eiweißhaltig, und gewürzt mit Meerzucker oder zerstoßenen Schalen von verlassenen Schneckenmuscheln gehörten sie zu Merlas Lieblingsessen. Aber warum eine geheime Plantage?

Verdammt – wenn ich meine Beine nicht gleich strecken kann, fallen mir die Flossen ab, dachte sie gerade, als neue Klänge von außen auf ihr sensibles Gehör trafen.

»Ich habe dir ja gesagt, dass sie nicht hören will, Mommie – du kennst sie doch! Ganz sicher ist sie wieder in die Wellen gegangen!«

Sira! Merla wusste nicht, wann sie sich das letzte Mal so gefreut hatte, die Stimme ihrer Schwester zu hören!

Sie zog sich an einem kleinen Vorsprung an der Außenwand der Felsspalte ins Freie und stöhnte leise, als sie spürte, wie der raue Fels ihr den Rücken ein zweites Mal aufschürfte.

Sie schwamm den drei Meerwesen entgegen, deren Umrisse jetzt immer klarer wurden.

»Merla! Was machst du hier draußen, Kind? Wieso schwimmst du vor Anbruch des Tages hier herum?« Ihre Großmutter war die Erleichterung deutlich anzuhören, obwohl ihre Augen verrieten, dass sie gleichzeitig wütend war.

»Ich konnte nicht mehr schlafen, Mommie, da dachte ich, ich schwimme ein bisschen mit den Fischen in den sprudelnden Quellen, bevor ich mich nur von links nach rechts wälze und euch noch alle aufwecke …« Mit dem harmlosesten Gesichtsausdruck, den sie zustande bringen konnte, sah sie Selva an und hoffte, dass sie überzeugend genug war.

»Soso – mit Fischen spielen wolltest du … nun denn.

Aber du blutest ja …!« Besorgt drehte sie ihre Enkelin herum und betrachtete die Spuren auf ihrem Rücken.

»Ich bin irgendwo hängen geblieben, als ich die kleinen Yellow Tangs gejagt habe. Sie sind einfach wahnsinnig schnell!«

»Siehst du, Mommie, ich habe es dir doch gesagt – Merla geht nicht Wellenschwimmen!« Maris schaute ihre Großmutter mit seinen großen blauen Augen so unschuldig an, dass Merla fast Lachen musste – ihr Bruder mochte zwar ihr größter Fan und Verbündeter sein, aber ein guter Lügner war er nicht.

»Darüber sprechen wir noch, Merla«, sagte ihre Großmutter streng, »aber bevor die Haie meinen, wir wollten ihnen eine leckere Morgenmahlzeit servieren, sollten wir lieber zurückschwimmen.«

»Mahlzeit klingt genau richtig, Mommie«, meinte Maris und warf seiner Schwester einen verschwörerischen Blick zu, den zwar Selva nicht sah, Sira aber umso mehr.

»Du bist schrecklich, Merla! Ein Schwarm silberner Sardinen ist besser zu hüten als du«, raunte ihre Schwester ihr zu, als sie in die gemeinsame Höhle zurückkehrten.

»Halt dich da gefälligst raus«, zischte Merla zurück und bedachte ihre Schwester mit einem warnenden Blick.

Als sie beim Morgenmahl saßen, konnte Merla sich kaum auf das Gespräch um sie herum konzentrieren. In ihrem Kopf waren so viele Fragen, dass es sich anfühlte, als ob er zu klein wäre, und von innen drückte es gegen ihre Stirn.

Sie musste dringend mit jemandem über das sprechen, was sie gehört hatte. »Maris, schwimmen wir nachher zusammen zu den Feldern?«, fragte sie ihren Bruder und sah ihn mit einem Blick an, der klarmachte, dass das mehr als eine Frage war.

»Klar, können wir machen. Aber dann möglichst bald. Ich wollte später noch einen neuen Rekord auf der Strecke zwischen den beiden schwarzen Felsen aufstellen. Loris nervt mich schon so lange, dass er schneller ist, nur weil er gegen einen unbekannten Delfin gewonnen hat. Ich muss ihm einfach ein für alle Mal klarmachen, wessen Flossen in dieser Kolonie die Siegerflossen sind.«

»Oh, ich wusste gar nicht, dass du es so nötig hast, dich zu beweisen – ich dachte, du wärst über solche Spielchen erhaben, Bruderherz«, Merla stupste ihren Bruder in die Seite.

»Natürlich! Einer muss ja hier die Familienehre hochhalten,

wenn meine Schwestern schon nicht mit Glanzleistungen auf-fallen«, sagte er, und seine Augen funkelten.

»Was soll das denn heißen? Ich glänze vielleicht nicht, aber dafür mache ich uns auch keine Schande, wofür ja unsere liebe Schwester hier zuverlässig sorgt. Die bleibt besser in der Höhle, so lange, bis sie endlich erwachsen ist. Also am besten für immer.« Beleidigt schob Sira ihre Unterlippe vor.

»Sira – halt den Mund!« Selva war nicht in Stimmung für Streitereien unter Geschwistern. »Ich möchte nicht, dass ihr euch gegenseitig ständig schlechtmacht. Wir sind eine Familie!« Sie sah ihre Enkel der Reihe nach an, und ihnen allen war klar, dass das, was ihre Mommie sagte, keine leeren Worte waren. Wenn nötig, würde sie ihr eigenes Leben für das ihre geben, und sie erwartete von ihnen, dass sie zumindest die Bereitschaft zeigten, friedlich miteinander umzugehen. Doch anscheinend war sogar das manchmal zu viel verlangt. »Wir halten zusammen, und wir schützen uns gegenseitig. Egal, wie falsch oder verboten einer von uns gehandelt haben mag! Wir stärken uns. Aber ihr macht genau das Gegenteil davon. Ständig!« Sie seufzte und räumte die Reste der Mahlzeit in den Verschlag mit den Vorräten.

»Alles gut, Mommie! Sira hat wohl schlecht geschlafen oder sie will Merla beschützen ... denn dieser Angeber Loris macht Merla bei jeder Gelegenheit schöne Augen. Er glaubt wohl, er kann das *ewige Licht* allein durch die Kraft seines Blickes zum Leuchten bringen.« Er grinste Merla fröhlich an. Doch die erwiderte sein Grinsen nicht.

»Komm, lass uns die Arbeit auf den Feldern erledigen, damit du nicht deinen Schlaf verpasst, wenn die Sonne am höchsten steht. Den wirst du ja wohl brauchen, um genug Kraft für dei-nen kleinen Kampf mit dem lieben Loris zu haben.« Merla zupfte ihren Bruder an den kurzen Locken.

»Ist ja gut, ich komme ja schon – wie kann man nur so un-geduldig sein«, murmelte er noch und folgte Merla aus der Höhle.

Seite an Seite schwammen die Geschwister durch den Wald und dann in Richtung des wachsenden Berges. Wie der gesamte

Bereich um die Inseln, die die Landmenschen Hawaii nannten, war die Landschaft über und unter der Meeresoberfläche durch Vulkane entstanden, die hier vor Millionen von Jahren Inseln und Berge geschaffen hatten. Und deren Aktivität noch lange nicht zu Ende war: Der wachsende Berg war nur noch knapp 1000 Meter von der Wasseroberfläche entfernt und wuchs mit jedem Jahr mehr. In 10 000 bis 100 000 Jahren würde er sich über die Oberfläche erheben und eine neue Insel erschaffen. An den umliegenden Klippen, die dichter an der Oberfläche waren, war das Geröll fruchtbar und die Meermenschen hatten dort Plantagen angelegt, auf denen sie gemeinsam arbeiteten. Verschiedene Algenarten wuchsen dort: Pflanzen, die sie ernährten, sie heilten und deren grüner Farbstoff Chlorophyll ihnen half, das Sonnenlicht in Energie umzuwandeln.

Merla und Maris stießen auf eine Schule von Delfinen und schwammen mit ihnen zusammen durch die blaue, schier endlose Tiefe. Merla liebte Delfine mehr als jedes andere Wesen des Meeres. Als sie klein war, hatte sie einen Delfin aufgezogen, der nach einem Hai-Angriff mutterlos geworden war. Sie hatte ihn gegen Selvas Willen in die Höhle gebracht und dort mit Algenmilch und kleinen Fischen aufgepäppelt. Kicko hatte sie ihn genannt, weil er sie die ersten Tage mit den traurigen, fast unablässigen Klicklauten, mit denen er nach seiner Mutter rief, fast zum Wahnsinn gebracht hatte. Auch er hatte seine Mutter verloren, und sie fühlte sich eng mit ihm verbunden. Und irgendwann hatte er Vertrauen gefasst, war stark und schnell geworden, und Merla hatte es geliebt, an seiner Seite in den Wellen zu schwimmen. Durch ihn lernte sie die Sprache der Delfine schneller und besser. Sie konnten sich miteinander verständigen, und er war ihr Freund geworden.

Jedes Mal, wenn eine Delfinschule ihren Weg kreuzte, hoffte sie, ihn endlich wiederzusehen. Aber Kicko schien in den Weiten des Ozeans verschwunden zu sein – sie hatte ihn seit langer Zeit nicht mehr zu Gesicht bekommen.

Auf halbem Weg zu den Feldern verlangsamte Merla ihr Tempo, überprüfte, ob andere Meermenschen in der Nähe waren, und rief ihren Bruder zurück.

»Was ist los? Wir wollten doch zu den Feldern«, sagte Maris verständnislos und schlug ungehalten mit den Flossen.

»Ja, ja, das machen wir auch. Aber vorher muss ich dir was erzählen.« Sie senkte die Stimme und sprach, so leise sie konnte, weiter. »Ich glaube, Akana plant irgendetwas Großes, und du musst helfen, herauszufinden, was es ist.« In knappen Worten gab sie wieder, was sie unfreiwillig mitgehört hatte, doch Maris' Gesichtsausdruck blieb verständnislos, als sie geendet hatte. »Und du bist sicher, dass sie ›großer Schlag‹ gesagt hat? Vielleicht hast du dich verhört und sie hat von der großen Ernte gesprochen.«

»Maris – ich höre zwar nicht gut auf Regeln und auf Mommie, aber mein Gehör an sich ist in Ordnung! Akana hat von einem großen Schlag gesprochen, und außerdem wusste sie, wie es zum Tod der vielen Säuger bei dem Schiff letztens gekommen ist. Ich sage dir – sie hat irgendetwas vor!« Merla hatte ihren Bruder am Handgelenk gegriffen und sah ihn durchdringend an. »Und es kann nichts Gutes sein«, das hatte sie deutlich gespürt. Akana war gnadenlos und hart – und ihre Stimme hatte triumphierend geklungen.

»Okay, wenn du so überzeugt davon bist … aber was willst du jetzt tun?«

»Wir müssen herausfinden, warum sie Chlorobionta in Massen anbauen lässt. Die Kolonie braucht davon nicht so viel. Und wir benutzen auch niemals Einzeller, um sie schneller wachsen zu lassen. Wozu könnten die ihr nützlich sein?«

»Der Einzige, von dem ich weiß, dass er sich richtig gut auskennt, ist Loris Vater.«

»Sehr gut! Dann frag ihn doch nach eurem Wettschwimmen! Du begleitest Loris nach Hause und löcherst seinen Vater, bis du alles über Chlorobionta, Einzeller und die Wirkungsweise weißt!« Merla lächelte ihren Bruder aufmunternd an.

»Na gut, wenn dir das weiterhilft, Schwesterherz. Aber jetzt komm, sonst schaffe ich es doch nicht mehr, mir meine Portion Energie-Schlaf vor dem Sieg gegen den selbst ernannten Rekordhalter zu holen.«

Die Arbeit auf den Feldern ging ihnen leicht von der Hand, und Merla tat die Ablenkung von den vielen Fragen in ihrem Kopf gut.

Nicht mehr als 20 Meermenschen ihrer Kolonie bewegten sich langsam durch das leuchtende Grün. Sie und Maris hielten sich etwas abseits der anderen, die miteinander sprachen und lachten.

Vorsichtig zupfte Merla die frischen Triebe der Algen ab und sammelte sie in einem Korb aus festen Seegrasstängeln. Das Leben in den Feldern war bunt und wuselig: Seeanemonen leuchteten in Orange, schwarz-weiße Zebrafische und die knallgelben Segeldoktorfische flitzten in Schwärmen umher. Majestätisch ruhig glitten große Meeresschildkröten über sie hinweg, und die Algen glänzten grün, immer wieder plötzlich illuminiert von kleinen leuchtenden Bakterien, die wie silberne Wolken aufstiegen.

Merla war herrlich gedankenfrei in ihre Arbeit vertieft, als Maris sie plötzlich an der Flosse zog. »Sieh dir das an! Schon wieder!« Er zog ein großes Stück engmaschiges grünes Netz aus dem dichten Algenbewuchs hervor. Tote, bunte Fische hingen ebenso darin wie Fetzen verschiedenster Stoffe der Teres – einer davon sah aus wie eine kleine Flosse. So etwas kam immer häufiger vor. Es gab Gegenden, die nicht mehr von bunten Korallen, sondern von diesen bunten Dingen, die nicht vergingen, bedeckt waren. Ein großer Teil der Arbeit in den Feldern bestand jetzt nicht mehr nur aus Ernten, sondern auch aus dem Entfernen dieser toten Teile, die in der oberen Welt anscheinend nicht mehr gebraucht wurden.

Wütend schimpfte Maris vor sich hin, während er versuchte, noch einen kleinen Seestern und ein paar Fische zu befreien, die sich noch leicht bewegten. »Ich verstehe das nicht! Wieso tun sie das? Können sie ihre Dinge nicht in ihrer Welt behalten? Wahrscheinlich wollen sie nicht, dass die Tiere und Pflanzen oben daran sterben, oder? Hier sehen sie einfach nicht, was sie anrichten.«

»Oder sie wissen gar nicht, was hier damit passiert.« Merla runzelte nachdenklich die Stirn. »Ich meine, keinem Wesen kann doch das Leben anderer egal sein ...«

»Oh doch – nach dem, was Akana beim letzten Rat berichtet hat, glaube ich, dass die Teres sehr wohl darum wissen. Die Wandler sagen, dass der Herrscher des großen Landes dort, wo die Sonne aufgeht, sich rein gar nicht um die Gesundheit von Tieren, Pflanzen und sogar die seiner eigenen Spezies kümmert. Er will, dass sie sich mit immer mehr von diesen bunten Dingen umgeben. Und er lässt Unmengen dieser stinkenden Schiffe und auch solche, die an Land fahren, in diesen *Fabriken* bauen, die mit ihrem Gestank die Luft, die sie doch selbst atmen, verpesten und dazu noch dafür sorgen, dass es oben immer wärmer wird. Ich habe den Zusammenhang noch nicht ganz verstanden, aber ich glaube, sie machen, dass das Eis oben im Norden schmilzt und unser aller Wasser sich ändert.«

Merla nickte nachdenklich und starrte auf einen toten Fisch in Maris' Netz. »Ich habe gehört, dass sie erst die Erde aussaugen. Dann verbrennen sie das Blut des Bodens, und dadurch bewegen sich alle diese Dinge.« Das Bild ihrer Mutter zwischen gefangenen Tieren und rauchenden Quellen tauchte plötzlich vor Merlas Auge auf, und sie spürte, wie sich ihr Herz schmerzvoll zusammenzog. »Ich wünschte, Mutter wäre nicht dort. Es muss schrecklich sein!« Ihr Gesicht sah so kummervoll aus, dass Maris an ihre Seite schwamm und ihr sanft über den Rücken strich. »Sie teilt das Licht, Merla. Sie konnte doch gar nicht anders. Und das Licht ist das Beste, was einem passieren kann. Egal, ob mit Wasser- oder Landwesen, ob über oder unter Wasser.«

Das hoffe ich mehr, als du dir vorstellen kannst, mein geliebter Bruder, dachte Merla und wandte sich schnell von Maris ab, bevor er das plötzliche Leuchten in ihren Augen bemerken konnte.

Sie waren rechtzeitig in ihrer Höhle zurück, um sich noch den Schlaf zu holen, den sie immer hielten, wenn die Sonne am höchsten stand.

Das Schlafbedürfnis der Meermenschen war größer als das der Menschen an Land. Sie schliefen tief und fest von Sonnenuntergang bis -aufgang und hielten zudem noch einen längeren Mittagsschlaf. Zu wenig Schlaf schwächte die Meerwesen und machte häufigeres Sonnenbaden nötig.

Merla kuschelte sich in die weichen, schwach von leuchtenden Einzellern erhellten Algen ihrer Schlafmuschel und hatte endlich Zeit, in Ruhe an ihre morgendliche Begegnung zu denken.

Sofort spürte sie die Wärme, die sich hinter ihrer Stirn, in ihrem Brustkorb und Bauch ausbreitete.

Wie es wohl ist, seine Hände zu greifen, seine Haut zu berühren, ihr gemeinsames Leuchten zu spüren? Noch fühlt es sich an, als wäre eine dünne, unsichtbare Wand zwischen uns. Unsere Energie hat erst ein bisschen zusammengefunden. Aber das wird sich ändern. Ich werde es ihn spüren lassen. Und irgendwann wird auch er es wissen.

Mit einem glücklichen Lächeln auf den Lippen schlief Merla ein.

II

»Merla! Wach auf! Du verpasst sonst den spektakulären Sieg deines unglaublich schnellen Bruders!«

Mit einem tiefen Seufzer drehte sich Merla um und entfernte vorsichtig ein paar kleine Garnelen aus dem feinen Seegrasgeflecht, das ihre Brust bedeckte.

Maris massierte gerade seine Flossen und summte dabei leise vor sich hin. »Mommie, was ist mit dir? Willst du auch dabei sein, wenn ich diesem plumpen Ballonfisch von Loris eine Lektion erteile?«

»Du weißt, dass es nicht gut ist, wenn so viele von uns auf demselben Fleck schwimmen. Vor allem, weil die schwarzen Felsen so dicht an der Einfahrt zu dem Platz mit den Schiffen der Teres sind! Es gefällt mir gar nicht, dass ihr gerade dort beweisen müsst, wer der Schnellste ist.«

»Mommie, Mommie, Mommie…« Maris packte seine Großmutter an den Flossen und schüttelte sie sachte, »du und deine Sorgen, ihr habt ja wohl so eine Art ewiges Licht, oder? Wo du bist, sind sie auch… Nur leider bringen sie dich nicht so wirklich zum Leuchten. Entspann dich – wir sind schon so oft dort geschwommen.«

Die Gesichtszüge ihrer Großmutter entspannten sich tatsächlich, und liebevoll strich sie Maris über die glänzend schuppigen Beine. »Ach, du hast ja recht, mein Maris. Ich mag mich manchmal selbst gar nicht mehr hören mit meinen vielen Bedenken. Dann zeig ihm mal, was in deinen Beinen steckt.« Und sie kniff ihn sanft in die Wade.

Der Weg zu den schwarzen Felsen war nicht weit. Als sie die Tiefen ihrer Kolonie hinter sich gelassen hatten und das Wasser langsam heller wurde, schwammen sie parallel zur nördlichen Küste. Sie schickten feine Schallwellen durch das Wasser, um zu sehen, ob die Strecke frei war. Zwar liefen sie hier nicht Gefahr, Tauchern zu begegnen, denn die Wasserstraße, die sie unterquerten, war stark befahren, aber sie sicherten sich lieber doppelt ab und prüften alle Richtungen auf etwaige unliebsame Besucher von oben. Viele kleine Boote, aber auch riesige Kreuzfahrtschiffe durchschnitten hier jeden Tag das Blau über ihnen. Die Schatten der Schiffsrümpfe verdunkelten sogar in ihrer Schwimmtiefe das Wasser und das Wummern der Motoren schallte dumpf bis zu ihnen hinunter. Hier war das allerdings noch mehr als ein Geräusch – eher ein Ganzkörpergefühl von Vibration.

Maris plapperte die ganz Strecke vor sich hin, er war anscheinend doch aufgeregter, als er zugeben wollte. Aber Merla hörte nur mit halbem Ohr zu. Das Gespräch zwischen Akana und Velron beschäftigte sie genauso wie die Frage, ob sie Marc wohl vor Tagesanbruch noch sehen würde. Das Wasser über ihnen war immer noch relativ ruhig, es würde wohl keine großen Wellen geben, die ihn zum Surfen einladen würden.

»Hey, ihr lahmen Tintenfische!« Merla drehte sich um und sah Loris, begleitet von seinem Vater und seinen Brüdern, auf sie zuschwimmen. »Und die kleine Rebellin ist auch dabei – wie nett. Heute schon einen Teres gerettet, Merla?« »Besser Teres retten, als nur durch eine große Klappe auffallen. Und solange ich *dich* nicht retten muss, mache ich das sogar gerne noch mal«, erwiderte sie grinsend und würdigte Loris keines Blickes mehr.

Gemeinsam schwammen sie weiter nach Norden, und während ihr Bruder und seine Freunde sich mit Prahlereien überboten, ließ sich Merla langsam zurückfallen, um mit Lornas gleichauf zu sein.

»Merla, wie geht es dir?«, fragte er nicht unfreundlich, als sie an seiner Seite war.

»Na ja, abgesehen davon, dass mein Bruder etwas überdreht und meine Schwester trotz Sonnenbadens missmutig ist und ich

nur knapp der großen Dunkelheit entkommen bin – ganz gut.«
Sie versuchte zu lächeln, aber die Erinnerung an ihr Tribunal und
an Akanas Wut verhinderte, dass sie locker und unbekümmert
klang. Lornas Gesicht wurde ernst. »Das war wirklich knapp,
Merla. Ich hoffe, du bist dir darüber im Klaren, dass Akana sich
sicherlich nicht noch mal überstimmen lässt. Und bei einem weiteren so schweren Vergehen werde auch ich nicht mehr auf deiner
Seite sein.«

»Ich weiß«, antwortete Merla, bemerkte kurz, wie das Schuld-
gefühl an ihren Eingeweiden nagte, und sprach dann schnell weiter, um sich und ihn abzulenken.

»Aber ich wollte dich eigentlich etwas ganz anderes fragen, Lornas. Du kennst dich doch am besten aus mit allem, was vor den
Inseln wächst…«, sie machte eine Pause und sah ihn direkt an.
»Haben wir zurzeit eigentlich einen Mangel an Chlorobionta?«,
fragte sie so harmlos wie möglich. Sie musste vorsichtig sein, denn
wenn auch Lornas eingeweiht war, kämen ihm ihre Fragen schnell
verdächtig vor.

»Nein, ganz und gar nicht. Warum?«

»Ach, ich frage mich bloß: Wenn wir Chlorobionta mit Einzellern besiedelten, die sie schneller zum Wachsen brächten, dann
würden wir doch einen viel besseren Ertrag erzielen, oder?«

»Seit wann interessierst du dich denn so für Algenkunde?
Schön – wir brauchen eine neue Generation von denen, die mehr
wissen!« Er lächelte sie aufmunternd an. »Also: Wir vermeiden
eigentlich lieber solche Formen von Besiedelung, denn die Algen
wachsen dann zwar schneller, aber sie leben nicht lange, verfaulen
noch im Wasser und steigen dann an die Oberfläche auf.«

Merlas Gedanken rasten, aber noch waren ihr die Zusammen-
hänge nicht klar.

»Aber verfaulte Algen sind doch schädlich… Mommie hat uns
gelehrt, dass alles, was stirbt, neue Stoffe bildet, die nicht immer
verträglich sind.«

»Und damit hat sie recht: Sterbende oder tote Chlorobionta
entwickeln ein Gas, das uns im Wasser nicht schadet, aber die

Luft an der Oberfläche verdirbt. Mit katastrophalen Folgen: Es tötet! Wenn Lungenwesen diese verdorbene Luft einatmen, sterben sie fast sofort.«

Deshalb! Die Säuger waren an dem Gas von Akanas Chlorobionta gestorben! Wie schrecklich! Ihr wurde leicht übel, als sie endlich verstand. Aber warum sollte Akana Meeressäuger töten wollen?

Ihr Gesichtsausdruck war so verwirrt und ängstlich, dass Lornas plötzlich anhielt. »Du kuckst, als ob du gerade einen hungrigen Tigerhai vor der Nase hättest. Alles in Ordnung, Merla?«, fragte er besorgt.

»Ja.« Merla strich sich ein paar Haarsträhnen von der Schulter. »Ja klar! Alles gut. Es ist nur ... Schau, wir sind da und die anderen warten schon! Wahrscheinlich können Loris und Maris ihre Flossen kaum noch unter Kontrolle halten.«

Sie lächelte noch einmal, was ihr selbst total falsch vorkam, und schwamm schnell an Lornas vorbei.

Maris und die anderen jungen Meermänner hatten die eindrucksvolle Felserhebung, die in ihrer Form einer gigantischen Klaue ähnelte, schon lange erreicht, als Lornas, Merla und weiter hinter ihnen noch zwei weitere Meermädchen aus Loris' Verwandtschaft am Startpunkt des Wettkampfes eintrafen.

»Wow – da ist das Team Loris aber deutlich stärker vertreten als meins. Du scheinst wohl jede Unterstützung zu brauchen, mein dicker, langsamer Freund ...!«, stichelte Maris und zog dabei seine muskulösen Beine mehrmals schnell an seine Brust, um sich aufzulockern.

»Nur weil wir verwandt sind, heißt das noch lange nicht, dass wir *ihn* unterstützen«, sagte das jüngere der beiden Mädchen und lächelte Maris charmant an.

»Hört, hört, wenn da mal keine leuchtenden Energien in deine Richtung fließen, Maris, du Glücklicher! Wenn Liva das Team gewechselt hat, dann hast du vielleicht sogar den Hauch einer Chance.«

»Schluss mit dem Gerede, ihr benehmt euch wie halbstarke

Delfinkälber! Wir schwimmen schon mal auf die andere Seite«, Lornas Stimme klang amüsiert. »Und wartet lange genug mit dem Start, damit wir unterentwickelten Schwimmer dann auch wirklich da sind!«, fügte er hinzu.

»Verschwimmt euch nicht! Und mach unserer Familie nicht noch mehr Schande, Bruder!«, rief Merla den beiden Meerjungen noch zu, bevor sie der kleinen Gruppe ins Blaue folgte.

Rund fünf Kilometer betrug die Entfernung zwischen Start- und Zielpunkt. Der zweite schwarze Felsen sah dem ersten zum Verwechseln ähnlich. Die Lava hatte auch hier spitz zulaufende »Finger« geformt, die alle leicht zusammengekrümmt wirkten. In der Innenfläche dieser schwarzen Hand versammelte sich nach einer Weile die kleine Schar der Meermenschen und richtete ihre Aufmerksamkeit mit Augen und Sonar in die Richtung, aus der die beiden Wettschwimmer auftauchen würden. Leise tuschelnd hielten sich Liva und Rani ansonsten unbeweglich neben Lornas und seinen Söhnen. Merla starrte in die Weite und merkte, dass auch sie angespannt war.

Keiner von ihnen war auf das, was dann geschah, vorbereitet.

Der Lärm, der urplötzlich das stille Wasser zerriss, schoss wie der Stachel eines Rochens scharf in Merlas Gehörgang und drohte ihren Kopf zum Platzen zu bringen. Sie brüllte vor Schmerz und presste panisch die Hände an die Ohren. Das Stechen in ihrem empfindlichen Hörorgan war nahezu unerträglich. Sie konnte kaum den Kopf heben, um zu sehen, was geschah. Wie durch eine meterdicke Schicht Plankton hörte sie ganz gedämpft die Schreie der anderen neben sich und nahm nur vage wahr, dass auch sie sich unter Schmerzen und Schock wanden.

Es pfiff und rauschte in ihren Ohren, und voller Angst versuchte, sie mit Schallwellen die Umgebung abzusuchen. Aber es ging nicht. Sie konnte ihr Sonar nicht benutzen. Und auch ihr Gehör war stark beeinträchtigt.

Es tut so weh! Gütige Sonne – was ist das? Lass es aufhören!

Mehr als das konnte sie nicht denken: Aufhören!

Als ob jemand immer wieder mit etwas Stachelspitzem in ihre Gehörgänge stechen würde, fühlte es sich an, und Merla wurde schwindelig. Sie merkte noch, dass sie sich mit dem Kopf nach unten gedreht hatte, und dann war da nur noch Schwärze vor ihrem inneren Auge.

* * *

»Das ist eine Schande! Diese elenden Banditen!«, Klaus Beck war außer sich vor Wut und fuchtelte so sehr mit den Händen, dass Marc fürchtete, seinem Vater würde das Stück Pizza gleich aus der Hand gleiten und ihn oder Leo im Gesicht treffen.

»Was ist denn los? Beruhige dich erst mal, Dad! Runterschlucken und weiteratmen, und nimm einen Schluck von deinem Bier!«, Marc hatte seinen Vater schon oft in Rage erlebt, aber diesmal war es anders – er schien kurz vor dem Explodieren zu sein und seine Halsvenen traten bedrohlich stark hervor.

Marc und Leo hatten am Küchentisch gesessen und sich auf einen entspannten Abend ohne viel Hausaufgaben gefreut, als ihr Vater ins Haus gestürmt war, die Kartons mit den Pizzen auf den Tisch geworfen und fast im selben Augenblick mit einer vehementen Schimpftirade begonnen hatte.

Und Klaus Beck konnte und wollte sich auch jetzt noch nicht beruhigen. Er ging in der kleinen Küche auf und ab wie ein Tiger im Käfig und sagte laut: »Es ist nicht zu fassen: Als wir heute zu den Walschutzgebieten vor Kihei rausfahren wollten, bekam ich eine Meldung von einem der Fischer draußen auf See. Sie machen Sprengungen mit Schallkanonen!« Er nahm einen großen Schluck von dem Bier, das Leo ihm in die Hand gedrückt hatte, knallte dann die Flasche auf den Tisch und gestikulierte wieder mit den Händen. »Etwas mehr als 300 Kilometer von hier entfernt – von den berühmtesten Walschutzgebieten der Welt! – benutzen diese Idioten *Airguns* für ihre seismischen Untersuchungen! Ich habe sofort im Ministerium nachgefragt, und die haben das bestätigt: Chinesische und angeblich auch deutsche Schiffe suchen da draußen nach Bodenschätzen.«

»Dürfen die das denn? Ist das nicht amerikanisches Hoheitsgebiet?«, fragte Leo, den Mund voll mit Pizza Margherita.

»Na ja, das Hoheitsgebiet eines Staates endet nach 12 Seemeilen, also etwa 22 Kilometer vor der Küste, dann kommt noch ein Anschlusszone, und insgesamt gibt es eine Zone bis rund 200 Seemeilen, in der ein Staat Anspruch auf Fische und Bodenschätze hat«, antwortete Marc anstelle seines Vaters, der gerade dabei war sein Bier in schnellen Zügen auszutrinken. »Der offene Ozean gehört quasi allen, und Schätze liegen dort in Hülle und Fülle: Mangan, Kupfer, Eisen und Öl natürlich. Wir hatten das Thema neulich in Geografie.«

»Und hat eure Lehrerin euch auch gesagt, dass die große Schatzsuche gerade erst so richtig begonnen hat? Alle Nationen, die es sich leisten können, wollen ein Stück vom Kuchen abhaben. Und denen ist es scheißegal, ob dabei Wale, Delfine oder sonstige Meeresbewohner draufgehen.« Er hatte sich gerade hingesetzt und sprang nun wieder auf. »Wisst ihr, was diese Explosionen bewirken? Es sind die lautesten Geräusche, die von Menschen im Meer erzeugt werden. Der Schalldruck ist etwa so groß, als ob du einen Meter neben einem Presslufthammer ständest! Aber 10 000 Mal so stark!« Er atmete keuchend aus, setzte sich hin und wirkte plötzlich wie gelähmt. »Diese kranken Idioten! – bis zu tausend Kilometer weiter noch leiden die Sonar- und Gehörsysteme der Säuger. Ihr kennt doch die Bilder von den gestrandeten Walen? Denen hat man so viel Krach ins Gehirn geballert, dass sie danach komplett orientierungslos und taub durchs Wasser trudeln. Bis sie schließlich stranden und elendiglich ersticken. Und immer wieder heißt es scheinheilig: Warum nur tun sie das, die dummen, dicken Wale? Warum schwimmen sie denn auf den Sand?« Er flüsterte die Antwort fast: »Weil sie blind und taub sind. Hilflos wie Babys.« Er holte sich ein zweites Bier aus dem Kühlschrank und sah seine Söhne herausfordernd an. »Das können wir nicht zulassen!«

»Was willst du denn tun, Dad?«

»Wir müssen protestieren! Fischer, Forscher, Touri-Boote – alles, was schwimmen kann, muss da raus und sich den Leuten entgegenstellen. Wir belagern sie, bewerfen sie mit faulen Eiern –

keine Ahnung. Es wird uns schon was einfallen, um sie von hier zu verjagen.«

Er zog den Laptop aus seiner Arbeitstasche und begann sofort eine Mail zu schreiben. »Leo, du bist von uns allen am besten vernetzt. Kannst du nicht über Facebook, Twitter und was ihr sonst noch für Kanäle habt, ein bisschen trommeln? Wir brauchen schnell so viel Unterstützung wie möglich!«

»Was ist denn mit der Vize-Gouverneurin, Dad? Bei der hast du doch noch was gut, nachdem sie letztens so schnell wegmusste. Die machte eigentlich den Eindruck, als ob sie sich für mehr als Tourismus und Wirtschaft interessieren würde. Vielleicht kann die ja medienwirksam mit ins Boot steigen.« Marc stupste seinen Vater in die Seite und fügte mit neckendem Unterton hinzu: »Und außerdem hat sie dir gefallen, so, wie du dich benommen hast. Komm schon – uns kannst du nichts vormachen. Das hätte sogar ein Blinder mit Krückstock bemerkt.«

»Schlauberger seid ihr alle beide. Hier geht's um einen Notfalleinsatz, nicht um meine Vorlieben, was schöne Frauen betrifft.« Er rieb sich das Kinn und musste plötzlich grinsen. »Aber nett wär's schon, mal mit dieser charmanten *wahine* in See zu stechen.« Er zwinkerte seinen Söhnen zu und wandte sich dann wieder seinem Computer zu. Auch Leo tippte etwas, und Marc kam sich überflüssig vor.

Er schnappte sich das iPad, ging nach oben und setzte sich auf sein Bett. Eigentlich hatte er den Film über Meermenschen sehen wollen, aber nun suchte er nach Schallwellen und allem, was mit Lärm im Meer zu tun hatte. Die Informationen waren spärlich, aber das, was er fand, erschreckte ihn: In den letzten zehn Jahren hatte sich der Lärmpegel im Meer verdoppelt – und niemand schien sich daran zu stören, geschweige denn etwas dagegen tun zu wollen. Wie so oft schob einer die Verantwortung zum nächsten: die Militärs zur Wirtschaft und die wiederum zur Politik. Überall dasselbe, dachte er frustriert und schaltete iPad und Leselampe aus.

Eigentlich hatte er am nächsten Morgen nicht wieder in der

Dunkelheit rauspaddeln wollen, aber er spürte eine leichte Unruhe. Er wollte Merla wiedersehen.

Marc schaute noch einmal auf sein Handy. Eine Nachricht von Leilani! »Hey. Habe dich leider gar nicht mehr gesehen. Noch zwei Mal schlafen, dann ist endlich Freitag. Freu mich schon sehr. L.« Zum Glück keine Emojis, dachte er froh und tippte noch schnell eine Antwort, bevor er sein Handy ausmachte. Er stellte den Wecker auf 4 Uhr 30, ging ins Bad, um sich die Zähne zu putzen, rief »Nacht, Leute!« die Treppe hinunter und schlüpfte aus seinem T-Shirt und unter sein dünnes Laken. Das frühe Aufstehen am Morgen zeigte Wirkung. Er war hundemüde, und mit dem Gedanken an Merla, wie sie ihm ihre Flossen zeigte, schlief er ein.

Als der Wecker seinen fiesen Piepton penetrant durch das nachtschlafende Haus schickte, war Marc mitten in einem Surftraum. Was für eine perfekte Welle! Er seufzte, stellte den Wecker aus und lauschte in die Dunkelheit und in sein Inneres. War das eine gute Idee, sie schon wieder zu treffen? Nachher denkt sie noch, ich stehe auf sie. Andererseits – sie hat mir das Leben gerettet und mir gleichzeitig eines der wohl bestgehüteten Geheimnisse der Welt anvertraut. Da durfte man ja wohl zwei Tage nacheinander rufen, oder?

So leise, wie es auf der knarrenden Treppe möglich war, schlich er nach draußen und legte seine Surf- und Schulsachen ins Auto. Wenn das jemand mitbekommt, halten die Leute mich bald für schlafgestört oder sonst wie seltsam – wenn die wüssten, dachte er und rollte, ohne den Motor zu starten, lautlos die Auffahrt hinunter.

Auch an diesem Morgen zeigte sich der Pazifik von seiner harmlosen Seite. Relativ leise rauschte die Brandung über den steinigen Untergrund, der mit grobkörnigem Sand bedeckt war. Und auch wenn der Mond immer wieder von einigen Wolken verdeckt war, so konnte Marc doch schemenhaft die weißen Kronen der Wellen weiter draußen ausmachen.

Er war vollständig wach, nachdem er durch ein paar kleine

Wellen getaucht war, und versuchte sich an den Lichtern an Land zu orientieren, um zu dem Platz zu gelangen, an dem sie sich beim letzten Mal getroffen hatten.

»Merla?« Nicht fragend rufen und nicht so leise, du Idiot, schalt er sich selbst. »Merla!«, rief er noch einmal lauter und wartete.

Als sich das Wasser in seiner Nähe kräuselte, machte sein Herz einen kleinen Hüpfer, aber der Kopf, der sich ihm entgegenstreckte, war der einer großen Meeresschildkröte, die ihn neugierig ansah. Auch schön. »Hey«, murmelte er leise in ihre Richtung und rief dann Merlas Namen innerhalb der nächsten halben Stunde noch mehrere Male.

Doch nichts geschah. Das Wasser blieb – bis auf das Paddeln der zutraulichen Schildkröte – unbewegt und Marc saß ratlos auf seinem Brett.

Sie hatte so klar gesagt, dass sie käme, wenn er rufen würde. Als ob das ein Naturgesetz wäre. Warum tat sie es dann jetzt nicht? Die Sorge, die ihn am Abend bei seinen Recherchen überkommen hatte, überfiel ihn erneut.

Ihm wurde eigentümlich kalt. Das war mehr als die normale Frösteligkeit am Morgen. Es war eher, als ob in seinem Inneren plötzlich ein eisiger Nebel aufstieg. »Merlaaaa!«

Was soll's? Sie kommt nicht.

Mutlos rief er ein letztes Mal ihren Namen, bevor er in Richtung Land paddelte, immer noch freudlos eine schöne Welle surfte und dann schnell das Wasser verließ, um sich abzutrocknen und aufzuwärmen.

Nachdenklich sah Marc über den nahezu schwarzen Pazifik, der sich zu den Rändern hin graublau verfärbte.

Er dachte an ihre grünen, belustigt blitzenden Augen und an ihren ironischen Tonfall. Ein echt cooles Mädchen. Und dieses Strahlen, das von ihr ausgegangen war: Wirklich schön hatte sie ausgesehen … wenn sie nicht ausgerechnet Flossen hätte und unter Wasser leben würde, dann würde ich sie glatt nach einem Date fragen, dachte er und der Gedanke irritierte ihn. Ernsthaft, Marc? Ja, seltsam, aber irgendwas zieht mich zu ihr, beantwortete er sich seine Frage, rieb sich die letzten Wassertropfen aus dem Gesicht und suchte prüfend noch mal das Wasser ab. Doch seine Augen konnten nur das Weiß der Wellen, aber nichts in der Dunkelheit dazwischen erkennen.

Seine Gedanken kreisten immer noch um Merla und die Frage, warum sie nicht erschienen war, als er das Auto wieder die steile Straße hinaufsteuerte und in der Einfahrt parkte. »Marc! Was um alles in der Welt machst du im Auto und woher kommst du bereits um 5 Uhr 30 morgens?« Sein Vater stand auf den Stufen der Veranda mit dem Handy in der Hand und starrte seinen Sohn fassungslos an. »Ich wollte dich gerade anrufen ...!«

»Alles gut, Dad«, Marc zog sein Surfbrett aus dem Auto, »ich konnte nicht schlafen und wollte mein Sturztrauma von letztens wegsurfen. Aber die Wellen waren zu klein.«

»Die Wellenhöhe hättest du ja wohl auch vorher in der Vorhersage checken können, bevor du mitten in der Nacht zum Strand fährst ...«

»Wie schon gesagt: Ich konnte nicht mehr schlafen, und manchmal sind gerade die kleinen Wellen besonders nice.«

»Aha.« Klaus Beck sparte sich einen weiteren kritischen Kommentar und folgte seinem ältesten Sohn wieder ins Haus.

Marc machte das Licht in der Küche an, stellte Kokosmilch in die Mikrowelle und setzte sich mit dem iPad an den Küchentisch. »Hast du gestern noch was in Sachen Tiefseeschatzsucher mit ihren Airguns herausgefunden?«

Marcs Vater schaltete die Kaffeemaschine ein und setzte sich seinem Sohn gegenüber.

»Ja. Es handelt sich wohl tatsächlich um ein deutsches Schiff. Die ›Sonne‹ ist ein nigelnagelneues sauteures Forschungsschiff, das wohl jetzt auch den Deutschen Zugang zu den begehrten Rohstoffen liefern soll. All die großen deutschen Firmen wie Siemens, BASF, Thyssenkrupp brauchen dringend so wertvolle Rohstoffe wie Mangan, Kupfer, Nickel – und Deutschland hat sich da draußen die Lizenzrechte für einen Bereich gesichert, der ungefähr so groß ist wie Bayern.«

»Kann denn jeder einfach so irgendwo in der See nach Rohstoffen suchen?«

Marcs Vater schenkte sich einen Kaffee ein und wiegte bedächtig den Kopf. »Ganz so einfach ist das nicht. Die Meeresbodenbehörde ISA vergibt seit 1994 Lizenzen. Wie das genau funktioniert, weiß ich auch nicht, doch es geht um verdammt viel Geld.«

»Aber es sind ja keine Diamanten, die da unten liegen, und ganz unkompliziert ist der Abbau in der Tiefe wohl auch nicht. Um welche Summen geht es denn?«, fragte Marc und probierte vorsichtig einen Schluck von seiner heißen, duftenden Kokosmilch.

»Tja – die können sich durchaus mit anderen Schätzen messen: Es handelt sich um schlappe 561 Milliarden Dollar!«, Klaus Beck seufzte. »So viel Geld kann ich mir nicht mal vorstellen! Und wenn sie die Rohstoffe dann für ihre neuesten Technologien nutzen, können sie ihren Profit immens steigern … da ist ihnen der Schutz von Delfinen und Walen so was von egal.«

»Aber die hawaiianische Regierung kann doch nicht einfach zusehen, wie ihnen hier die Touristenattraktionen wegsterben oder taub und verletzt auf die Strände treiben!« Marc war jetzt auch wütend. Er hatte noch nie verstanden, warum der Fortschritt und Wohlstand einiger weniger immer mit dem Leid anderer bezahlt wurde. Und was diese wunderschönen Tiere betraf, so tat es ihm nicht nur leid, sondern sogar nahezu körperlich weh.

»Natürlich nicht! Ein Wegbleiben der Touris kann sich hier niemand leisten! Deshalb habe ich Akela Kehanamoku auch gleich gestern noch gemailt. Und stell dir vor – sie hat sogar direkt geantwortet.« Sein Gesicht hatte einen zufriedenen Ausdruck angenommen, als er fortfuhr: »Die Regierung wird versuchen, weitere seismologische Untersuchungen zu verhindern. Die waren bereits informiert und auch schon an der Sache dran. Anscheinend haben unsere deutschen Landsleute sich verrechnet und sind zu dicht an der hawaiianischen Wirtschaftszone – das könnte jetzt die Möglichkeit eröffnen, weitere Aktivitäten zu stoppen.«

Marc sah seinen Vater zweifelnd an. »Aber wenn es doch Niemandsland ist da draußen? Und seit wann glaubst du überhaupt an die Effizienz von Politik?«

»Wahrscheinlich hast du recht«, erwiderte er stockend. »Ich schätze, allein die Tatsache, dass die schöne Vize-Chefin mir geantwortet hat, hat mich leicht euphorisiert.« Klaus Beck schenkte sich Kaffee nach und sah nachdenklich in seinen Becher.

»Good morning, gentlemen!« Mit zerzausten Haaren und einem verschlafenen Lächeln betrat Leo die Küche und setzte sich zu ihnen an den Tisch.

»Und – gibt es schon einen Schlachtplan? So ausgeschlafen, wie ihr beiden ausseht, steht unser Einsatz kurz bevor, oder?«

»Schön wär's! Bisher hat Dad nur eine Mail von ›seiner‹ Vize-Gouverneurin bekommen, die mit der deutschen Regierung und der ›Sonne‹ Kontakt aufgenommen hat. Ob das Erfolg hat, werden wir wohl erst einmal abwarten müssen.«

Ihr Vater knurrte nur halblaut und wandte sich dann wieder seinem Laptop zu.

Marc stellte sich und seinem Bruder eine Schale hin, schüttete Frühstücksflocken hinein und verteilte Bananenstücke darüber. »Nimmst du Kokos- oder normale Milch?«

»Ich hab mich an die Kokosmilch gewöhnt, danke.« Leo schaufelte sich einen großen Löffel in den Mund, und das Krachen seines Crunchy Nut Müslis war für eine Weile das einzige Geräusch in der Küche.

»Hey, mal was ganz anderes«, sagte er, als er fast aufgegessen hatte, »was ist eigentlich mit dir und Leilani, Bruder?«

Marc zog unschuldig die Augenbrauen hoch und antwortete mit beiläufigem Unterton: »Nichts Besonderes. Ein Date am Freitagabend in Lahaina. Das ist alles.«

»What? Nicht dein Ernst! Alter, ich würde sagen: Läuft bei dir! Hast du das gehört, Dad? Dein Erstgeborener datet das heißeste Mädchen der ganzen Schule. Ach quatsch: von ganz Maui!«

»Aha.« Ihr Vater sah von seinem Rechner auf. »Und was ist das für eine? Surft sie?«

»Ich sag nur: Hula! Dazu Haare bis zum Gehtnichtmehr und ein Lächeln, bei dem die Sonne auch nachts aufgeht. Außerdem ist sie noch charmant und witzig! Und man kann eins a bei ihr abschreiben, nicht wahr, Marc?« Leo strahlte von einem Ohr zum anderen, und Marc fragte sich, ob sein Bruder nicht vielleicht auch auf sie stand. Es wäre nicht das erste Mal, dass die Brüder in dasselbe Mädchen verschossen waren.

Ihr Vater hingegen schob kritisch die Unterlippe hervor und sah seinen Sohn fragend an: »Hula? So eine sanfte hawaiianische Schönheit mit riesigen Rehaugen? Und was teilst du mit ihr für Interessen?«

»Oh, Mann, Dad – welche Interessen sollten sie schon teilen? Sie wollen knutschen! Beide! Oder noch was anderes teilen – das reicht ja wohl, oder?« Leo kniff seinen Bruder in den Oberschenkel und warf den Kopf vor Lachen nach hinten.

Marc wusste nicht, was er von dieser Wendung des Gesprächs halten sollte. Er wollte Leilani schließlich am Samstag nicht heiraten. Sein Bruder war außer Kontrolle und sein Vater gleich immer so ernsthaft. Wenn es schlecht lief, würde er jetzt auch noch was zum Thema Safer Sex sagen.

Und es lief schlecht.

»Dann vergiss nicht, was ich dir zum Thema Verhütung …«, begann sein Vater prompt.

»Dad! Ich bin 17. Aufgeklärt wurde ich mit 11. Und ich bin nicht der Typ, der sofort Vollgas gibt. Hallo? Wir haben ein Date im Fisherman's Wharf! Nicht mehr und nicht weniger. Ich kann ja nichts dafür, dass meinem testosterongesteuerten Bruder gleich die Fantasie durchgeht.«

Leicht genervt räumte Marc den Tisch ab, stellte die Schalen scheppernd in die Spüle und lief nach oben, um sich die Zähne zu putzen.

Fünf Minuten später saß er neben seinem Bruder im Auto, und zäh krochen sie mit den anderen Autos in der täglichen Stau-Routine Richtung Kahului.

»Warum musstest du Dad auch so eine Steilvorlage liefern?«,

fragte er Leo ruhig, nachdem sie eine Weile geschwiegen hatten. »Bist du eifersüchtig, oder was?«

»Kein bisschen! Nun stell dich mal nicht so an – ist doch lustig, wenn der Herr Vater anfängt, einen auf Aufklärer zu machen.«

Marc hatte keine Lust, das Thema weiter zu erörtern, und so rollten die beiden schweigend und im Schneckentempo der Schule entgegen.

Ich sollte immer mit dem Rad fahren, dachte Marc, das macht so überhaupt keinen Spaß. Es stinkt, ist langsam und auf dem Rückweg auch noch heiß. Er lehnte sich in seinem Sitz zurück, ließ eine Hand aus dem Fenster hängen, und sein Blick schweifte über den blauen Horizont zu seiner Rechten.

Warum sie wohl nicht gekommen ist?, dachte er.

Endlich hatte er Zeit, über Merlas Nichterscheinen am Morgen nachzudenken. Sein aufgeregter Vater mit dem Tiefsee-Ausbeuter-Thema hatte so viel Raum in seinen Gedanken eingenommen, dass er gar nicht mehr an sie gedacht hatte. Er lächelte unbewusst, als ihr Bild und ihr blitzender Blick wieder vor seinem inneren Auge auftauchte. Ob sie schlicht verschlafen hatte – falls das Meermenschen überhaupt passierte – oder vielleicht plötzlich krank geworden war?

»Verdammt!« Marc fuhr hoch und griff sich in die Haare. Erschrocken sah sein Bruder ihn an und trat auf die Bremse, nachdem er vor Schreck Gas gegeben hatte. »Was ist denn mit dir los? Wieso schreist du plötzlich so?« »Was hat Papa gesagt? Das Sonar der Meeressäuger leidet noch in tausend Kilometer Entfernung?«

Marc versuchte die Sorge in seinem Gesicht zu überspielen, doch sein Bruder hatte es schon gesehen. »Ja, das hat er gesagt. Aber seit wann bekümmert dich das Schicksal der Delfine und Wale so sehr, dass du aussiehst, als ob Mom gerade verunglückt wäre?«

Marc schüttelte den Kopf und suchte nach einem schnellen Ablenkungsmanöver. »Ach nichts, ich dachte nur gerade, dass das ja vielleicht der Grund für die toten Tiere bei dem Schiff gewesen sein könnte.«

»Na, Mr Geistesblitz – und wie sind dann die Menschen an Bord gestorben? Soweit ich weiß, haben Airguns über Wasser keine Auswirkung und führen schon gar nicht zum Tode von Menschen.« Leo verzog das Gesicht. »Falls du noch mal so idiotische Einfälle hast, dann schrei bitte nicht gleich wieder los.«

Marc murmelte etwas Unverständliches und versuchte einen klaren Kopf zu bekommen. Die Airguns! War es möglich, dass auch die Meermenschen auf die Unterwassersprengungen reagierten? Natürlich! Merla hatte doch bei ihrer letzten Begegnung den Kopf ins Wasser gehalten und gesagt, dass sie den Menschen, der ins Wasser gekommen war, spüren konnte. Wahrscheinlich nutzte auch sie Sonar, um sich unter Wasser zu orientieren. Und sollte die Sprengung heftig gewesen sein, dann wären garantiert nicht nur Meeressäuger, sondern auch Meermenschen hier vor Maui betroffen.

Er merkte, wie sich sein Magen schmerzhaft zusammenzog, und wunderte sich über seine heftige Reaktion. Er sorgte sich tatsächlich um ein Mädchen, das er kaum kannte, aber das eine seltsame Wirkung auf ihn ausübte. Obwohl sie keine Füße, sondern Flossen hatte.

Hoffentlich ist ihr nichts passiert. Hoffentlich geht es ihr gut!, dachte Marc, als sie die Einfahrt zur Schule erreichten.

12

Bilder und Töne wirbelten durch ihren Kopf, als wären sie einzelne Wassermoleküle in einer rauschenden Brandungswelle. Sie sah Liva und Rani mit vor Entsetzen aufgerissenen Augen, die ihre Hände an die Ohren pressten und unkontrolliert mit den Flossen schlugen. Lornas, dessen Gesichtszüge vor Qual und Panik bis zur Unkenntlichkeit verzerrt waren. Sie hörte ein Kreischen, so unerträglich, dass sie sich fragte, ob es wirklich sie selbst sein konnte, die solche Laute hervorbrachte.

Und zwischendurch war da immer wieder ihre Mommie, die sie liebevoll ansah, Unverständliches murmelte, sanft hinter ihren Ohren entlangstrich und kreisend eine undefinierbare Paste in ihre empfindlichen Ohrmuscheln hineinrieb.

Dann schlief sie wieder ein und träumte weiter schreckliche Träume, aus denen sie verkrampft erwachte, und erst der Blick in das vertraute Glitzern und Blinken der kleinen Einzeller in ihrem Algenkokon ließ ihr Herz wieder ruhiger schlagen.

Als sie begann nicht mehr wie aus weiter Entfernung, sondern deutlicher zu hören, konnte sie auch wieder den Kopf bewegen, ohne dass ihr sofort schwindelig wurde.

Sie spürte ein Ziehen im Magen und identifizierte es als ein vertrautes Gefühl, das nicht allzu unangenehm war. Sie hatte Hunger.

»Mommie?« Ihre Stimme klang seltsam fremd in ihrem Kopf, als ob jemand ihr die Ohren zuhalten würde oder sie allein in einer verschlossenen Höhle säße.

»Ja, mein Sonnenschein, ich bin da. Kannst du mich hören?« Die vertrauten Töne waren für sie das Schönste, was sie seit Langem gehört hatte.

»Was ist passiert? Wie lange habe ich geschlafen?« Merla rieb sich die noch immer schmerzenden Schläfen. »Es tat so unerträglich weh und ich hatte solche Angst, Mommie. Was ist mit Maris, Lornas und den anderen?«

Ihre Großmutter sagte zunächst nichts, sondern nickte nur und drückte ihr die Wurzel einer Sandanemone in die Hand, die als seltene Delikatesse galt. Süß und reichhaltig war das feste Fleisch, dabei knackig und frisch. »Iss erst einmal was, mein Kind. Dann erzähle ich dir alles, was ich weiß.«

Merla biss in die purpurne Meereswurzel und begann vorsichtig zu kauen. Anfangs schmerzte die Bewegung in ihren Kiefergelenken, doch mit jedem Stück, das sie schluckte, wurde es besser. Es schmeckte köstlich, und Merla genoss den Geschmack und die tröstliche Süße, die ihr die Kehle hinunterlief. Er erinnerte sie an stundenlange Schwimmspiele mit ihren Geschwistern und an lange Geschichten, die ihre Mutter ihnen erzählt hatte, während sie alle an ihren Sandanemonenwurzeln knabberten. Die Korallenart war selten geworden, und umso mehr freute sie sich jetzt über diesen Geschmack, der sie beruhigte und heitere Erinnerungen weckte.

Doch als ihre Großmutter anfing zu sprechen, war das Wohlgefühl schlagartig vorbei.

»Drei Monde hast du geschlafen, mein Herz. Maris schläft noch immer, aber es geht ihm und den anderen so weit gut.« Sie seufzte. »Es waren diese langen Arme der Teres. Sie sprengen den Meeresboden auf und suchen dort nach den Schätzen der Erde. Die Menschen an Land brauchen viele verschiedene Stoffe, um ihre Maschinen – wie die Schiffe und andere Geräte – zu betreiben. Sie haben sich eine Welt geschaffen, die sich schnell bewegt und ständig im Wandel ist. Dazu brauchen sie Energie und verschiedene Stoffe wie Mineralien und Gase.« Sie rieb sich müde über die Augen, die nicht so hellgrün strahlten wie sonst.

»Woher weißt du das, Mommie? Und wieso wusste niemand von uns, dass so etwas passieren kann?« Merla hatte sich vorsichtig aufgesetzt und sah ihre Großmutter – zu Unrecht – vorwurfsvoll an.

»Akana hat gestern, als du noch geschlafen hast, einen Rat einberufen. Sie weiß seit geraumer Zeit, dass die Landmenschen solche Dinge haben, und sie weiß auch, welche entsetzlichen Folgen diese Sprengungen haben. Alle Meereswesen, die sich mit Schallwellen orientieren, sind betroffen. Schon unzählige Delfine und Wale wurden dadurch schwer oder sogar tödlich verletzt! Bisher war es immer weit genug von unserer Kolonie entfernt. Doch diesmal war es anders ...«

Merla befühlte vorsichtig ihre Ohren und die kleinen Kuhlen neben der Nase, hinter denen ihr Schallorgan saß.

Ihre Großmutter strich ihr sanft über die Hand und versuchte die richtigen Worte zu finden.

»Akana sagt, in den Höhlen sind wir sicher.«

»Das heißt, wir können nicht mehr hinaus?« Ungläubig hob Merla die Augenbrauen und spürte, wie außer Angst auch noch etwas anderes in ihr aufstieg: Wut. Sie war wütend auf diese fremden Wesen, die ihr Angst machten, sodass sie sich in ihrer Welt nicht mehr sicher fühlte. So konnte es nicht weitergehen: Die Teres stahlen den großen Räubern die Fische, sodass sie tausendfach elend verhungerten. Sie verschmutzten das Wasser mit ihren unvergänglichen Stoffen, sodass andere daran starben, und jetzt schlossen sie sie auch noch in ihren Höhlen ein! Ihre Wut war grell wie eine weiß glühende Sonne, und ihre Stimme klang schrill, als sie weitersprach: »Das können wir nicht zulassen! Wir müssen etwas tun! Was ist mit den Wandlern? Warum unternehmen sie nichts?«

»Sprich nicht so laut, Kind! Maris braucht noch Ruhe, ich habe ihm etwas zum Schlafen gegeben.« Sie streichelte Merla beruhigend über das Haar und sprach leise weiter. »Akana hat einen großen Rat einberufen – gleich, kurz bevor die Sonne untergeht. Es heißt, sie hätte eine Möglichkeit gefunden, uns zu schützen ...«

»Dann los, Mommie – worauf warten wir noch?«

»Nein, mein Liebes, ich glaube nicht, dass du dich schon wieder mit so etwas belasten solltest«, antwortete Selva ruhig, »du bleibst besser hier.«

Merlas Gesichtsausdruck war ein deutlicher Kommentar. Die Wut, die sie in sich spürte, suchte sich einen Weg nach draußen. Sie drückte sich mit den Armen aus ihrer Schlafhöhle, ignorierte die schmerzhaften Stiche in ihrem Kopf und herrschte ihre Großmutter heftig an: »Da draußen sind die Teres gerade dabei uns einzusperren und wahllos zu verletzen und du glaubst, ich liege hier rum und warte ab, was passiert? Nein, Mommie, ich bin nicht so sanft wie du oder so bequem wie Sira. Ich werde mir Akanas Worte anhören.«

Merla vermied es, ihre Großmutter anzusehen, als sie noch etwas vorsichtig, aber mit entschlossener Miene an ihr vorbei aus der Höhle schwamm und Selva betrübt hinter sich ließ.

Sie passierte einige verschlossene Wohnhöhlen, deren Bewohner wohl schon auf dem Weg zum Rat waren. Nach den letzten Höhlen, die alle durch eingeschlossene Luft im Magma des Vulkans entstanden waren, ging die Gesteinskante steil nach unten. Der Fels war so schwarz wie die dunkelste Nacht und verlor sich in der Tiefe des Wassers nach unten, bis das Blau des Wassers dieselbe Schwärze annahm.

Doch so tief schwamm sie nicht.

Der Zugang zur großen Halle war gut verborgen: Ein mächtiger Riss an der Unterseite eines Überhangs war der Einstieg in einen breiten Schacht, der sich nach oben hin leicht verjüngte und dann erst den Zugang zur Höhle freigab.

An dieser Stelle war es besonders unangenehm, den Raubfischen zu begegnen oder einem der großen fleischfressenden Säuger. So nah wie hier kamen sich die unterschiedlichen Spezies sonst nie. Aber dieses Terrain war die »Fressen verboten!«-Zone. Wer sonst zu einem Mitbewohner in ungünstiger Position in der Nahrungskette stand, konnte hier zumindest sicher sein, nicht plötzlich verspeist zu werden.

Hinter Merla glitt ein großer Kalmar lautlos neben einem Klicklaute von sich gebenden Delfin durchs Wasser und vor sich sah sie Lornas mit seiner Partnerin Niva, die beide von einem schwachen Lichtschein umgeben waren, der ihre Zusammengehörigkeit sichtbar machte. Ihr Sohn Loris war nicht dabei, weil er wahrscheinlich noch verletzt in seiner Schlafhöhle lag, wie Merla vermutete.

Und wo ich auf keinen Fall hätte bleiben wollen! Wie unterschiedlich Gefühle die Wahrnehmung einfärben, dachte sie bei sich: Das letzte Mal, als ich hier war, war ich fast gelähmt vor Angst. Alles schien bedrohlich und die Große Dunkelheit hatte schon von mir Besitz ergriffen und nun in meiner Wut fühle ich mich selbst gleißend hell und bereit, Akana zu folgen, wohin auch immer sie gehen will.

»Merla – geht es dir besser? Schön, dich wohlauf zu sehen.« Velron war plötzlich neben ihr aufgetaucht und Merla spürte die Abneigung gegen ihn in jeder Faser ihres Körpers. Objektiv gesehen war an ihm nichts Abstoßendes: Er hatte kurze, tiefschwarze Haare, ein feinsinniges Gesicht mit dunkelblauen Augen und sein Mund schien stets zu lächeln, auch wenn er etwas Ernstes sagte. Das machte seine Miene so undurchdringlich. Und falsch, wie Merla fand.

Dabei hatte er ihr nie etwas getan. Es war seine anbiedernde Aura, die sie abstoß, sodass sie nur leise ein »Gut« murmelte und zügig an ihm vorbeizog, bis das Licht von oben heller wurde.

Weil sie bisher noch nicht an vielen Ratsversammlungen teilgenommen hatte, war die Halle für sie immer wieder unfassbar in ihrer Pracht. Dieses Weiß! In Abertausenden von Jahren waren aus Muschelkalk, hellen Muscheln und Perlen die feinsten Ornamente und Reliefs angebracht worden. Eine Arbeit, die immer noch fortgesetzt wurde. Jeden Tag schufen hier die begabtesten Meermänner- und Frauen neue Kunstwerke oder restaurierten die alten.

Wie viele sich hier wohl verewigt hatten?, fragte sich Merla wie jedes Mal, wenn sie hier war. Sie wandte den Kopf nach oben und musste fast blinzeln, so hell war es.

Die weißen Wände wurden zum einen durch das Sonnenlicht, das von der Kuppel hereinfiel, und zum anderen von kunstvollen Korallenanpflanzungen zum Leuchten gebracht. Die in ihnen lebenden Mikroorganismen produzierten weißes Licht, wenn sie durch Wassermoleküle bewegt wurden. Bei der Anzahl von Wesen, die jetzt mit ihren Flossen und Armen das Wasser aufwirbelten, war genug Bewegung in der Halle, um sogar nachts ein taghelles Licht zu schaffen.

Merla grüßte bekannte Gesichter und wunderte sich über viele, die sie noch nie gesehen hatte. Es schien, als ob auch Bewohner der nördlichen und südlichen Kolonien der hawaiianischen Inselwelt gekommen waren.

Überall trieben Meermenschen in Gruppen oder einzeln, dazwischen wenige Wale und mehrere Delfine. Ein vielstimmiges Raunen schwappte in Wogen von allen Seiten quer durch den Raum. Merla versuchte, zu einem Platz in einem der oberen Bereiche zu gelangen. Zu weit unten fühlte sie sich klein und eingeschüchtert von den Hunderten von Wesen, die im weißen Licht der Höhle schwebten.

Das Gemurmel brach schlagartig ab, als Akana, flankiert von Velron, zu dem Platz auf dem Thron in einer großen Einbuchtung im Gestein etwa auf der Hälfte der Hallenhöhe schwamm.

Sie setzte sich und bedeutete Velron, Lornas und die Gesandten der Tierwelt auf die Plätze neben und unter ihr. Das aufmerksame Schweigen im Raum war fast hörbar, nach dem Lärm, der eben noch geherrscht hatte.

Nun sprich endlich!, dachte Merla angespannt, aber diesmal nicht ängstlich, sondern begierig darauf, Akanas Worte zu hören.

»Seid willkommen, ihr Bewohner dieses Meeres vor den Inseln!«

Die Härte in Akanas Stimme erschreckte Merla nicht. Im Gegenteil: Heute wirkte sie stärkend.

»Ihr alle wisst, was vor zwei Sonnen geschehen ist: Die Teres haben ihre Maschinen benutzt, um das Erdreich des Meeres zu erforschen und auszubeuten. Diese Maschinen sind lebensgefährlich für uns und andere anwesende Spezies. Wir haben Verletzte in fast allen Kolonien. Bei der großen Güte der Sonne – niemand kam zu Tode. Bisher! Denn: Dieser Vorfall wird sich wiederholen! Nicht nur einmal, sondern viele Sonnen lang immer wieder. Und wir wissen nicht, wann die ersten Toten zu beklagen sein werden. Wir könnten nur warten.«

Sie erhob sich von ihrem Thron und erstrahlte in ihrem weißen Gewand wie ein gleißender Stern. Ihre Stimme war jetzt nicht nur hart, sondern voller Hass, als sie weitersprach. »Wir könnten uns zurückziehen in unsere Höhlen und auf Zeichen des Wandlers, der bereits auf dem Weg zum Schiff ist, warten, sodass wir hinauskönnen, wenn es sicher ist. Wir könnten uns dem Mond zuwenden und uns von der Sonne verabschieden. Wir könnten uns verkriechen und ein Leben in Angst führen.« Sie schrie ihre Frage in die Halle, dass der Schall von den Wänden zurückschlug: »Aber wollen wir das?«

Merla fühlte sich wie *ein* Wesen mit Hunderten von Stimmen, als auch sie ihre Antwort zurückrief. Das »Nein!« aller Anwesenden brauste durch den Raum, sodass das Licht im Wasser anfing zu zucken und es aussah, als würden Blitze durch die Höhle schießen.

»Nein, das wollen wir nicht«, sie setzte sich wieder und machte eine bedeutungsvolle Pause. Ihre Stimme hatte einen neuen Klang, als sie weitersprach. Merla bemerkte jetzt Genugtuung darin. »Ich habe eine Möglichkeit gefunden, die Teres hier und an allen anderen Küsten dieses Planeten zu bestrafen. Zu bestrafen für ihren Müll, ihre lärmenden Maschinen, ihre Gier und ihre Dummheit. Sie sind einst unsere Schwestern und Brüder gewesen, doch der Wunsch nach immer Neuem, nach immer mehr hat sie früh von uns entzweit. Jetzt sind sie aus der Ferne eine Gefahr für uns geworden, die es zu minimieren gilt. Vielmehr: Es gilt *sie* zu minimieren! Ihre Spezies zu reduzieren, damit weniger von ihnen weniger schlimme Dinge tun können. Versteht ihr, was ich meine?«

Merla erschrak. Sie erschrak über das, was Akana gesagt hatte, und über das Wort »Ja!«, das zeitgleich ihre Lippen verließ. Akanas Hass hatte Gestalt angenommen: ein düsterer, mörderischer Schrecken. Sie wollte Leben auslöschen.

Und Merla spürte beide Gefühle dicht beieinander: Wut, die sie mit Akana teilte, und Unruhe angesichts des Weges, den diese Wut nun einschlug.

»Ich habe mit Velrons Hilfe ein Meeresgewächs so verändert, dass es uns helfen kann, die Teres zu treffen: Chlorobionta verdirbt jetzt schneller und produziert dann an der Oberfläche ein Gift, das in dieser Konzentration sofort tödlich ist für jeden, der Sauerstoff über Wasser einatmen will.«

Sie hob die Stimme: »Diese Alge wird nun zur Waffe der Meeresbewohner im Kampf gegen die Teres! Und es ist eine überaus effiziente Waffe, noch tödlicher, als ich es gehofft hatte!«

Der Delfin neben ihr gab plötzlich eine Folge von schnell klickenden Lauten von sich und Akana drehte sich unwirsch zu ihm. »Ja, du hast recht: Auch die großen Säuger, die zum Atmen an die Oberfläche kommen, sind potenziell von den Gasen bedroht. Als wir zum ersten Mal die Wirkung ausprobierten, wussten wir nicht, wie stark das Gift sein würde … doch es ist tatsächlich sehr stark!« Sie gab ihrer Stimme jetzt einen milden Ausdruck, der Merla sehr bemüht vorkam. »Aber beim nächsten Mal muss kein Meeresbewohner zu Schaden kommen, wie bei unserem ersten sehr erfolgreichen Test bei einem der großen Schiffe.« Sie schlug betroffen die Augen nieder. »Um diese toten Säuger trauere ich noch immer – vergebt mir!«

Sie blickte wieder auf, die Augen blitzend vor Hass. »Doch auch die Teres, die es treffen sollte, fanden den Tod. Und das zählt! Wir werden – sollte der Rat zustimmen – alle Spezies in Kenntnis setzen, wann und wie unser Vergeltungsschlag stattfinden wird. Ich verspreche hier vor euch: kein Meeresbewohner wird zu Schaden kommen!« Sie erhob sich wieder und reckte ihren Arm, der mit den vielen weißen Spangen aus Perlmutt fast wie gepanzert aussah, über ihren Kopf. »Aber wir werden denen dort oben schaden! Denen, die unser Leben hier missachten, bedrohen und verderben. *Sie* sollen verderben!«

Ihre letzten Worte wurden von der Menge aufgenommen und vielstimmig wiederholt. Das Wasser brodelte und die hasserfüllte Energie war fast greifbar.

Merlas Schuppen stellten sich auf und kalte Schauer rieselten über ihre Haut. Es war unheimlich, wie Akanas Worte sie alle ins Herz trafen. Sie verdirbt auch uns, dachte Merla erschrocken. Es kann nie gut sein, Leben zu vernichten. Merla suchte in den Mienen der anderen Meeresbewohner ähnliche Zweifel, doch die Gesichter um sie herum waren hart und kalt, und sie spürte, wie ihre Wut verflog. Hass erschafft nur noch mehr Hass. Sie fühlte sich fremd und verloren und wünschte, sie hätte ihre Mommie an ihrer Seite, die niemals solche dunklen Wege gutheißen würde. Doch sie konnte das vertraute Gesicht in der brodelnden Menge nicht ausmachen.

Akana sprach erst weiter, als sich langsam wieder Ruhe einstellte. »Und somit frage ich den Rat der Sieben: Folgt ihr mir? Wenn der Mond wieder voll ist, wäre alles bereit für einen wirklich großen Schlag hier in diesen Gewässern. Wir können die Teres hart treffen: Ihre Schiffe werden stillstehen, ihre Pumpen, die unser Wasser mit ihrem Unrat vergiften, ebenso. Weniger von ihnen bedeutet weniger Schmutz, und wir werden uns wieder frei in *unserem* Element bewegen können. Ohne Angst!« Akanas Miene war jetzt regungslos. Majestätisch sah sie aus. Wie ein aus strahlendem Perlmutt geformtes Monument der Kraft.

Es dauerte nur wenige Augenblicke, bis die Ratsmitglieder reagierten. Der Buckelwal, der unterhalb von Akanas Empore schwamm, tönte tief und hoch zugleich – ein markerschütternder Klang in der Enge des Kraters. Das Klicken des Delfins ging darin fast unter, doch Akanas Miene erhellte sich und verwandelte sich in ein triumphierendes Strahlen, als sie alle Antworten registriert hatte.

»Und so entscheidet der Rat mit sechs Stimmen und einer Gegenstimme:«, ihre Stimme wurde tief und grollend wie ein drohendes Seebeben, »Verderben den Erdenmenschen! Sollen sie fliehen vor unseren Ufern! Holen wir uns unsere Wasser zurück!«

Ein Orkan aus Wirbeln, Rufen und Tönen war die Antwort, sodass Merla fürchtete, die Kuppel über ihnen könnte zerbersten. Noch nie hatte sie so viel dunkle Energie unter den Meermenschen gespürt, und beklommen zog sie sich weiter in eine Ecke ganz oben in der Ratshalle zurück. Was würden Mommie, Maris und Sira dazu sagen? Nach all den hasserfüllten Worten musste Sie schnell nach Hause und mit liebevollen Wesen sprechen.

Und ich brauche dringend ein Sonnenbad, fiel ihr ein. Mir tut schon alles weh, und mein Kopf ist ganz schwer. Das Licht wird mir guttun.

Bei dem Gedanken an Licht erreichte sie endlich mit Wucht die Erkenntnis, die sie bisher verdrängt hatte: Marc! Sie erstarrte, und ihre Kehle krampfte sich angstvoll zusammen. Was geschah mit Marc, wenn die Algen aufstiegen? Die düstere Stimmung hatte sie jetzt eingehüllt wie eine Wolke Tintenfisch-Sepia, und sie fühlte sich, als würde sie am Abgrund der Großen Dunkelheit taumeln.

Sollte ihm etwas geschehen, bin ich erloschen, noch ehe ich begonnen habe, richtig zu leuchten!

Panisch tauchte sie ab und suchte sich einen Weg durch das Getümmel von schlagenden Flossen und rauschenden Stimmen.

13

Maui, Hawaii. Noch 14 Tage.

Ihr Lächeln war wie immer bezaubernd gewesen. Sie hatten gelacht, sich immer öfter »zufällig« berührt, die Musik genossen, und schließlich hatte sie sich ihm zugewandt, als er vor ihrer Haustür geparkt hatte.

Ihre Lippen waren weich und einladend, und Marc schmeckte noch immer ihren Minzbonbongeschmack und roch den Duft ihres Haares an seinem T-Shirt-Kragen.

Alles war wirklich sehr schön, dachte er, als er die Lichter von Paia, wo er sie abgesetzt hatte, hinter sich ließ. Aber warum macht mein Herz keine Saltos und warum haben meine Hände nicht eine Winzigkeit gezittert, als ich ihr die Haarsträhne aus der Stirn gestrichen habe? Es war schön, aber es hat mich nicht umgehauen. Komisch. Vielleicht kommt das ja noch. Es war immerhin unser erstes Date. Gib dir ein bisschen Zeit, Marc, und erwarte nicht immer so viel, versuchte er sich zu überzeugen. »Gut Ding will Weile haben«, wie Dad doch immer so schön sagt.

Bei dem Gedanken lachte er leise. So nehme ich mir deine Worte zu Herzen – wenn du wüsstest, Dad!, und einigermaßen zufrieden steuerte er den Wagen auf die Einfahrt ihres Hauses und parkte hinter dem Truck seines Vaters.

In dem weißen Haus mit dem großen grünen Vordach schienen alle zu schlafen, die Fenster waren dunkel und in der Windstille der Nacht verharrten auch die Palmen reglos, wie im Schlaf.

Marc war noch nicht müde, sondern von den Gefühlen und Gedanken des Abends aufgedreht, holte sich sein iPad und legte sich in die Hängematte auf der Veranda. Sein Handy piepte. Leilani hatte ein rotes Herz geschickt. Er antwortete ebenso und registrierte einen winzigen Stich von Zweifel, weil er nicht hundertprozentig so fühlte.

Lenk dich ab, denk nicht so viel darüber nach – davon wird dir nichts klarer. Mal sehen, wie die Hula-Aufführung wird und was dann mein Herz macht, dachte er und gab »Wassermenschen: Kreaturen aus der Tiefsee« bei YouTube ein.

Die Dokumentation war Enttäuschung und Erleichterung zugleich. Die »Wissenschaftler« wirkten wie Schauspieler, und jeder einigermaßen Begabte mit einem guten Bildbearbeitungsprogramm konnte Videoszenen mit angeblichen Flossenhänden, die gegen die Scheibe eines U-Bootes schlugen, erstellen. Die vorgestellten »Wassermenschen« sahen furchterregend und hässlich aus.

Die haben keine Ahnung. Freaks! Und so etwas wollten sie als »Doku« verkaufen. Wenn die wüssten, was ich weiß …

Er schloss die Augen und ließ, wie so oft schon, alle Szenen mit Merla vor seinem inneren Auge Revue passieren, während die vergessene Sorge vom Morgen wieder aufflackerte.

Hoffentlich geht es ihr gut, dachte er, und zum wiederholten Mal staunte er über ihre Begegnung. Hey, ich kenne übrigens ein Meermädchen, eines, das surft, witzig und hübsch ist, Sonar benutzt und leuchtet. Krass! Wie würden wohl die Facebook-Kommentare zu so einem Post aussehen?, fragte er sich.

Hoffentlich war alles okay mit ihr.

Er googelte eine Weile »Meerwesen« und kam dann zu dem Schluss, dass er der Einzige zu sein schien, der wirklich eins gesehen hatte. Oder dass die anderen, die dasselbe Glück gehabt hatten, auch nicht darüber sprachen.

Wie viele es wohl gibt? Was machen sie den ganzen Tag und was wissen sie über *uns*? Definitiv wollen sie nicht bemerkt werden. Haben sie schlechte Erfahrungen gemacht oder fürchten sie uns vielleicht?

Ein Paralleluniversum direkt vor meiner Haustür.

Wie bei seiner Netflix-Lieblingsserie »Stranger Things« – nur eben in echt. Verrückt, dachte er noch, bevor er einschlief.

Von den Scheinwerfern eines vorbeifahrenden Autos geweckt, erwachte Marc mit schmerzendem Rücken und seltsamen Bildern von monströsen Unterwasserkreaturen im Kopf.

»Shit«, murmelte er halblaut und sah auf die Uhr seines Tablets. 4 Uhr 30. Er stand auf, machte ein paar Übungen, um seinen steifen Rücken zu lockern, und trank ein Glas Wasser.

Wieder kreisten seine Gedanken um Merla. Er holte sich Boardshorts und Brett und saß im Auto, noch ehe er realisierte, dass er kaum geschlafen hatte und sich außerdem wie ein Stalker benahm. Aber die Frage, warum sie einfach nicht mehr erschien, und die Tatsache, dass dort draußen Idioten mit Schallkanonen rumballerten, ließen ihn seinen Schlafmangel vergessen, und er parkte den Toyota auf den Klippen oberhalb des Strandes von Ho'okipa.

Er paddelte weit aufs Meer hinaus, rief nach ihr und tauchte sogar einmal, so tief er konnte, und rief auch unter Wasser ihren Namen, aber außer beunruhigender Stille und dem Rauschen des Blutes in seinen Ohren hörte er nichts. Er wartete und suchte so lange, bis die Sonne der Welt die Farben zurückbrachte.

Als die ersten Surfer gemeinsam mit der aufgehenden Sonne ins Wasser gingen, surfte er noch ein paar schöne Lefts (Wellen, die – vom Wasser aus gesehen – nach links laufen) und fuhr schließlich erschöpft und ratlos nach Hause.

»So langsam mache ich mir Sorgen um dich, mein Sohn«, rief sein Vater ihm entgegen, der gerade sein morgendliches Fitness- und Yoga-Training absolvierte. »Warst du schon wieder im Dunkeln auf dem Wasser oder hast du hoffentlich mit deiner neuen Freundin noch den Sonnenaufgang oben vom Vulkan aus angesehen?«

Marc überlegte kurz, ob er zu Letzterem einfach »Ja« sagen sollte, denn schließlich war das eine deutlich bessere Erklärung als die Suche nach einem verschollenen Meermädchen. Aber er entschied sich für eine Halbwahrheit – was angesichts seiner verräterisch nassen Shorts auch klüger war. »Ich war vor zwölf zu Hause und bin versehentlich in der Hängematte eingeschlafen. Die ist nicht wirklich geeignet zum Ausschlafen. Dann hat mich ein Auto geweckt. Und außerdem brauchte ich einfach mal wieder ein paar gute Wellen.«

»Aha«, kommentierte sein Vater lapidar und wandte dann seine Aufmerksamkeit einem fast perfekten Kopfstand zu.

Marc sprang kurz unter die Dusche, um sich das Salzwasser abzuwaschen, und betrachtete sich danach prüfend im Spiegel. Was ist nur los mit dir? Du datest das Mädchen deiner Träume, aber statt dir mit ihr ganz romantisch den Sonnenaufgang auf dem Haleakala anzusehen, verplemperst du den Morgen auf der Suche nach einem Meermädchen ... Er tadelte sein Spiegelbild mit einem leichten Kopfschütteln und leisem »Tststs«, rieb seine braunen Locken kurz trocken und ging dann nur mit einem Handtuch um die Hüften über den kleinen Flur.

Als ob er ihm aufgelauert hätte, steckte Leo den Kopf aus seinem Zimmer. »Na, Bruder, war die Nacht so heiß, dass du erst mal eine Abkühlungsdusche brauchtest?« Wenn du nicht gleichzeitig so liebenswert wärst, so wärst du einfach unerträglich, Bruder, dachte Marc und ließ Leo ohne Kommentar, aber dafür mit einem schelmischen Grinsen auf den Lippen im Flur stehen und schloss die Zimmertür hinter sich.

»Come on – ein paar Details darf ich als Bruder doch wohl erfahren, Mann!«

»Nix da«, antwortete Marc durch die geschlossene Tür, »ein Gentleman genießt und schweigt. Wenn du heiße Neuigkeiten brauchst, stell dich mit einem Kaffee zur Mittagszeit vor MANA FOODS, da gibt's garantiert genug Tratsch, und warm wird dir dann auch.«

»Spielverderber«, schimpfte Leo und polterte die Treppe nach unten.

Marc checkte sein Handy und sah, dass Leilani schon vier Nachrichten geschickt hatte.

»Hast du schön geträumt? ;-)«

»Ich konnte nicht schlafen ☹«

»Bist du schon wach?«

Und schließlich ein Herz-Kuss-Emoji vor einigen Sekunden.

Marc spürte, wie gerne sie jetzt etwas Schönes von ihm hören wollte, und tippte:

»Hab von dir geträumt. Kein Albtraum. ;-) Wann soll ich bei der Aufführung sein?«

Prompt piepte es, als ihre Nachricht erschien.

»Kein Albtraum??? Na, da bin ich ja froh. ;-) Um 11 Uhr geht's los. Freu mich auf dich!«

»Und ich mich auf dich!«, antwortete Marc, und das stimmte auch. Er dachte an den gestrigen Kuss und schickte ihr noch ein Kuss-Emoji, bevor er sein Handy in die Ladestation zurückstellte.

Als der Duft von Pfannkuchen durchs Haus zog, ging er nach unten und setzte sich zu Leo an den ozeanblau gestrichenen Küchentisch, der von knallbunten Stühlen umgeben war. Wenn schon das Haus von außen so langweilig weiß gestrichen war, sollte wenigstens die Einrichtung bunt sein, hatte sein Vater gemeint und jedes Möbelstück in einer anderen Farbe gestrichen. Die Wände in der Küche waren türkisgrün, die Schränke dunkelrot und nur die vielen Muscheln an den Wänden, die Ornamente bildeten, brachten eine sandfarbene Ruhe in den Raum. Das sah fröhlich und schön aus, aber in seinem Zimmer hatte Marc sich ausschließlich für Blautöne entschieden. Das war deutlich entspannender als der Farbflash in den anderen Räumen.

»Dad, ich habe gestern noch ein bisschen an unserem Netzwerk gearbeitet«, sagte Leo zu seinem Vater gewandt. »Die Facebook-Gruppe heißt ›Get the shit out of our Ocean!‹«

»Was für ein dezenter Name – schon mal ein ›Like‹ dafür, Bruder!«, warf Marc lachend ein, und auch ihr Vater lachte.

»Danke, danke. Und weil ich so gut vernetzt bin, haben wir auch tatsächlich schon über tausend ›Freunde‹. Alle hoch motiviert, am besten gleich eine ganze Armada von heimischen Booten gegen die Forschungsschiffe einzusetzen und sie nach good old Germany zurückzuschicken. Wahrscheinlich wird es schwieriger, sie davon abzuhalten, sofort in See zu stechen, als sie in Bewegung zu setzen. Was meinst du, Dad? Gibt es von deiner Gouverneurin irgendwelche Neuigkeiten?«

Klaus Beck setzte sich an den Tisch, verteilte Pfannkuchen auf den Tellern und ließ seufzend Sirup über den seinen laufen.

»Schlechte Nachrichten aus Honolulu: Es scheint, als ob es erst mal keine gesetzliche Handhabe gegen die ›Sonne‹ gäbe. Die Kollegen aus unserer Heimat haben anscheinend alles richtig gemacht und ihre Airguns knapp zwei Kilometer von der kritischen Grenze entfernt in Stellung gebracht. Ehrlich gesagt hätte es mich auch gewundert, wenn die sich vermessen hätten … Wenn der Deutsche an sich schon übergenau und korrekt ist, dann sind deutsche Wissenschaftler die Krone der Korrektheit. Dagegen sind die Amis richtige Chaoten. Aber wie wir schon so oft in diesem Land gesehen haben: Die besten Ideen entstehen nicht durch Ordnung, sondern aus der Fähigkeit, um die Ecke zu denken und neue Wege einzuschlagen.«

Oh, bitte nicht, dachte Marc, jetzt kommt wieder eine Lobeshymne auf Steve Jobs, Bill Gates und zig andere ruhmreiche amerikanische Erfinder-Persönlichkeiten.

Doch ihr Vater war nicht in Stimmung, die Weltveränderer zu feiern, sondern fuhr mit ernster Miene fort:

»Und jetzt ist es anscheinend an uns, Neues zu wagen. Die Idee mit der Armada finde ich gar nicht so schlecht, Leo. Das Problem ist natürlich der gesetzliche Rahmen: Wir dürfen weder ihre

Schiffe noch ihre Maschinen behindern oder beschädigen. Aber vielleicht müssen wir das ja auch gar nicht ...«

»Wir könnten sie doch einfach stören«, warf Marc ein, »so, wie Greenpeace das bei Einsätzen macht.«

»Genau! Und wir brauchen Publicity! Wenn Bilder von gestrandeten, toten Walen in Zusammenhang mit ihren Schiffen um die Welt gehen, wird es einen Sturm der Entrüstung auch in Deutschland geben. Wir müssen einfach von allen Seiten Druck auf sie ausüben, bis sie den Schwanz einziehen und abhauen.«

»Und wo willst du die toten Wale hernehmen? Zum Glück wurde hier ja noch keiner angetrieben«, entgegnete Marc seinem Bruder, der bereits glänzende Augen hatte und sich selbst als Flamme eine neue, rettende Weltrevolution anzünden sah. Sie aßen gemütlich, und danach überboten sie sich abwechselnd mit Weltenretterideen, bis Marcs Blick auf die Armbanduhr seines Vaters fiel.

»Mist!« Marc fuhr hoch. »Wieso ist es denn schon zehn vor elf?« Hektisch sprang er von seinem Stuhl auf, rannte nach oben, griff wahllos ein Hemd aus seinem Schrank und stürmte aus dem Haus. Die anderen beiden blickten ihm verdutzt in der Tür stehend nach. »Große Hula-Aufführung von Leilani – das verzeiht sie mir nie, wenn ich die verpasse! Bis später!«, rief Marc noch, während er die Treppen vor dem Haus hinunter und in seinen Wagen sprang.

Das Hawaiian Culture Community Center lag noch hinter Kahului und Marc starrte abwechselnd auf die Zeitanzeige am Armaturenbrett und auf die roten Ampeln, die sich anscheinend alle gegen ihn verschworen hatten. Obwohl kaum Verkehr herrschte, erreichte er den vollen Parkplatz erst mit sechzehn Minuten Verspätung. Er sprintete zum Eingang, öffnete die Tür so lautlos wie möglich und betrat den gut besuchten Raum. Ein kurzes Lächeln huschte über Leilanis Gesicht, als sie Marc in der Tür entdeckte. Der nächste Tanz hatte wohl noch nicht begonnen, denn sie erklärte gerade die Handlung: ein Krieger, der zwei Mädchen liebt und sich nicht entscheiden kann, wird von den Göttern bestraft und muss fortan als Fisch weiterleben.

Noch vor zwei Wochen hätte ich so eine Geschichte für absolut absurd gehalten, dachte Marc. Aber wer weiß, vielleicht gab es zu den Zeiten der Alten ja noch eine Verbindung zwischen den Meermenschen und denen an Land. Dann wäre die Story durchaus plausibel.

Das Stampfen der Bambusstäbe auf dem Boden begann und gefesselt versank Marc in der Musik und dem seltsam monotonen Sprechgesang, der den Tanz begleitete. Leilani tanzte eine der Hauptrollen und ihre Bewegungen waren von einer so geschmeidigen Eleganz und Anmut, dass sie Marc wie ein völlig fremdes Wesen erschien.

Sie war hier gerade Teil einer Kultur, die uralt war und die die Amerikaner mit ihren Missionaren zum Glück nicht hatten ausrotten können. Zwar war der Hula lange Zeit verboten gewesen, aber seit Mitte des 19. Jahrhunderts durften die Insulaner wieder ihre so wichtigen mythischen Tänze aufführen – sie waren eine noch lebendige Erinnerung an den wahren Geist dieser Inseln.

Und zudem wunderschön. Wow, diese Anmut, dachte Marc, als Leilani beide Arme graziös emporhob und zuerst ihren Kopf und dann den ganzen Oberkörper in Zeitlupe rückwärts nach hinten senkte und in einer langsamen Bewegung über die Seite wieder hochkam.

Nach der Vorführung lief sie mit roten Wangen und glänzenden Augen zu ihm.

»Hey! Schön, dass du es noch geschafft hast«, begrüßte sie ihn augenzwinkernd. »Und – hat es dir gefallen?«

»Es war fantastisch, und du hast unglaublich getanzt! Also wenn ich der Krieger gewesen wäre, dann hätte mich ganz klar für dich entschieden. Keine Frage!«

Ihre Augen strahlten noch mehr, und er nahm ihre Hand und zog sie leicht zu sich. »Sehen wir uns heute noch? Wir könnten doch am Strand picknicken und morgen früh vielleicht zum Sonnenaufgang auf den Haleakala …?«

»Ich kann heute leider nicht«, erwiderte sie betrübt, »meine Onkel, Tanten und Cousins sind heute Morgen mit dem Flieger von Oʻahu gekommen und es gibt ein großes Familien-Luʻau.«

»Cool! Mit in der Erde gegartem Schwein und allem Drum und Dran? Könnte ich da vielleicht …?« Er sah ihr Gesicht und brach ab.

Etwas betreten entgegnete sie mit gesenkter Stimme: »Sorry, aber meine Familie ist sehr traditionell, was das angeht. Sie müssten sich erst mal ein bisschen kennenlernen, bevor du zu einem Treffen der Ohana eingeladen wirst.«

»Okay, verstehe. Kein Problem«, erwiderte Marc schnell. »Wir wollen ja auch nichts überstürzen.«

Und ich will ja auch nicht gleich in eine Familie einheiraten, wenn ich es mir so recht überlege. Schließlich weiß ich ja noch nicht mal so genau, was ich wirklich für sie empfinde.

Marc war fast erleichtert, nachdem er sich von ihr mit einem sanften Kuss auf die Wange verabschiedet und sie sich für Sonntag zum Brunch am Strand verabredet hatten.

Dann kann ich ja doch am frühen Morgen noch mal aufs Wasser, dachte er erfreut. Dieses Meermädchen muss doch schließlich irgendwann wieder auftauchen! Oder habe ich mir das alles nur eingebildet und sollte dringend mal einen Psychiater aufsuchen …?

Statt des Arztbesuchs entschied sich Marc erst mal für einen hausgemachten Burger seines Lieblingsdiners und hielt auf dem Rückweg nach Hause noch mal in Hoʻokipa, um nach den Wellen zu sehen. Es sah fast perfekt aus. Dunkle Linien von hohen, breiten Wellenbergen schoben sich in regelmäßigen Abständen in die Bucht und es herrschte fast kein Wind.

Dann geh ich gleich noch ein bisschen surfen, vielleicht kommt Leo ja mit, dachte Marc und verspürte das vertraute freudige Kribbeln angesichts einer guten Surf-Session.

Als er aus seinem Wagen stieg, kam ihm allerdings Leo an der Seite von Keana mit nassen Haaren und dem Board unter dem Arm bereits entgegen.

»Das sieht ja gut aus da draußen! Wie war's?«, fragte Marc.

»Supergeil. Total clean und zudem nicht mal voll mit Touris und anderen Idioten«, sagte Keana. »Aber du gehst ja lieber zum Hula, wie ich hörte … Hast du jetzt 'ne Freundin, oder was?«

Marc warf seinem Bruder einen strafenden Blick zu und antwortete ausweichend: »Hula – ja. Freundin ist noch nicht so ganz klar … Abgesehen davon geht dich das auch nichts an, Miss Neugierig.«

»Man wird ja wohl mal fragen dürfen, und es ist schließlich kein Geheimnis, dass ihr aufeinander steht. Spricht ja fast die ganze Schule davon: DAS neue Traumpaar seit Bella Swann und Edward Cullen!«, sagte sie.

»Nur dass mein Bruder eher nachts mit den Zähnen knirscht, als sich in schöne Frauenhälse zu verbeißen«, fügte Leo grinsend hinzu.

»Schön, dass ihr euch mit meinem Liebesleben besser auskennt als ich«, sagte Marc. »Gehst du gleich noch mal mit mir raus, Brüderchen?«

»Nee, sorry, Mann, aber ich muss noch wahnsinnig viel für die Schule machen, und außerdem will ich Dad helfen, Infos für unser Aktionsteam zusammenzusuchen.« Er wandte sich an Keana. »Du bist doch auch dabei, Keana – hast du deinen Dad mal nach seinem Boot gefragt? Als größter Tourenanbieter habt ihr doch gleich mehrere zur Auswahl …«

Sie nickte begeistert. »Also, mein Dad ist Feuer und Flamme für die Sache. Er war komplett fassungslos, als ich ihm von den Airguns erzählt habe. Und Mom wird gleich am Montag einen Artikel in der MAUI NEWS darüber bringen. Es kann echt nicht angehen, dass irgendwelche ausländischen Vampire unseren Boden aussaugen und unsere Wale und Delfine fertigmachen.«

»Na ja, UNSER Boden ist es ja nicht. Das ist ja das Problem!«, warf Marc ein.

»Mir doch egal!«, Keanas Gesicht strotzte vor Angriffslust und Entschlossenheit. »Trotzdem sollen sie abhauen. Wenn sie schon mit diesem Wahnsinn weitermachen wollen, dann bitte mindestens tausend Kilometer von den Walschutzgebieten entfernt. Der Ozean ist groß genug, und auch da werden sie Unheil anrichten, aber hier, in der Krabbelstube der Walbabys, ist es einfach unverantwortlich von diesen verdammten Geldhaien.« Sie stampfte wütend zu ihrem Auto, das neben Marcs geparkt war, rief noch »Wir sind zu allem bereit, Leo, sag das deinem Dad! Dieses Wochenende sind alle Boote mit Gästen verplant, aber nächstes sind wir am Start!« über die Schulter und fuhr so rasant vom Parkplatz, dass der Kies unter ihren Reifen wegflog.

»Ich traue ihr zu, dass sie gleich mit selbst gebastelten Molotowcocktails und Wasserwerfern in See sticht«, sagte Marc, als er neben seinem Bruder nach Hause fuhr. »Keana hat auf jeden Fall Action-Potenzial! Sehr cool«, sagte Leo und lächelte versonnen.

Marc sparte sich einen Kommentar, setzte Leo zu Hause ab und verbrachte den Nachmittag surfend auf dem Wasser. Doch immer wieder ertappte er sich dabei, dass er an Merla dachte.

Er meinte ihre Gegenwart zu spüren, obwohl absolut nichts darauf schließen ließ. Zwei Mal glaubte er ihren Schatten in den Wellen zu sehen, doch dann sah er Rückenflossen auftauchen und freute sich nur ein bisschen über die Delfine, die seine Wellen teilten.

Unsinn, schalt er sich, Meermenschen würden wohl kaum am helllichten Tag mit uns surfen, die sind ja nicht doof.

Das heißt, du wirst auch morgen früh wieder früh rausmüssen, mein Lieber.

Erschöpft vom kräftezehrenden Surfen und dem Schlafdefizit der vergangenen Woche kam er bei Sonnenuntergang nach Hause, hörte mit halbem Ohr den sich formenden Plänen seines Bruders und seines Vaters zu, aß so viel Pasta mit Thunfisch, bis er fast platzte, und wankte schließlich um 20 Uhr in sein Zimmer.

Bis auf die Knochen k. o., ging er ins Bett, checkte nicht mal mehr sein Handy, sondern stellte nur noch den Wecker auf 4 Uhr 45 und sank in sein Kissen.

Mit der vagen Hoffnung, dass er Merla am nächsten Morgen endlich wiedersehen würde, schlief er sofort ein.

14

Etwa 170 Meter unter der Wasseroberfläche vor Maui.
Noch 13 Tage.

Die kleinen orangen Anemonen, die an der Decke der Grotte wuchsen, leuchteten nur schwach. Merla beobachtete die blau glänzenden Fische, die zum Fressen zwischen den Pflanzen hin und her flitzten und so das Wasser in sachte Bewegung und damit zum Leuchten brachten. Wie weiße Wolken stoben die Licht produzierenden Einzeller auf und machten die verschiedenen Farben der Bepflanzung in ihrem Zuhause sichtbar.

Mein Zuhause. Wie konnte eine Welt, die bisher so vertraut und sicher schien, plötzlich zu einem Ort werden, an dem sie sich fremd fühlte?

Maris war aufgewacht, kurz nachdem sie vom Rat gekommen war. Sie hatte ihrer Familie von Akanas Plänen berichtet, und vor allem seine Reaktion war deutlich anders ausgefallen, als sie erwartet hatte. Maris, ihr lieber, lustiger Bruder Maris, hatte von einer Sekunde auf die nächste ein hartes Gesicht bekommen, und seine Augen waren ganz dunkel geworden vor Zorn. Aber nicht auf Akana und das Ausmaß ihres Hasses, sondern auf die Teres!

»Endlich! Endlich hören wir auf, uns wie Opfer zu verhalten!«, hatte er gesagt und seine Faust geballt. »Die unvergänglichen Stoffe und ihr Schmutz in unseren Wassern war schon schlimm, aber uns einzusperren, uns zu düsteren Muränen des Mondes zu machen, die in ihren Höhlen kauern – das übersteigt alles!«

Als sie entgegnet hatte, dass aber doch auch so viele Unschuldige sterben würden, die vielleicht dumm, aber nicht böse waren, hatte er nur schroff entgegnet: »Wenn sie mit ihrer Dummheit das Wasser aus dem Gleichgewicht bringen, so sind es dann eben ein paar Dumme weniger, die uns und den Tieren und Pflanzen hier schaden können. Gut so«, und hatte die Höhle verlassen, um auf den Feldern zu helfen.

Mommie und Sira waren ernst und betroffen gewesen. »Unsere Mutter hätte das niemals gutgeheißen«, hatte Sira gemeint. »Als sie noch im Rat war, wäre so eine Entscheidung mit ihr niemals gefallen. Sie hätte die anderen umgestimmt!«

Sie hatten noch ein bisschen geredet, und dann war der Schmerz in Merlas Kopf wieder bohrender geworden.

Nun lag sie in ihrem Schlafnetz und konnte nicht einschlafen, auch wenn ihr Kopf wieder klarer wurde.

Das Gesetz des Lebens steht über allem, heißt es. Das ist doch das, was uns alle verbindet: Lebensenergie! Ob Landmensch, Fisch oder Koralle, wir sind doch alle Teil der einen großen Energie der gütigen Sonne. Was passiert mit uns, dass wir plötzlich unsere heiligsten Gesetze mit Verachtung strafen? Sind es die Teres, die uns dazu machen? Anscheinend tragen auch wir die Saat des Hasses in uns. Genau wie die Teres.

Ich hätte nur nicht gedacht, dass sie bei uns jemals Früchte tragen würde, dachte Merla, und eine Schwere, die sie so nie zuvor gespürt hatte, drückte auf ihren Brustkorb wie die Tentakel eines Kraken.

Marc. Bestimmt hatte er auch Familie, Menschen, die ihm verbunden waren, Freunde oder andere gute Seelen, die seinen Weg kreuzten.

Was Merla von ihrer Mommie über die Menschen dort oben wusste, war, dass sie alle irgendwann jemanden fanden, mit dem sie eine Familie gründeten. Jeder Teres konnte sich fortpflanzen, und auch sie teilten eine Art Licht. Sie nannten es Liebe. Aber es war nicht ewig und nicht ausschließlich. Man konnte sich binden und wieder trennen. Ihr Licht war flackernd und unstet. Sie wollte Marc darüber befragen, was es mit dieser »Liebe« auf sich hatte. So ganz verstand sie es nicht.

Wie lange war sie nicht in den Wellen gewesen? Drei Tage? Oder vier? Sie konnte nur hoffen, dass er heute auf dem Wasser sein würde. Dass er ihre Verbindung immer noch spürte.

Sie beschloss, nicht weiter vergeblich Schlaf zu suchen, sondern einfach noch früher, als sie es sowieso vorgehabt hatte, die Höhle zu verlassen und nach oben zu schwimmen.

Lautlos schlüpfte sie aus ihrem dunkelgrünen Schlafnetz, aß etwas von den Algen, die noch unter der großen Muschel waren, und schwamm in die Dunkelheit des Wassers, die für ihre Augen genug Konturen hatte.

Ein Kalmar, der doppelt so groß war wie sie selbst, stob zwischen den Felsen hervor und verschwand in der Tiefe.

Sie passierte die Höhlen der Kolonie, stieg höher und registrierte mit ihrem feinen Sonar einige Wale, die regungslos ein paar Meter unter der Wasseroberfläche trieben und ruhten. Die großen Haie würden erst später zum Jagen aus den offenen Wassern zurückkehren, und so schwamm sie ungestört parallel zu den abfallenden Hängen, die immer dichter vom großen Blattalgenwald bewachsen waren. Sie verharrte regungslos und beobachtete die Schildkröten, die bedächtig auf und ab stiegen, und wartete.

Als Merla die Bewegung eines Wesens registrierte, wusste sie sofort, dass er es war.

Sie spürte seine Gegenwart. Nicht nur mit ihrem Sonar.

»Merlaaaaa!«

Sein Ruf war mehr in ihrem Kopf als außerhalb wahrzunehmen, ihr Herz begann zu rasen, und sie beschleunigte ihren Flossenschlag, bis sie den Schatten seines Surfboards über sich ausmachen konnte.

»Oh, Mann! Da bist du ja endlich! Ich dachte schon, ich hätte alles nur geträumt!«, begrüßte er sie, als sie auftauchte, und lächelte voller Erleichterung bis in die Ecken seiner hübschen Grübchen.

Dieses Leuchten! Wie macht sie das nur?, dachte Marc und fühlte wieder diese angenehme Wärme, die durch das kalte Wasser von ihr auszugehen schien.

»Hey! Wie schön, dich zu sehen!«, sagte Merla, und die Freude darüber spiegelte sich so unverhohlen auf ihrem Gesicht, dass es selbst in der morgendlichen Dunkelheit klar zu erkennen war.

Sie hatte während des Wartens ihre Haare zu zwei fast armdicken langen Zöpfen geflochten, sodass ihr Gesicht ihm nun noch markanter erschien, als er es in Erinnerung hatte.

»Du siehst toll aus«, sagte Marc, »warst du die letzten Tage beim Friseur oder warum hast du dich nicht blicken lassen?« Auch wenn Merla nicht wusste, was ein Friseur war, so musste sie doch lachen, einfach weil er lachte. Aber als sie ihm antwortete, wurde sie schnell wieder ernst.

»Es tut mir leid. Ich war verletzt und konnte kaum den Kopf heben, geschweige denn schwimmen ... Wir waren gerade zum Wettschwimmen von Maris und ...«

»Verletzt? Habe ich es doch geahnt!«, unterbrach Marc sie besorgt.

»Ja, mein Bruder und sein Freund wollten bei der schwarzen Hand – das sind Felsen kurz hinter der Bucht, wo eure großen Schiffe queren – um die Wette schwimmen – so ein Jungszeug halt –, als plötzlich dieser unerträgliche Lärm das Wasser zerriss. Es heißt, die Teres sprengen dort, wo die Sonne ins Meer sinkt, den Boden auf.«

Wütend schlug Marc mit der Hand aufs Wasser. »Wusste ich's doch! Mein Dad hat davon gehört, und wir sind alle fassungslos, dass das hier so dicht vor den Inseln passiert! Gibt es noch mehr Verletzte? Wie schlimm war es?«

Er legte sich bäuchlings auf sein Brett, um ihr näher zu sein.

»Es war entsetzlich! Ich dachte, mein Kopf platzt, und dann war da nur noch Schwärze.« Sie stockte. »Die meisten von uns waren in den Höhlen und dort sicher. Als es vorbei war, haben sie uns geborgen und nach Hause gebracht. Drei Sonnen lang habe ich geschlafen, aber ich fühle mich immer noch ein bisschen schwach.«

»Diese Leute sind Verbrecher! Das, was sie da tun, ist zwar nicht verboten, aber wir wollen sie trotzdem vertreiben. Auch wenn niemand oben von *euch* weiß, so wissen wir doch, dass auch die Wale und Delfine schwer verletzt werden können. Was ist mit ihnen?«

»Anscheinend waren die großen Säuger auf der anderen Seite der Insel, und der Schall konnte sie nur abgeschwächt treffen. Wir hörten nur, dass einige Delfine auch verletzt wurden, aber sie haben sich anscheinend schneller wieder erholt.« Sie machte eine kurze Pause und sah ihn abwartend an. »Wollen denn nicht alle Teres die Schätze des Bodens für ihre Maschinen?«

»Nein! Nein! Auf keinen Fall! Mein Dad und mein Bruder machen gerade gegen die Leute auf dem Schiff mobil! Wir haben hier Walschutzgebiete, und viele Menschen auf der Insel leben von den Touristen, die deswegen kommen – außerdem lieben wir alle diese wunderbaren Tiere! Mein Vater ist Meeresbiologe, das heißt, bei ihm dreht sich alles um das Meer, das er schützen will. Die Leute, die die Forschungsschiffe schicken, sind sehr ignorante und gierige Menschen – wir sind nicht alle so!«

Merla schwieg betroffen. Akana war also doch im Unrecht! Das hatte sie sich doch gedacht. Niemals könnte ihre Mutter mit einem Teres zusammen sein, wenn sie alle böse wären. Sie musste es Marc sofort sagen. Schlimmer konnte ihr Verrat sowieso nicht werden, und sie mussten einen Ausweg finden. Ihre anfängliche Wut auf die Landmenschen war deutlich weniger geworden, seit sie wieder in Marcs Nähe war. Das Licht war wie eine eigene Frequenz, die alles andere überlagerte.

»Ihr seid in Gefahr!«, brach es aus ihr heraus. Sie legte Marc eine Hand auf den Arm und zwang sich, ruhig zu bleiben, als sie ihm von den tödlichen Grünalgen, der Ratssitzung und dem entsetzlichen Entschluss berichtete.

Marc war verwirrt und konnte kaum verarbeiten, was sie ihm da alles erzählt hatte. Rat der Sieben? Mit Walen und Kraken? Das klang so abwegig, dass er fast gelacht hätte, aber ein Blick in ihre Augen ließ seine amüsierte Heiterkeit verschwinden.

»Und du meinst, sie könnten auf diese Weise tatsächlich viele Menschen an Land töten?«, fragte er nach einer Weile zweifelnd.

»Du hast doch gehört, was mit den Menschen auf dem Schiff

und den Säugern darum herum passiert ist!«, sagte Merla aufgebracht. »Und das war nur ein Bruchteil der Menge, die am Meeresboden wächst. Akana will, dass es so viele von euch wie möglich trifft.«

Marc schwankte innerlich zwischen Sorge und Unglauben. Auch wenn er dieses seltsame Mädchen mit den grünen Augen direkt vor sich sah, so konnte er immer noch nicht ganz glauben, dass es dort unten eine eigene Welt gab. Eine bunte, beseelte und dazu jetzt auch noch feindliche Welt.

»Wann soll der Schlag stattfinden?«, fragte er und beschloss, ihr einfach zu glauben.

»In einer halben Mondfülle will Akana die Algen aufsteigen lassen«, antwortete Merla.

»Also in 14 Tagen?«

»Wenn ›Tage‹ Sonnen sind, dann ja. Das heißt, eigentlich sind es nur noch 13 mit heute. Warte kurz, ich muss Luft holen.«

Sie tauchte ab, und Marc versuchte das heillose Durcheinander in seinem Kopf zu ordnen. Es schien so unwirklich wie eine der Geistergeschichten, die er früher so gern gehört hatte, und doch saß er hier und wartete auf das Auftauchen eines Meermädchens. Was konnte er tun? Seinen Vater einweihen? Unmöglich! Der war Wissenschaftler durch und durch und würde entweder direkt ein Tauchboot chartern oder ihn einem Psychiater vorstellen wollen. Beides war keine Option. Und Leo? Marc war hundertprozentig sicher, dass sein Bruder niemandem auch nur ein einziges Wort verraten würde, aber das wäre ja auch noch keine Hilfe.

»Kann man denn nicht einfach die Algen herausreißen oder am Wachsen hindern?«, fragte er hoffnungsvoll, als Merla wieder vor ihm aufgetaucht war.

»Nein, keine Chance«, erwiderte sie bedauernd, »das würde ich allein in unzähligen Sonnen nicht schaffen! Außerdem haben Akana und Velron Einzeller angesiedelt, damit sie extraschnell wachsen und dazu noch besonders viele giftige Gase produzieren.«

Merla spürte Marcs Sorge größer werden, als ob es ihre eigene wäre. War es ja auch! Wenn sein Leben in Gefahr war, dann war es das ihre auch.

Sie sah ihm direkt in die Augen. »Ich muss wieder nach unten, die Sonne geht bald auf und ich darf mich auf keinen Fall erwischen lassen. Es ist zu gefährlich, uns weiter hier zu treffen. Kennst du den kleinen Felsen, der Richtung aufgehender Sonne die Küste hinunter nicht weit vom Land entfernt ist?«

Marc überlegte und scannte im Kopf den Küstenabschnitt nach Osten hin ab. »Da, wo der Fluss ins Wasser mündet?«

»Ja, genau! Dort treffen wir uns in drei Sonnen, wieder bevor sie aufsteigt. Der Felsen gibt mir etwas Schutz. Da können mich die anderen schlecht orten, und Säuger treiben sich wenig herum, weil die Haie dort so gerne jagen.«

»Das klingt ja verlockend – und ich tue dann einfach so, als ob ich kein leckerer Happen für sie wäre, oder wie?« Marc wurde mulmig bei dem Gedanken, freiwillig in eindeutigen Hai-Gewässern zu schwimmen.

»Ich kann sie für eine Weile vertreiben – mir wird schon was einfallen. Ich würde dich nie in Gefahr bringen! Wozu hätte ich dich dann retten sollen?« Merla lächelte ihn so warm und leuchtend an, dass es wie süßes, flüssiges Karamell durch seine Adern strömte und er gar nicht anders konnte, als ebenfalls zu lächeln.

»Okay.«

»Und bitte denk daran, was du mir versprochen hast! Wir werden eine Lösung finden – ich werde nach Verbündeten suchen und vielleicht kann der Rat umgestimmt werden. Oder die Algenblüte kann verhindert werden. Aber ich bitte dich inständig: Zu keinem dort oben ein Wort!«

Aus irgendeinem Grund nahm er ihre Hände, die überraschenderweise nicht kühl, sondern warm waren, und das Leuchten, das von ihr ausging, schien auf ihn überzugehen.

»Du kannst dich auf mich verlassen. Absolut! Und ich werde sofort im Internet nachforschen und alles zu diesen Algen in Erfahrung bringen.«

»Was ist ein Internet?«

Marc musste trotz des Ernstes der Lage lächeln. »Wenn ich dir das genau erklären könnte … man sagt auch weltweites Netzwerk dazu, und wir arbeiten viel damit, weil darin das Wissen der Welt zu finden ist.«

»Der ganzen Welt?«, fragte Merla verwirrt.

»Ja, ich erkläre es dir irgendwann … In drei Sonnen dann zwischen Felsen und Küste, richtig?«

Sie nickte kurz, und er sah noch ihr Leuchten, als das Wasser sich schon längst nicht mehr bewegte.

Obwohl die Wellen eine gute Größe hatten, war Marc die Lust zum Surfen vergangen. Merlas Worte hallten in seinem Kopf nach, und die Bilder der verendeten Meeressäuger um das »Schiff der Toten« – wie es nur noch in den Medien hieß – waberten durch seine Gedanken. Entsetzlich! Konnte es tatsächlich stimmen, dass ihnen allen so ein fürchterliches Ende bevorstand? Merla hatte nicht gewirkt, als ob sie scherzen würde.

Was hatte sein Vater über die Algen in Frankreich gesagt?, versuchte er sich zu erinnern. Das waren definitiv Grünalgen gewesen, die dort die Wildschweine getötet und Ross und Reiter zu Fall gebracht hatten. Ob man Wasserproben beim »Schiff der Toten« genommen hatte und noch nachweisen konnte, dass die Anzahl der Algen erhöht war? Aber wozu noch Proben nehmen, wo Merla doch genau wusste, wovon sie sprach.

Marc war so sehr in seine Überlegungen vertieft, dass er die Kraft der Wellen hinter sich vergaß. Eine dicke Weißwasserwalze hob ihn hoch, bevor er vom Brett rutschen konnte, zog ihn an den Füßen nach hinten und oben mit sich und schleuderte ihn mit voller Wucht auf den Strand. Schmerzhaft prallte er seitwärts auf den Sand, wo seine Rippen noch immer empfindlich waren. Fluchend rappelte er sich auf und blickte um sich, um sich zu vergewissern, dass niemand diesen peinlichen Auftritt bemerkt hatte. Er hatte Glück, noch war an diesem Sonntagmorgen alles wie ausgestorben. Ausgestorben … Was für eine gruselige Vorstellung, dachte Marc. Er sah tote Surfer vor seinem inneren Auge auf dem

Strand liegen und leblose Körper, die an Land gespült wurden. Das durfte nicht passieren!

Uns muss etwas verdammt Gutes einfallen.

Uns! Also: mir und einem Meermädchen. Total verrückt.

Er schüttelte sich den Sand aus den Haaren und blickte noch einmal hinaus auf den grauen Pazifik.

Warum will sie eigentlich helfen?, fragte eine kritische Stimme in seinem Hinterkopf. Sie hätte doch genauso Grund wie alle anderen dort unten, uns zerstörerischen Landmenschen eine Lektion zu erteilen. War das eine Falle? Oder vielleicht hatte sie eine Art Helfersyndrom … Schließlich hatte sie ihn ja auch gerettet, obwohl ihr anscheinend klar gewesen war, dass es gefährlich sein könnte.

Nein, er spürte, dass es etwas anderes war, wusste aber nicht zu sagen, was.

Es gibt ja Leute, die das Richtige tun, wenn alle anderen einen schlechten Weg einschlagen. Einen tödlichen Weg in diesem Fall, kommentierte die Stimme ungefragt.

Und er begann langsam zu verstehen, dass er nicht in einer Netflix-Serie, sondern in einer verdammt harten Wirklichkeit gelandet war.

Marc war zu Hause, bevor es richtig hell geworden war.

Sein Vater und Leo waren anscheinend auch surfen gegangen, denn weder der Truck noch ihre Boards waren da.

Komisch, dass ich sie nicht getroffen habe. Ich war so in Gedanken – wahrscheinlich hätte ich nicht mal einen rosa Elefanten auf dem Fahrrad bemerkt. Voll auf Autopilot, dachte Marc.

Er trank einen Tee, recherchierte zu den Algen im Internet und zerbrach sich den Kopf darüber, wie er es seinem Bruder und seinem Vater sagen könnte, ohne seine »Quelle« zu nennen. Aber er drehte sich im Kreis. Wie sollte er seinem Vater die wichtigen Informationen entlocken, ohne ihm zu verraten, warum er sie so dringend brauchte? Wie konnte er die Menschen der Insel warnen, ohne eine vernünftige Erklärung zu liefern, in der weder Meermenschen noch Kraken als Ratsmitglieder vorkamen?

Er wurde plötzlich so müde, dass die Buchstaben vor seinen Augen zu zucken begannen. Marc schob das Tablet zur Seite, drehte sich auf den Bauch und schlief ein.

Er hatte nicht nur vergessen, die Nachrichten auf seinem Handy zu checken, sondern auch, dass er eine Verabredung mit Leilani hatte.

15

Malibu Beach, Kalifornien.
Noch 13 Tage.

Annie, die eigentlich Ansa hieß, gab ihrem Mann einen Kuss und zwinkerte ihm zu.

»Dann mal viel Spaß, Liebster. Wenn du heute Nacht nicht nach Hause kommst, weiß ich ja, wo ich dich finden kann. Sag Luke einen lieben Gruß und seht gefälligst zu, dass die Lakers gewinnen!«

»Wir sind voll motiviert, und in Lukes Kühlschrank ist leider gar kein Platz mehr für Salat, hörte ich ihn sagen – wir sind also hervorragend vorbereitet für das Spiel. Aber du weißt, dass ich mich nie länger als nötig von dir trennen würde, mein Licht. Ich denke, es wird nicht allzu spät. « Sie lachte, und er gab ihr noch einen längeren Kuss, bevor er das Haus im Trikot seiner Lieblings-Basketball-Mannschaft verließ.

Wäre es nicht helllichter Mittag unter der kalifornischen Sonne gewesen, so hätte jeder sehen können, dass diese beiden Menschen, die dort Zärtlichkeiten austauschten, leuchteten. Ein Licht umgab sie. Vor allem, wenn sie sich nahe waren.

Aber sie und Jay waren allein in ihrem wunderschön direkt am Strand gelegenen Holzhaus gewesen, sodass niemand sich über dieses seltsame Lichtspiel hätte wundern können.

Mehr als seltsam zumindest für die meisten Landmenschen auf diesem Planeten.

Ansa zog den Laptop auf dem Tisch näher an sich heran und öffnete ihr Dossier über die aktuellen Meeresforschungsreisen im Pazifik. Sie las die Veröffentlichungen der Regierungswebseiten und die Projektankündigungen der großen Chemie- und Elektronikfirmen wie Samsung, Siemens und Global Industries. Zwei Stunden lang brachte sie sich auf den neuesten Stand und las auch die geheimen Berichte der Nachrichtendienste, die ihr Kontakt im Weißen Haus ihr gemailt hatte.

Die »Sonne« machte ihr Sorgen.

Eigentlich konnte es keine unangenehmen Überraschungen geben, denn sie hatte die Kolonien vor Hawaii rechtzeitig informiert, aber irgendwie hatte sie ein ungutes Gefühl.

Mommie. Ich muss mit Mommie Kontakt aufnehmen. Ich will hören, dass es meinen Kindern gut geht.

Der Gedanke an ihre Kinder betrübte sie sofort und schimmerte dunkel durch das Licht, das sie eben noch erfüllt hatte. Und auch wenn dieses Gefühl sie jeden Tag begleitete – sie hatte sich nicht daran gewöhnt und wahrscheinlich würde sie das auch nie. Welche Mutter würde nicht ihre Kinder vermissen?

Wie es wohl der impulsiven Merla ging? Und ob Maris sich mit Sira endlich besser verstand?

Ansa seufzte und schnappte sich ihre Laufschuhe. Das half immer, trübe Gedanken zu vertreiben, deren Ursache sie sowieso nicht ändern konnte.

Unabänderlich war das Licht und unumstößlich ihre Aufgabe.

Damit schob sie die schmerzhafte Sehnsucht beiseite und freute sich zu spüren, wie sie bei jedem Schritt mehr federte und wie die Muskeln in ihren Beinen langsam ihren gewohnten, fließenden Rhythmus fanden.

Nicht ganz so gut wie Schwimmen, aber immerhin, dachte sie, während ihr Blick über den Horizont schweifte.

Das Meer. Ihre Heimat. So gewaltig und voller Schönheit, wie es sich die Menschen an Land nicht mal im Traum vorstellen konnten.

Nachdem sie eine knappe Stunde gelaufen war, ließ sie sich, völlig aus der Puste und schweißüberströmt, in den Sand vor ihrem Haus fallen, streifte Schuhe und Socken ab und ging in ihren Laufklamotten ins Wasser.

Ihre Haut prickelte, und sie genoss die Berührung des Wassers an ihrem Körper wie eine Umarmung. Sie atmete tief ein, hielt die Luft an und tauchte unter den Brandungswellen hindurch. Die Schwere des Landlebens fiel für ein paar Minuten von ihr ab und sie drehte und wand sich im Wasser wie früher. Zumindest ein bisschen so wie früher.

Sie hatte trainiert, lange die Luft anhalten zu können. In der ersten Zeit nachdem die Verwandlung vonstatten gegangen war, hatte sie nicht länger als vier Minuten unter Wasser bleiben können. Mittlerweile hatte sie die Zeit verdoppelt.

Ansa kam hoch und blickte zurück an den Strand. Sie musste aufpassen, dass die Rettungsschwimmer sie nicht sahen. Schon zwei Mal waren die durchtrainierten Typen in ihren roten Shorts aufs Wasser gepaddelt, um sie zu retten.

Was natürlich nie nötig gewesen war.

Ob sie Fische in der Verwandtschaft hätte, hatte einer sie beim letzten Mal gefragt – weil sie so lange die Luft anhalten konnte. Sie hatte fröhlich lachend abgewinkt und gesagt, dass das wohl ihrem Apnoe-Training und der robusten Lunge, die sie von ihrer Mutter geerbt hatte, zu verdanken war.

Das entsprach ja auch der Wahrheit.

Die Männer hatten sie natürlich gleich begeistert eingeladen, doch mal ein Training bei ihnen mitzumachen – sie wäre die perfekte Rettungsschwimmerin! –, aber sie hatte lachend abgelehnt. Irgendwann wäre ihre außerordentliche Begabung wahrscheinlich doch aufgefallen. Und außerdem hatte sie schlichtweg keine Zeit, den ganzen Tag am Strand herumzuhängen, so verführerisch dieser Job auch sein mochte.

Als der Delfin plötzlich neben ihr auftauchte, erschrak sie kurz, denn ihre Augen waren nicht mehr so gut an das Sehen unter Wasser gewöhnt wie früher. Er war an ihre Seite geschwommen und stupste mit seiner harten Schnauze leicht gegen ihre Schulter. Er hatte keine Laute von sich gegeben, und nachdem er ihr die Botschaft überbracht hatte, wusste sie auch warum.

Verletzte in der Kolonie! Merla und Maris hatte man bewusstlos geborgen! Eine Woge von Sorge drohte sie zu überschwemmen, und sie hatte plötzlich das dringende Bedürfnis zu atmen. Schnell schlug sie mit den Füßen, kam nach oben und atmete hektisch ein. Wie war das möglich? Sie hatte doch so rechtzeitig gewarnt? Das *konnte* gar nicht passiert sein. Akana hatte doch bestätigt, dass sie die Nachricht erhalten und Vorkehrungen getroffen hatte. Und was bedeutete »Attacke gegen die Teres auf den Inseln?«

Ansa bat den Delfin zu warten, schwamm an Land und lief mit schnellen Schritten ins Haus. Sie checkte, wann Aloha Airlines den nächsten freien Flug nach Maui hatte, buchte zwei Plätze für Mittwoch – also in drei Tagen – und schickte den Delfin mit der Bitte an ihre Mutter, nichts zu tun, sondern sich ganz unauffällig zu verhalten, in den Pazifik hinaus.

Mit der Frequenzübertragung würde die Nachricht in zwei Tagen und sie selbst einen Tag später dort sein.

Dann würde sie ihre Mutter sprechen können. Und ihren Kinder nahe sein!

Auch wenn die Nachricht des Delfins mehr als beunruhigend gewesen war, spürte Ansa eine unbändige Freude in sich aufsteigen.

Sie würde endlich nach Hause kommen.

16

Marc schreckte im Schlaf zusammen, als sein Bruder seinen Namen von unten durch das Haus rief. Gleich darauf stürmte Leo in sein Zimmer und ließ sich auf den Sessel vor dem Fenster fallen.

»Du liegst hier und pennst? Ich glaube es nicht! Was ist nur los mit dir? Da draußen laufen perfekte Wellen in die Bucht. Ohne Wind! Mega – Dad und ich haben richtig abgegriffen!«

Marc hob verschlafen den Kopf und brauchte einen Augenblick, um ganz wach zu werden.

»Ist irgendwas los mit dir? Ich will ja nicht wie Dad klingen, aber ich mache mir echt Sorgen …« Leo sah seinen Bruder mit gerunzelter Stirn an. »Komm schon, du kannst mir doch alles sagen. Ist es wegen Leilani? Läuft es nicht, oder bist du so verrückt vor Liebe, dass du weder schlafen noch surfen kannst?«

»Oh nein!« Marc schlug die Hände vor die Augen und stöhnte laut auf.

»Was ist denn jetzt los?«

»Ach, das gibt es doch gar nicht!« Marc sah auf sein Handy: 10 Uhr 45. »Ich bin seit einer Viertelstunde mit ihr verabredet! So ein Mist!«

Er scrollte durch die Nachrichten und sah, dass sie ihm seit gestern etwa 30 WhatsApps geschickt hatte, von denen er nicht eine gelesen, geschweige denn beantwortet hatte. Er hatte so ein schlechtes Gewissen, dass seine Ohren ganz heiß wurden. Die arme Leilani! Sie dachte bestimmt, er sei ein Riesenarsch…

»Du musst mir da raushelfen, Bruder! Ich könnte doch sagen, dass du mein Handy seit gestern verlegt hast und dann eine Autopanne hattest, bei der ich dir helfen musste …«

Leos Augen glitzerten vor Belustigung. »Klar! Oder du sagst: Da kam eine widerliche Hexe vorbei und hat dein Handy weggezaubert! Und dann hat sie dir noch einen Schlaftrunk verabreicht, sodass du leider verschlafen hast ... ungefähr genauso plausibel, du Pfeife.«

»Na ja, so ganz abwegig ist die Erklärung mit der Autopanne ja nicht. Kuck dir doch unsere Schrottmöhre mal genauer an«, entgegnete Marc unwirsch, rappelte sich auf und tippte schnell eine Nachricht ein. Jetzt anzurufen und so eine blöde Ausrede von sich zu geben, wenn sein Bruder neben ihm stand und feixte, kam nicht infrage.

Als das Telefon in seiner Hand klingelte, fürchtete er schon, nun doch noch Ausflüchte suchen zu müssen, aber es war nicht Leilani, sondern Keana, die aufgeregt in sein Ohr brüllte.

»Marc? Bist du das?«

»Ja, was ist los?«, antwortete er überrascht und fragte sich, woher sie wohl seine Nummer hatte.

»So eine Scheiße! Anscheinend haben diese Verbrecher schon wieder die Airguns abgefeuert und jetzt ist es passiert! Dad war heute mit Touris auf der ›Namasté‹ draußen. Wir haben die Walgesänge über das Hydrophon gehört, und dann trieb sie plötzlich regungslos vor uns.

Statt springender Wale konnten die Leute heute eine tote Walkuh mit ihrem Baby fotografieren!«

»Hey, hey – beruhige dich erst mal! Wo wart ihr und was ist passiert?« Marc versuchte, seine Stimme ruhig und gelassen klingen zu lassen, während er seine eigene Sorge für sich behielt. Merla! War sie in Sicherheit?

Keana klang, als ob ihre Stimme gleich umkippen würde, und mit kaum unterdrücktem Schluchzen sprach sie weiter.

»Oh, Gott – es war so schrecklich! Das Baby hat ständig seine Mutter angestupst und so traurig gerufen ...« Jetzt weinte sie haltlos.

»Sag Leo, er soll mich zurückrufen!«, brachte sie noch hervor, und dann tutete es in der Leitung.

»Na, da war jemand aber verzweifelt«, sagte Leo und sah seinen Bruder halb vorwurfsvoll an.

»Das war gar nicht Leilani, sondern Keana! Nun scheint es doch erste Opfer gegeben zu haben. Sie hat was von einer toten Walkuh auf der anderen Seite bei Kihei erzählt. Du sollst sie zurückrufen. Aber warte noch ein bisschen, sie war total durch den Wind«, sagte Marc und starrte sorgenvoll auf sein Telefon.

Leo ging in sein Zimmer und rief von nebenan: »Ich habe ihre Nummer gar nicht – schick sie mir bitte mal!«

Marc leitete den Kontakt an Leo weiter und las dann Leilanis letzte Nachricht: »Auto kaputt ist ja blöd. Aber nicht abzusagen noch blöder. Außerdem hast du ein schnelles Fahrrad. Hätte ich nicht von dir gedacht. ☹« Er beschloss, sie doch besser anzurufen, als sie weiter mit WhatsApps abzuspeisen.

Die distanzierte Kühle in ihrer Stimme passte gar nicht zu ihr, und Marc hörte daraus, dass sie wirklich verletzt war. Er entschuldigte sich wortreich, erzählte außerdem noch von der toten Walmutter, was sie etwas ablenkte, und schaffte es so, sich mit ihr fürs Kino am späten Nachmittag zu verabreden. Aber begeistert klang sie nicht.

Toll, schon ein Knacks in der Beziehung, noch bevor sie richtig angefangen hat, dachte Marc und spürte sein Gewissen gehässig grinsen. Er hasste es, andere zu enttäuschen. Vor allem, wenn sie so süß und lieb wie Leilani waren!

Aber die Zahl seiner Baustellen war innerhalb der letzten 48 Stunden schier explodiert. Klar, dass in Anbetracht einer tödlichen Algenkatastrophe und eines möglicherweise wieder verletzten Meermädchens Leilani an die letzte Stelle gerutscht war.

So schnell können sich die Prioritäten ändern, dachte er, während er in die Küche ging, um sich etwas zu essen zu machen.

Marc war nicht der Typ, der schnell überfordert war. Aber die Worte und vor allem die Dringlichkeit, mit der Merla sie gesagt hatte, kamen ihm wieder deutlich ins Bewusstsein und ließen ihn alles andere vergessen. Wenn ihnen nicht bald etwas Schlaues einfiel, dann ... er wagte es gar nicht, den Gedanken zu Ende zu denken.

13 Tage noch.

Er sah auf den Kalender und prüfte das Datum.

Der 22. Dezember wäre der Tag der Katastrophe. Ein Samstag. Zwei Tage vor Heiligabend! Die Insel wäre ausgebucht mit Touristen, die Strände voll.

Die Horrorbilder in seinem Kopf wurden immer unerträglicher, und leichte Panik drückte ihm den Hals zusammen. Der Hunger, den er eben noch verspürt hatte, war weg.

Vielleicht könnte er seinen Vater noch spontan dazu überreden, Mom über Weihnachten in San Francisco zu besuchen. Aber würde er überhaupt mitkommen wollen?

Aber was war mit Leilani und ihrer Familie? Mit Skipper? Seinen Freunden, Leos Freunden, deren Familien und Freunden? All diese unschuldigen, unwissenden Menschen, die völlig ahnungslos den Tag am Strand, auf der Veranda, auf dem Boot oder sonst wo verbringen würden.

Nur drinnen wären sie vielleicht sicher.

Obwohl ...

Mein Gott – die Klimaanlagen!, durchfuhr es ihn, und ihm wurde übel.

Auch in den Gebäuden wären die Menschen in Gefahr, denn fast jedes Haus hatte eine Klimaanlage, die bei den meisten – in dieser Beziehung sehr gedankenlosen – Amerikanern fast den ganzen Tag lief. Genau wie auf den Kreuzfahrtschiffen, in den Geschäften und Krankenhäusern!

Rund 140 000 Einwohner hatte Maui und dazu noch etwa 10 000 Touristen in der Hochsaison.

Marc sprang von seinem Stuhl, lief ins Bad und schaffte es gerade noch rechtzeitig, den Tee, den er am Morgen getrunken hatte, in die Kloschüssel zu erbrechen.

Zitternd saß er am Boden, doch das würgende Gefühl in seinem Hals ließ nicht nach.

Er war erleichtert, als sein Bruder mit besorgter Miene ins Bad kam und ihm ein Glas Wasser reichte. Marc trank dankbar und fasste einen Entschluss, der spontan und nicht mehr rückgängig zu machen war.

»Ich muss dir etwas erzählen, auch wenn du mich dann wahrscheinlich für verrückt hältst …«, sagte er.

»Mach ich sowieso schon, so, wie du dich momentan verhältst.«

Marc holte tief Luft, atmete geräuschvoll aus und begann.

»Okay, pass auf …« Er erzählte seinem Bruder alles: wie ihm das Mädchen mit den grünen Augen das Leben gerettet hatte, von ihrem Wiedersehen und von der Offenbarung ihres Meerwesen-Daseins. Und auch von ihrem tagelangen Nichterscheinen sowie von ihrer letzten Begegnung und ihrem Bericht über die schlimmen Folgen der Airgun-Einsätze und den Plan Akanas und der Meermenschen, die Bewohner der Inseln anzugreifen.

Leos Gesichtsausdruck wechselte zwischen Unglauben und Sorge, wobei nicht klar war, ob er sich um Marcs Geisteszustand oder wegen der Geschichte sorgte.

Als Marc geendet hatte, war in Leos Augen ausnahmsweise mal keine Heiterkeit zu erkennen. Er kniff die Lider zusammen und presste nur ein knappes »Krass« hervor.

Das gemeinsame Schweigen zwischen ihnen war für Marc tröstlich. Allein hätte er es nicht ertragen können, und er fühlte, dass es richtig gewesen war, seinen Bruder einzuweihen.

»Und falls du noch an dem zweifelst, was ich dir gerade erzählt habe: Das Partyschiff mit den Leichen an Bord letzte Woche – das geht schon mal auf das Konto der Unterwasser-Chefin. Es war ein Test. Ein ziemlich erfolgreicher sogar. Wenn man Hunderte von toten Menschen als Erfolg bezeichnen will.« Marc spürte, wie sein Magen erneut rebellierte bei dem Gedanken an all die Toten, die es schon gegeben hatte, und diejenigen, die wahrscheinlich noch sterben würden.

Leo räusperte sich und erhob sich vom Rand der Badewanne, auf dem er gesessen hatte. »Soweit ich das verstanden habe, haben wir nun also zwei Großbaustellen. Einerseits die zornigen Meermonster, die uns alle töten wollen, und andererseits das brutale

Ballerteam auf der ›Sonne‹, das deine neue Freundin und auch die Wale und Delfine hier fertigmacht. Wow! Eine traumhafte Kombination von Herausforderungen«, versuchte er nun doch wieder zu scherzen, nachdem er aus der Schockstarre erwacht war.

»Sie ist nicht meine Freundin«, warf Marc murmelnd ein.

»Schon klar. Aber als du eben von ihren Augen und ihrem Lächeln geschwärmt hast, da hattest du einen Ausdruck im Gesicht, den du nicht hast, wenn du von Leilani sprichst.«

»Hör schon auf – was ich für wen empfinde, spielt ja gerade überhaupt keine Rolle! Alter – wir sind alle tot, wenn uns nicht bald was einfällt! Oder meinst du, ich kotze ins Klo, weil ich gerade nicht weiß, in wen ich verliebt bin …?«

Marc hatte sich aufgerappelt, spritzte sich Wasser ins Gesicht und erstarrte, als er in den Spiegel blickte.

Sein Vater stand im Türrahmen und sah aus, als hätte er jedes Wort mitbekommen.

»Dad! Was …?« Marc war gleichzeitig erschrocken und erleichtert.

»Schon gut. Beruhige dich! Sorry, ich wollte mich bemerkbar machen, aber da warst du schon mitten in deinem Bericht. Und weghören konnte ich dann natürlich nicht mehr.«

»Verdammt, Dad! Es ist schon schlimm genug, dass ich es Leo erzählt habe. Aber dass du jetzt auch Bescheid weißt … Ich meine, sie hat mir wirklich das Leben gerettet! Ohne sie hättet ihr mir mit den anderen Surfern auf dem Wasser die letzte Ehre erwiesen und Blüten verstreut – wenn ihr meinen Körper überhaupt gefunden hättet …

Ich bin ihr zu größtem Dank verpflichtet, und ich habe das Gefühl, sie beschützen zu müssen! Sie und diese Welt dort unten. Niemand weiß davon! Sie leben dort, seit es Menschen gibt, und anscheinend sind sie glücklich«, er suchte nach den richtigen Worten, »bis auf die Tatsache, dass wir ihnen den Lebensraum versauen und sie mit Schallkanonen bedrohen.«

Sein Vater ging auf ihn zu, nahm sein Gesicht in die Hände und schaute ihm fest in die Augen. »Und du meinst, dein alter

Daddy hätte nichts Besseres zu tun, als sofort ›Hurra, es gibt sie doch!‹ in die Welt hinauszuschreien und mit einer Truppe in Tauchbooten auf Meerwesenweltentdeckung zu gehen?« Er schüttelte den Kopf. »Da kennst du mich aber schlecht – selbst wenn ich vor Neugier sterbe –, ich bin doch nicht wahnsinnig und mache dem geheimsten Urvolk der Welt den Garaus, indem ich es ins Licht der Öffentlichkeit zerre!«

Er zog seinen ältesten Sohn in die Arme und Marc merkte, wie gut das tat. Er ließ sich von seinem Vater halten und spürte, wie die Energie in ihn zurückkehrte.

»So, und jetzt kommst du mit in die Küche und isst etwas. Und dann überlegen wir, was wir tun können.«

Gedankenverlorenes Schweigen herrschte in der Küche, während Klaus Beck Spiegeleier briet, Leo über sein Laptop gebeugt saß und Marc nachdenklich seine Handflächen knetete.

Erst als sie alle zu Ende gegessen hatten, fanden sie langsam wieder die Kraft, um Worte zu formulieren, die ihnen Mut machten.

Ihr Vater rieb sich das Kinn, räusperte sich und begann als Erster: »Gut. Wir haben – bei allem Grund zur Sorge – einige Vorteile. Erstens: Noch haben wir einen kleinen Zeitvorsprung. Zweitens: Sie wissen nicht, dass wir Bescheid wissen. Drittens: Ich bin als Meeresbiologe besser für eine solche Aufgabe gewappnet als ihr beide und die meisten anderen auf der Insel.«

»Und wir haben Merla. Sie kann uns Informationen beschaffen, ist auf unserer Seite und kann vielleicht sogar einen positiven Einfluss auf die Meermenschen ausüben«, setzte Marc hinzu.

»Die Frage lautet doch auch: Warum wollen sie uns jetzt angreifen? Was ist der Auslöser? Und können wir vielleicht etwas ändern und so einen Stimmungswandel erzeugen?«, fragte Leo an Marc gewandt.

»Ganz sicher hat es auch mit dem Einsatz der Schallkanonen zu tun! Sie hat mich gefragt, ob wir alle die Schätze des Bodens heben wollen, und sah sehr überrascht aus, als ich das verneinte. Ich meine, diese Kanonen bringen sie in ernsthafte Gefahr! Merla war für ein paar Tage taub und ihr Ortungssinn schwer gestört. Wahrscheinlich können sie die Höhlen jetzt gar nicht mehr ungefährdet verlassen ...« Er dachte kurz nach.

»Woher wissen sie denn überhaupt, was Schallkanonen sind? Wer informiert sie über das, was hier oben passiert? Die Wale können ihnen ja schlecht erklären, was eine Airgun ist, oder?«

»Das ist eine gute Frage, Marc. Auch wenn *wir* nichts von ihrer Existenz wussten – vielleicht stehen sie ja in Kontakt mit jemandem von uns hier oben. Und diese Person könnte auch ein Interesse daran haben, dass nicht Zigtausend Menschen hier durch hochtoxische Gase elendig verrecken.«

Klaus Beck massierte sich mit einer Hand den Nacken und sah seinen ältesten Sohn fragend an. »Wieso spricht sie überhaupt unsere Sprache? Und beschreib mal, wie sieht sie denn genau aus? Hat sie einen Fischschwanz?«

»Ah, jetzt kommt also doch der Wissenschaftler in dir zum Vorschein, Dad – ich hatte mich schon gewundert«, kommentierte Leo trocken.

Marc beschrieb seinem Vater und seinem Bruder jedes Detail, an das er sich erinnerte. Ihre langen, fast silberblonden, gewellten Haare. Die großen katzenartigen Augen mit den übergroßen Pupillen, die das Grün an den Rand drängten. Ihre schimmernden Beine, die eigentlich wie Menschenbeine aussahen – bis auf die Flossen natürlich. Und das markante Gesicht mit den hohen Wangenknochen, der breiten Stirn und dem energischen Kinn.

Nur das Leuchten erwähnte er nicht. Das war etwas, was irgendwie nur ihn anging.

Sein Vater hing an seinen Lippen, und als Marc geendet hatte, konnte er nur ein kurzes »Unglaublich!« von sich geben.

Und Marc fügte hinzu: »Das mit der Sprache verstehe ich auch nicht, dazu werde ich sie das nächste Mal befragen. Und woher sie über unsere Welt Bescheid wissen und wie sie schlafen, was sie essen ... überhaupt – wahrscheinlich könnte ich ihr stundenlang Löcher in den Bauch fragen und wüsste dann immer noch nicht alles.«

»Ja, das solltest du unbedingt alles fragen, Bruder, aber vielleicht nicht gerade, wenn wir jede Sekunde brauchen, um uns und
unsere Insel vor dem Giftgastod zu retten«, gab Leo zu bedenken.

Marc warf seinem Bruder ein Stück Orangenschale an den
Kopf und schenkte sich noch Saft nach.

»Okay, okay, die große Fragestunde verschiebe ich dann aufs
nächste Jahr – sofern wir das noch erleben …«

Ihr Vater schlug mit der Hand auf den Tisch und erhob die
Stimme, sodass Marc und Leo erschrocken aufblickten.

»Hey! Kein Grund, jetzt schon in Apocalypse-Now-Stimmung
zu verfallen. Es liegt jetzt an uns, die Katastrophe zu verhindern!
Ich sehe es so: Leo kümmert sich mit allen, die wir schon kon-
taktiert haben, darum, dieses Forschungsschiff aus den kritischen
Gewässern zu bringen. Ich versuche herauszufinden, wie man
diese Alge aufhalten kann, und du«, er wandte sich an Marc, »ver-
suchst von deiner neuen Freundin alle Informationen zu bekommen, die hilfreich für uns sein könnten.«

Marc sparte sich das Protestieren gegen seinen angeblichen
Beziehungsstatus, und die Brüder stimmten dem Vorschlag ihres
Vaters zu.

Da es schon Nachmittag war, setzte sich Marc noch kurz an
seine Hausaufgaben und lernte mehr schlecht als recht ein wenig
spanische Grammatik. Er musste sich ständig ermahnen, gedank-
lich nicht immer wieder zu Katastrophenszenarien zurückzukeh-
ren.

Außerdem nagte die Sorge an ihm, ob Merla die letzte Airgun-
Attacke unbeschadet überstanden hatte. Es war aber auch verrückt: Mit der ganzen Welt konnte er per Internet in Echtzeit
kommunizieren, nur mit *ihr* war er plötzlich auf den Kommuni-
kationsstatus des Mittelalters zurückgefallen.

Und gerade mit ihr würde er so gern über vieles sprechen. Er
wollte alles über ihr Leben im Wasser wissen. Ob sie sich wohl
auch Gedanken um ihn machte und sich fragte, wie er lebte? Oder
war ihre Welt dort unten so erfüllend, dass sie sich gar nicht für
das »Oben« interessierte?

Sei nicht blöd, Marc, sie macht sich um dich genauso viel Gedanken wie um alle anderen!, schalt er sich. Nur weil sie dich gerettet hat, heißt das nicht, dass sie dich zu ihrem Prinzen auserkoren hat. Das ist ja kein Remake von »Arielle«. Das hier ist beschissen echt. Und ernst! Und außerdem hast du so etwas wie eine Freundin. Eine, die du anrufen und zum Kino treffen kannst. Wenn du sie ausnahmsweise mal nicht wieder versetzt.

Er nahm sich noch ein paar Seiten Physik vor, aber seine Konzentrationsfähigkeit ging gegen null.

Genervt sah er immer wieder auf die Uhr, um dann schließlich – ohne viel geschafft zu haben – zu seinem Date mit Leilani zu fahren. Er freute sich, nach all dem Grübeln ein bisschen Ablenkung zu haben.

»Ablenkung«, das klingt jetzt nicht gerade nach großen Gefühlen, dachte er, als er in seinem Wagen, der untergehenden Sonne entgegen, Richtung Kahului fuhr.

17

Der Pazifik glitzerte im Sonnenlicht, als ob Millionen von Diamanten auf seiner Oberfläche trieben. Ein paar versprengte weiße Wolken schmückten den klaren Himmel, und in der schier unendlichen Tiefe darunter zogen die Wesen des Wassers ungesehen ihre Bahnen. Ein ausgewachsener Tigerhai jagte einen Schwarm großer Thunfische, zwei Buckelwale kamen prustend an die Oberfläche, um dann laut tönend im Liebestanz wieder ins Blaue abzutauchen, und einige Meermenschen trieben leuchtend in der wilden Meerestiefe zwischen den Inseln, um die Energie der Sonne in sich aufzunehmen. Ein Nachmittag im natürlichen Gleichklang des Lebens, wie er so auch vor Millionen von Jahren schon gewesen sein mochte.

Das plötzliche Beben des Wassers zerstörte jäh die perfekte Balance.

Die Stöße gingen Merla durch Mark, Bein und Flossen. Sie spürte es überall. Aber diesmal tat es nicht weh, es war mehr, als ob eine Welle durch ihren Körper gehen und jede ihrer Zellen erschüttern würde.

Erschrocken kauerte sie sich an die Wand ihrer Wohngrotte und wartete. Eine erneute Detonation folgte, als der Eingang zu ihrer Höhle plötzlich geöffnet wurde und Maris, Mommie und Sira eilig hinein schwammen.

»Bei der gütigen Sonne – seid ihr verletzt?« Merla sah ihre Mommie mit angestrengter Miene zu ihrer Schlafmuschel durchs Wasser taumeln, während Maris sie am Arm hielt und versuchte, sie zu stützen.

»Nein!«, stieß sie hervor und legte sich hin. »Alles okay.«

»Maris, was ist mit euch?«, wollte Merla wissen und sah besorgt in die trüben Augen ihres Bruders.

»Wir sind so weit in Ordnung. Es ist zwar heftig gewesen, und ich fühle mich wie durch einen rasenden Strudel gezogen, aber ich kann hören und orten. Mir ist ein bisschen schwindelig. Aber es geht. Nichts im Vergleich zum letzten Mal. Diese verfluchten Teres. Ich wünschte, Akana würde die Algen schon jetzt zum Blühen bringen!«

Merla war es egal, ob der Zeitpunkt für eine solche Diskussion ungeeignet war. Energisch glitt sie zu Maris hinüber und funkelte ihn zornig an. »Ich weiß nicht, was mit dir los ist, Maris – ich erkenne dich überhaupt nicht wieder! Wie kannst du wollen, dass unschuldige Wesen den Tod finden? Die Teres auf der Insel haben überhaupt nichts mit den Schallkanonen zu tun – im Gegenteil: Sie verurteilen die Leute auf dem Schiff und wollen sie aus den Gewässern vertreiben!«

»Aha«, antwortete er mit einer ihr bisher unbekannten, abfälligen Stimme, »und woher willst du das so genau wissen? Weil du mal einem das Leben gerettet hast? Der vielleicht ganz nett war und ausnahmsweise weder mit Treibnetzen jagt noch das Meer in dem Moment verdreckt hat, als du ihm begegnet bist? Du kennst sie doch gar nicht!«

»Du noch viel weniger! Und trotzdem willst du Mitschuld daran tragen, wenn sie zu Tausenden sterben. Kinder! Familien! Solche, die vielleicht noch nie von Airguns gehört haben und das Meer so ehren wie wir!«

Mühsam erhob sich Selva von ihrem Ruhelager und erhob überraschend deutlich die Stimme, sodass die beiden Streitenden sofort verstummten. »Egal, ob die Teres es verdient haben oder nicht. Seht ihr, was Akana tut? Sie füttert nicht nur die Algen – sie nährt auch die dunklen Seiten in uns. Und das ist es, was mir Angst macht. Das dürfen wir nicht zulassen. Ich habe mit eurer Mutter Kontakt aufgenommen. Sie muss wissen, was hier geschieht.«

Plötzlich redeten alle durcheinander. Es war so lange her, dass sie ihre Mutter gesehen oder mit ihr gesprochen hatten, und die Freude darüber, dass Mommie mit ihr in Kontakt war und es ihr augenscheinlich gut ging, verband sie alle. »Wann siehst du sie?«, »Können wir mitkommen?«, »Wo wirst du sie treffen?«, wollten sie wissen. Doch ihre Großmutter beendete die Aufregung schnell.

»Seid still! Noch mehr Fragen und ich sage überhaupt nichts mehr!«, schalt sie ihre Enkelkinder ungewöhnlich streng.

Sie alle wussten, dass ihre Mommie sich damit über die herrschenden Regeln hinwegsetzte. Normalerweise war es niemandem außer den Ratsvorsitzenden gestattet, die Wandler zu kontaktieren. Der Kreis der Eingeweihten musste aus Sicherheitsgründen so klein wie möglich bleiben. Nur der Oberste im Rat bekam Informationen aus der Welt der Teres und gab diese dann an die Familienältesten weiter.

Dieses Wissen war umfassend und aktuell. Und weil es immer weitergegeben wurde, war die gesamte Entwicklung der Teres-Welt in den Erinnerungen der Meermenschen gespeichert.

In den letzten Jahren hatte sich die Masse an Informationen allerdings ins kaum mehr Fassbare gesteigert. Wo früher die Teres nur mit Speeren fischten, mit kleinen Holzbooten aufs Meer fuhren und selten überhaupt schwimmen gingen, war mittlerweile eine Welt entstanden, die so voll, laut und komplex war, dass Selva manchmal an die Grenzen ihres Verständnisses dafür kam. Doch sie bewertete nicht, was sie hörte. Sie wunderte sich über vieles, was ihre Tochter ihr verbotenerweise mitteilte, doch sie blieb ein ferner Beobachter. Wie alle Meermenschen. Ihre eigene Welt war so erfüllt und friedlich, dass sie nicht das Bedürfnis hatten, mehr zu entdecken, als nötig war.

Doch das Wissen war kostbar: Wenn die Kinder alt genug waren, wurde auch ihnen die geheimnisvolle Welt der Teres nähergebracht. Woher kam der Lärm der großen Schiffe, wie konnten die Teres den Himmel queren, wovon ernährten sie sich und wie war ihre Gesellschaft organisiert?

Bisher hatte nur Sira, als älteste der Geschwister, das Wissen erhalten, und in zwei Mondfüllen wäre Merla an der Reihe.

Aufgeregt zappelte Merla mit den Flossen, sodass die bunten Anemonen und Korallen zu ihren Füßen grell aufleuchteten und eine Woge von Farbe über den Boden lief. Mama – wie habe ich dich vermisst, dachte sie, und für einen kurzen Augenblick verschwanden Marc und das drohende Unheil aus ihren Gedanken.

»Damit ihr mich jetzt nicht ohne Unterlass löchert, sage ich es euch: Ich sehe sie in drei Sonnen. Und ihr könnt auf keinen Fall mitkommen! Die Zeiten sind zu unruhig. Ich habe das Gefühl, jeder einzelne kleine Fisch, jede Krabbe ist in Aufruhr. Wir dürfen nichts riskieren!«

Obwohl sie es erwartet hatte, war Merla enttäuscht. Sie merkte, wie erschöpft und schwach sie körperlich war, und auch ihre Gefühle waren düsterer als sonst.

Ich brauche dringend Energie, dachte sie und kaute lustlos auf ihrem Algensalat. Wann können wir wohl wieder gefahrlos sonnenbaden? Wir alle haben es so nötig.

Als sie mit Essen fertig waren, schallte plötzlich der tiefe Ton, der zur Ratsversammlung rief, durch ihr mattes Schweigen.

Weil ihre Großmutter noch zu geschwächt war, schwammen die drei Geschwister ohne sie zur großen Halle. Niemals zuvor hatte Merla die Stimmung in ihrer Kolonie als so düster und angespannt empfunden. Die Mienen der anderen aus ihrem Volk waren verschlossen und ernst. Die ständige Angst vor den schmerzhaften Attacken durch die Schallkanonen hatte den Bewohnern ihre Unbekümmertheit und die Freude am gemeinsamen Schwimmen, Arbeiten und Sonnenbaden genommen.

Still schwebten die vielen nur schwach glänzenden Körper in der Halle. In weißes Licht getaucht und von Düsternis erfüllt, wirkten sie wie unheimliche Schatten ihrer selbst.

Doch heute hatte Akana gute Nachrichten zu überbringen:

Mithilfe der für Schall unempfindlicheren Kraken hatte sie ein Warnsystem geschaffen, sodass das Volk von nun an wusste, wann Gefahr nahte, und sich rechtzeitig in Sicherheit bringen konnte.

Die plötzliche Erleichterung in den Gesichtern war unübersehbar und ansteckend. Viele umarmten sich, und das Wasser war nicht mehr so bedrückend still wie zuvor.

Die Sorge um das Wohl der Teres scheint nicht weit verbreitet zu sein, dachte Merla, als sie den Gesprächen in der Ratshalle lauschte. Fast alle priesen die oberste Ratsfrau für ihre Umsicht und Klugheit im Angesicht des Feindes mit seinen Kanonen.

Merla beobachtete Akana, die weiß und würdig neben ihren Thron geglitten war und eine Hand auf den breiten Leib des Kraken gelegt hatte.

Sie wirkt wie eine, die vereint. Aber seht ihr nicht, wie mühelos sie euch beeinflusst?, wollte sie am liebsten schreien, doch natürlich hielt sie den Mund.

Frustriert wandte sie sich ab und bahnte sich mit kleinen, matten Schlägen ihrer Flossen den Weg nach draußen. Sie hatte keinen blassen Schimmer, wie sie auch nur ein einziges Meerwesen davon überzeugen sollte, dass es falsch war, die vielen Teres grausam zu töten.

Maris hatte zu seiner guten Laune zurückgefunden, jagte einen kleinen Gelbflossen-Thunfisch durch den Algenwald und versuchte Merla mit albernen Grimassen und seltsamen Schwimmbewegungen aufzuheitern.

»Komm schon, Schwesterherz, mach nicht so ein mürrisches Gesicht! Dafür ist doch Sira in unserer Familie zuständig.«

Aber Merla war nicht nach Scherzen zumute, und die Fremdheit, die sie ihm gegenüber verspürte, wollte nicht weichen.

Als ihre Mommie ihnen entgegengeschwommen kam und sie zum Sonnenbad aufforderte, war sie froh. Das würde sicherlich guttun, und vielleicht fiel ihr dann ja ein, wie sie den Teres helfen könnte.

Ihnen allen und besonders dem einen, der ihr *ewiges Licht* entzündet hatte.

18

Maui, Hawaii. Noch 10 Tage.

Die kleine Maschine der Aloha Airlines flog in einem großen Bogen um die Insel, die von Weitem wie ein grüner Fleck Moos in einem Beet von dunkelstem Blau geleuchtet hatte.

Ansa hielt ihr Gesicht nah an die kleine Fensterscheibe und war auch diesmal wieder erstaunt, dass sie die Welt von oben betrachten konnte. Auch wenn sie theoretisch wusste, wie Flugzeuge funktionierten – in der Luft zu schweben war und blieb ein Wunder. Für ein Wesen des Wassers, was sie ja im Grunde genommen immer noch war, noch mal mehr als für den Landmenschen, der tief schlafend neben ihr auf dem Sitz saß.

»Jay! Liebling, wir sind gleich da. Wach schon mal langsam auf...«, sagte sie leise in sein Ohr und strich ihm sanft über den Arm.

Sie spürte das Kribbeln in ihren Fingerspitzen, als sie seine Haut berührte, und zum Glück war es heller Tag, sonst hätte sich die unfreundliche Stewardess sicher über das seltsame Leuchten zwischen den beiden gewundert. Wenn sie es überhaupt bemerkt hätte.

Sie hatte ja schließlich auch Ansas mehrmalige Bitte um Wasser konsequent ignoriert. Sie schien nicht gerade die aufmerksamste Person auf diesem Planeten zu sein, und Ansa beschloss, ihr beim Verlassen des Flugzeugs noch mal besonders für den netten Service zu danken. Vielleicht würde sie das als Ansporn oder eben doch als leise Kritik verstehen.

Die Teres sind schon ein seltsames Volk, dachte sie sich wie schon oft zuvor, sie taten so, als würden sie einander zuhören und beachten, aber oft blieben sie doch innerlich verschlossen. Sie tragen Masken. Vielleicht haben sie Angst davor, sich zu zeigen, wie sie sind? Oder es ist einfach nicht viel dahinter – ein Schluss, zu dem sie auch schon oft gekommen war.

»Aloha! Und ganz herzlich willkommen auf Maui. Wir sind soeben auf dem Flughafen von Kahului gelandet. Bitte bleiben Sie so lange sitzen …«, die Durchsage riss sie jäh aus ihren Überlegungen über die Besonderheiten der Landmenschen, und auch der Mann an ihrer Seite war davon endlich wach geworden.

»Sind wir schon da?«, nuschelte er verschlafen und fuhr sich mit der Hand durch das blonde Haar, das an den Ansätzen schon erste Züge von Grau zeigte. Sein Gesicht war von dem Flugzeugschlaf zerknittert, aber trotzdem war Jay in Ansas Augen der schönste Mensch der Welt. Abgesehen von seiner sportlichen Figur und dem charmanten Lächeln war er freundlicher, ehrlicher und verlässlicher als jedes andere Wesen, dem sie jemals begegnet war. Und auch jetzt war sie von einer Zufriedenheit durchströmt, ihn an ihrer Seite zu haben, dass sie die Konsequenzen, die diese Verbindung mit sich brachte, fast freudig ertragen konnte.

Wie groß war der Schock gewesen, als sie ihm, dem Taucher mit der Kamera, vor den Inseln das erste Mal begegnet war! Aufnahmen von Walen hatte er dort gemacht und war ganz dicht mit ihnen geschwommen, sodass ihr Sonar ihn nicht geortet hatte. Direkt vor sein Objektiv war sie geschwommen, und sie dankte allen Mächten des Meeres und des Himmels dafür, dass das *ewige Licht* sie getroffen hatte. Sonst hätte sie ihn wahrscheinlich mit in die Tiefe nehmen müssen. Denn dass Bilder von Meerwesen an die Oberfläche gelangten, war das Schlimmste, was überhaupt passieren konnte. Davon hatte sie als Ratsmitglied natürlich gewusst, so, wie auch die anderen der Kolonie.

Es war ein Augenblick zwischen Leben und Tod gewesen, und das Leben mit seinem Licht hatte den Sieg davongetragen. Sie waren gemeinsam getaucht, hatten stunden- und tagelang im

Schutz der Felsen miteinander geredet, und schließlich hatte die Verbindung ihrer Körper die Verwandlung aktiviert.

Und nun setze ich tatsächlich meinen kleinen Zehenfuß wieder auf den Boden, den ich vor nun bald fünf Jahren verlassen habe, dachte Ansa, als sie die Gangway hinabstieg, und sie fühlte sich bereits zu Hause, obwohl sie noch nicht einmal im Wasser war.

Sie checkten im Paia Inn, einem kleinen, sehr charmanten Hotel an der belebten Hauptstraße, ein, und Ansa ließ sich auf das luftige Himmelbett fallen, sah versonnen auf den Pazifik, der sich vor ihrem Fenster ausbreitete, und spürte wieder diese Mischung aus Vorfreude und Unruhe, die sie nun schon seit einigen Tagen begleitete.

»Hast du das gesehen?« Jay gab ihr die aktuelle Ausgabe der Maui News, die auf dem kleinen Tisch gelegen hatte, und der Schreck über das Titelbild war deutlich auf seinem Gesicht zu lesen.

Ansa überflog die Headline und blätterte schnell weiter, um den ganzen Artikel auf der zweiten Seite zu lesen.

Ihr Bauch krampfte sich schmerzvoll zusammen, als sie das Foto der toten Walkuh betrachtete.

Man hatte den riesigen Meeressäuger geborgen, und Meeresbiologen der hiesigen Behörde waren dabei, eine Obduktion vorzunehmen, um die Todesursache festzustellen.

Doch die Reporterin der Zeitung machte keinen Hehl daraus, dass sie vermutete, der Einsatz von Schallkanonen auf dem deutschen Forschungsschiff »Sonne« sei für den Tod des einst so prachtvollen Tieres verantwortlich.

Das war durchaus möglich. Die Airguns wirkten sich vor allem auf das Ortungs- und Hörorgan des Wales aus und ließen ihn im schlimmsten Fall orientierungslos stranden und dann ersticken. Seltsam war allerdings, dass diese Walkuh auf dem offenen Meer tot aufgefunden worden war. Nichtsdestotrotz war es gut, dass die Stimmung gegen den Einsatzort des Forschungsschiffes tüchtig angeheizt wurde, und die Verfasserin des Artikels rief auch gleich zu einer Unterschriftenaktion auf einer Facebook-Seite mit dem kämpferischen Titel »Get the shit out of our ocean!« auf. Dieses

Schiff musste unbedingt die kritische Zone verlassen, und wenn die Menschen sich jetzt hier zusammentaten, war es sicherlich möglich, Druck auszuüben.

Ansa spürte ihre Unruhe wachsen. Sie sah auf die Uhr.

Es war bald Zeit für ein Abendbrot, dachte sie – möglichst früh ins Bett und morgen zum Sonnenaufgang raus. Dann weiß ich endlich, was los ist.

Sie versuchte, den lauen Abend auf der hölzernen Veranda vor ihrem Hotelzimmer zu genießen, doch es gelang ihr erst, nachdem Jay sie beruhigt hatte.

»Du hast sie rechtzeitig gewarnt und alles getan, was du konntest, selbst wenn deine Kinder verletzt wurden – deine Mutter und auch Akana würde ein solches Risiko sicher nicht noch mal eingehen. Komm in meine Arme! Ich kann es nicht ertragen, dich so besorgt zu sehen.«

Das Leuchten ihrer Verbindung hatte den dunklen Raum erhellt, obwohl keine Lampe angeschaltet war, und schließlich war Ansa friedlich eingeschlafen.

Donnerstag, noch 9 Tage

Als der Wecker um sechs Uhr klingelte, war Ansa trotz der Zeitverschiebung hellwach. Jay schlief noch fest, sie gab ihm einen leichten Kuss auf die Stirn und verließ Paia Richtung Osten auf dem Hana Highway.

Ein kleiner Feldweg, der zu einer Biogemüsefarm führte, brachte sie von der Hauptstraße zum Wasser.

So grün!, dachte sie bei sich. Ich kenne keinen Flecken der Welt, der so sehr in allen Grüntönen glänzt. Dazu Bananenstauden, die Blüten der Strelitzie, die wie Paradiesvögel aussahen, wilde Orchideen und die stachelige, rote Rambutanfrucht – die Üppigkeit der Botanik war wahrhaft paradiesisch.

Sie erkannte den Felsen, an dem sie sich mit ihrer Mutter treffen wollte, schon von Weitem. Die Sonne war schnell aufgestiegen, und dunkel zeichnete er sich von dem langsam blauer werdenden Wasser ab.

Ansa hielt ihren Leihwagen am Ende eines Feldweges, neben einem dort parkenden, etwas in die Jahre gekommenen Toyota, stieg aus und betrachtete neugierig den jungen Mann, der ihr mit einem Surfbrett unter dem Arm entgegenkam.

Wo der hier wohl surfen war?, fragte sie sich verwundert. An dieser Stelle der Küste ist das Meer dafür eigentlich nicht geeignet, außerdem macht ja die Flussmündung diesen Abschnitt zu einem *der* Hotspots für Haie. Ob er das nicht weiß?

Nachdenklich, aber zufrieden sah er aus, doch erst als er ihren Gruß freundlich erwiderte, erhellte sich sein Gesicht und sie sah, wie gut aussehend er war.

»Du weißt, dass diese Bucht ziemlich haiverseucht ist, oder?«, fragte sie freundlich.

»Das habe ich auch gehört, aber keine Sorge – die tun mir nichts. Ich bin denen zu zäh«, scherzte er locker und wünschte ihr noch einen schönen Tag.

So ein hübsches Lächeln und eine wirklich grundgute Ausstrahlung, dachte sie noch, als er schon an ihr vorbei war.

Sie fand die kleine sandige Badebucht, zog das Kleid über ihren Kopf und ging, nur mit einem leichten Neoprenbadeanzug bekleidet, ins Wasser. Ihre Mutter würde natürlich dafür sorgen, dass sie nicht Gefahr lief, jagenden Haien zu begegnen, und so genoss Ansa, wie das Wasser ihren Körper streichelte, als sie mit schnellen Schwimmzügen zu dem etwa 300 Meter entfernten Lavafelsen schwamm. Sie kletterte über ein paar kleinere Brocken auf die dem Land abgewandte Seite und wartete schließlich mit den Beinen im Wasser auf ihre Mutter.

Es war schon kurz vor acht Uhr, als sich endlich das Wasser vor ihr bewegte und Selva auftauchte.

»Mutter!«, mit einem kleinen Freudenschrei stürzte sich Ansa auf sie, und in einer innigen Umarmung hielten sich Mutter und Tochter halb von Wasser bedeckt eine Weile, bis sie sich endlich ansahen und sprechen konnten.

»Wie schön du aussiehst, mein Kind! Deine Augen glänzen mehr blau als schwarz, und deine komischen Teres-Beine stehen dir ganz hervorragend«, sagte Selva liebevoll und kniff ihre Tochter sanft in den Oberschenkel.

»Du glaubst gar nicht, wie sehr ich mich danach gesehnt habe, dich zu sehen, Mutter! Fünf lange Jahre! Erzähl – wie geht es dir, wie geht es meinen geliebten Kindern?«

Und Selva erzählte. Vieles war passiert, sodass sie zigmal abtauchen musste, um Sauerstoff zu holen und immer wenn sie wieder hochkam, hatte ihre Tochter neue Fragen, wartete auf neue Antworten.

Als ihre Mutter ihr von den schrecklichen Attacken mit den Schallkanonen und davon, was Merla und Maris passiert war, berichtete, war Ansa schockiert. Wie war das möglich?

»Aber ich habe doch Akana darüber informiert, dass das Schiff kommen und Sprengungen vornehmen wird …! Wieso hat sie nicht sofort ein Warnsystem eingesetzt? Warum hat sie euch nichts gesagt?«, fragte sie.

»Mittlerweile glaube ich, sie ist das Risiko absichtlich eingegangen, um gegen die Teres Stimmung machen zu können«, antwortete Selva nachdenklich. »Durch die Attacke wurde Angst in der Kolonie gesät. Jeder fürchtet nun, seine Kinder könnten die nächsten Opfer sein. Angst bringt sogar vernünftige Wesen dazu, dumme Dinge zu tun. Sehr dumme Dinge sogar.« Sie sah ihre Tochter fast schuldbewusst an. »Der Rat hat beschlossen, den Menschen der Inseln den Tod zu bringen! Akana und Velron haben Grünalgen so verändert, dass sie in Massen aufsteigen und dort mit ihren tödlichen Faulgasen so viele Teres wie möglich töten sollen.«

»Das kann sie nicht ernsthaft tun!«, rief Ansa fassungslos. Akana musste wahnsinnig geworden sein vor Hass. Dieser Plan konnte nur im Wahnsinn entstanden sein. Weder würden mit so einer Attacke die gierigen Unternehmen mit ihren Schallkanonen getroffen werden, noch schien Akana klar zu sein, welche entsetzlichen Folgen es haben könnte, sollten die Teres irgendwann herausfinden, auf welche Weise sie attackiert worden waren.

»Sie werden nicht ruhen, bis sie wissen, was passiert ist!«, sagte sie, um Fassung bemüht. »Die Teres sind so anders als wir: Sie müssen alles ergründen, alles herausfinden, als erklären – selbst das Unerklärliche! Sie werden ihre technischen Geräte einsetzen, werden jeden Felsen hier vor der Küste umdrehen, bis sie euch entdeckt haben, und dann …« Sie brach ab. »Das wäre das Ende der Kolonie. Und wahrscheinlich auch das Ende des Lebens in Freiheit und Frieden, so, wie ihr es gewohnt seid.«

Ihre Mutter blickte sie hilflos an, und Ansa hätte sie und ihre Kinder am liebsten sofort in den Stillen Ozean geschickt.

»Wir müssen das verhindern, Mommie!«

»Aber was können wir tun, Kind?«

»Du musst Lornas berichten, was ich dir erzählt habe. Er ist der Einzige, der noch einen Funken Vernunft in sich hat! Ich bin sicher, er wird seine Meinung ändern, wenn er hört, wie Akana auch ihn getäuscht und seine Familie in Gefahr gebracht hat. Er kann den Rat einberufen und zu euch sprechen! Er ist stark mit Worten, seine Meinung hat Gewicht. Wenn du ihm sagst, dass ich hier das Problem mit dem Forschungsschiff lösen werde, dann kann er die anderen überzeugen – bevor es zu spät ist!«

»Gut, Liebes, ich werde direkt nach der Ruhe zum höchsten Sonnenstand mit ihm sprechen«, entgegnete Selva.

»Nein, Mutter – jede Sekunde ist kostbar! Schwimm sofort zu ihm!«

Ansa fasste ihre Mutter an den tätowierten Armen, die ihren eigenen so ähnelten, hielt sie fest und sah sie flehend an. »Und sag meinen Kindern, dass ich sie immer im Herzen trage. Sie fehlen mir. Und wenn es ihnen ebenso geht, so ist es gut. Ich bin unendlich dankbar, dass sie froh und munter sind.«

Noch lange nachdem von ihrer Mutter nur noch ein Glitzern auf dem Wasser zurückgeblieben war, saß Ansa am sandigen Ufer und versuchte zu verstehen, was ihre Mutter ihr berichtet hatte. Zu verstehen, was Akana antrieb.

Von klein auf hatte sie gelernt, dass es die Landmenschen waren, die von düsteren Gefühlen, von Hunger nach Macht und dem ständigen Voranstreben besessen waren. Die Ersten, die in den frühesten Zeiten die Wasser verlassen hatten, waren Ausgestoßene gewesen. Solche, denen das Licht der Sonne keinen Frieden gegeben hatte, die aufbrausende Temperamente besaßen oder mutige Voranschreiter waren.

Manche meinten, eine Krankheit hätte sie verändert. Vielleicht hatte eine Virusinfektion die Strukturen ihres Gehirns modifiziert. Aber das waren nur Vermutungen; Hunderttausende von Sonnenjahren waren seitdem vergangen.

Und Ansa wusste mittlerweile mehr. Die Landmenschen waren vielfältig und verschieden. Sie kannte nur wenige Teres, die wirklich böse waren und Schlechtes für andere wollten. Nicht nur Jay war anders, es gab auf der Erdoberfläche Milliarden von Menschen, die freundlich, liebevoll und mitfühlend waren und dieselben Werte teilten wie jene unter Wasser.

Doch es gab eben auch diejenigen, die über Leichen gingen. Denen weder das Wohl der Welt, der Tiere noch der Menschen am Herzen lag. Es gab Präsidenten von großen Nationen, die selbstsüchtig, dumm und zerstörerisch waren. Und es gab Bosse gigantisch reicher Firmen, denen es nur um noch mehr Profit ging.

Das Einzige, was Ansa manchmal wunderte, war die Sorglosigkeit, mit der die meisten Teres die Zerstörung ihres Lebensraumes hinnahmen. Jeder hier oben konnte tagtäglich sehen, wie katastrophal sich der Konsum und der schwindelerregend steigende Verbrauch an endlichen Ressourcen auf den Zustand der Welt auswirkte. Ja, die meisten *sahen* die schrecklichen Bilder, aber sie *taten* rein gar nichts! Sie kauften und kauften, sodass alles voller hübscher Dinge war. Aber sie waren blind, wenn es um die Frage ging, wohin das führte. Sie kauften einfach weiter, und die Berge von Müll wuchsen an Land in die Höhe, stiegen verbrannt als giftige Gase in den Himmel oder trieben in unermesslich großen, tödlichen Teppichen auf den Meeren.

Ansa spürte eine große Traurigkeit in sich aufsteigen.

Sie erschauerte vor ihrer eigenen Kälte, und nicht mal die Sonne auf ihrer Haut konnte diese vertreiben.

Akana hatte recht: So konnte es nicht weitergehen! Aber waren Tod und Verderben der richtige Weg?

Sie schluckte den Kloß in ihrem Hals mühsam herunter und versuchte, nicht zu weinen.

Aber es gelang ihr nicht.

Akana würde ihr Volk in einen Kampf führen, der mitnichten nur gegen die unschuldigen Menschen auf der Insel Maui gerichtet war, und Ansa wusste zum ersten Mal in ihrem Leben nicht mehr, zu welcher Welt sie gehörte.

Sie packte ihren Schwimmanzug in die Tasche, wischte sich die Tränen von den Wangen und sehnte sich nach Jays tröstender Nähe und seinem Licht.

Sie spürte die Dunkelheit näher kommen.

19

Selva sah sich nicht mehr nach ihrer Tochter um, sondern brachte sich mit eleganten Bewegungen zügig zurück in die schützende Tiefe.

Sie dankte im Stillen dem alten Delfinbullen, der den Schwarm von Bonitos so geschickt vor die Bucht getrieben hatte, dass die hungrigen Haie zum Jagen in die andere Richtung geschwommen waren, und vertiefte sich so sehr in ihre Gedanken, dass sie den Meermenschen unter sich erst bemerkte, als er mit einer plötzlichen Drehbewegung direkt vor ihr Gesicht schwamm. Von unten kommende Lebewesen konnten sich leichter unbemerkt nähern, und dieses hatte es anscheinend genau darauf angelegt.

»Velron!«, stieß Selva erschrocken aus.

»Die gute Selva!«, erwiderte er und sah sie mit einer falschen Freundlichkeit an, die Selva von keinem Meerwesen außer ihm kannte.

»Woher kommst du so allein am Morgen?«, fragte er harmlos.

Selva war spontan genug, um schnell, aber nicht überhastet zu antworten. »Ich war mit dem alten Delfin schwimmen. Wir kennen uns schon eine halbe Ewigkeit, und ich habe mich gefreut, ihn wieder in unseren Gewässern zu sehen«, erwiderte sie und sah Velron dabei fest in die Augen, auch wenn ihre Beine sich plötzlich ganz weich und knochenlos anfühlten.

»Das habe ich allerdings anders gesehen und gehört, meine Liebe«, sein Lächeln wurde eisig, »mir schien, du hättest jemanden beim Schwarzen Felsen getroffen. Jemanden, den du sehr gut kennst.« Seine Augen waren kalt und starr wie die eines Beilfischs, doch sein Mund war noch immer zu einem Lächeln verzerrt, während Selva vor Schreck die Miene gefror.

»Im Gegensatz zu dir will ich ganz offen sein – auch ich habe den Worten deiner aufrührerischen Tochter gelauscht, und ich möchte dir hiermit etwas nahelegen.« Er schwamm so dicht an sie heran, dass sie seinen schrecklichen Augen nicht ausweichen konnte.

»Tu nicht das, was dir dein Töchterlein aufgetragen hat. Sag niemandem auch nur ein Wort über ihre so wahren, doch auch so dummen Worte. Denn schließlich«, er senkte die Stimme, »willst du ja nicht, dass einem ihrer lieben Kinder etwas zustößt, oder? Nicht dass die freche Merla doch noch in die große Dunkelheit geschickt wird oder dass dem lustigen Maris bei seinen jugendlichen Abenteuern ein Unglück geschieht ...«

»Du wagst es, mir zu drohen?«, Selva schlug mit den Flossen, sodass sie von ihm abrückte. Neben der Angst empfand sie hilflose Wut.

Er lächelte wieder breiter.

»In der Tat drohe ich dir und rate dir dringend, mich ernst zu nehmen! Akana wünscht nicht, dass diese Informationen von oben hier unten gestreut werden, und sie wünscht auch nicht, dass eine Wandlerin, die mit einem dort oben das Licht teilt, über die Geschicke unseres Volkes entscheidet. Deine Tochter war einst im Rat. Doch diese Zeiten sind vorbei. Sie hat dort oben alles, was sie braucht, denke ich. Und *wir* brauchen sie hier unten nicht. Die anderen Wandler sind nicht so eigensinnig wie deine Tochter. Und ich fürchte, sie könnte sich auch in Gefahr bringen, wenn sie den Weg, den sie eingeschlagen hat, weiterverfolgen will.«

Mit einer fast schlangenartigen Bewegung tauchte er ab und ließ Selva erschüttert zurück.

Merla war so guter Dinge wie schon lange nicht mehr. Das Feld vor ihr leuchtete grüner denn je, und sie freute sich förmlich auf die Arbeit, die vor ihr lag.

Der Morgen hatte mit einer lichtdurchfluteten Begegnung

angefangen – sie hatte das Zusammensein mit Marc jede Sekunde genossen. Die Hilflosigkeit, die sie zuvor verspürt hatte, war verschwunden, als er sie angelächelt hatte, und ihr Mut war gestiegen, weil er viel positiver und gestärkter wirkte.

Tatkräftig und optimistisch scheint er zu sein, mein Leuchtender, dachte sie, während sie behutsam frische Triebe von den Algen knipste und sie von unten in ein geflochtenes Netz steckte, das locker an ihrem linken Arm befestigt war.

Auch wenn sie beide noch keine konkrete Idee hatten, wie sie vorgehen konnten, und die nahende Katastrophe sie eigentlich aufs Höchste beunruhigen musste – sie waren fast heiter miteinander gewesen. Er hatte sie vieles gefragt, und sie hatte sich über das Interesse und das Staunen auf seinem schönen Gesicht gefreut. Sie spürte das Leuchten zwischen ihnen fast mit jedem Herzschlag stärker, und das ließ sie hoffen.

Wie würde es sein, wenn er schließlich das Licht erkennen würde – was er dann wohl täte? Sie in den Arm nehmen? Sich offenbaren? Ehrlich gesagt wusste sie gar nicht, wie das Erkennen zwischen Meerwesen ablief. Wahrscheinlich passiert dann alles wie von allein, dachte sie. So, wie es sein soll, wird es einfach. Die Macht der Natur würde ihnen den Weg weisen.

Aber nur wenn es für ihn keinen Zweifel mehr gäbe. Solange der Zweifel und der Unglaube in ihm spürbar waren, würden sie nicht zueinanderfinden.

Plötzlich durchfuhr sie die Angst wie ein Schwall eisiges Wasser: Was, wenn die Zeit nicht reichte? Es waren nur noch neun Sonnen bis zu der tödlichen Attacke.

Nein, nein, er ist ja gewarnt, er kann sich schützen, versuchte sie sich zu beruhigen. Er wird sich und seine Lieben in Sicherheit bringen. Die Insel mit dem Flugzeug verlassen oder gegen den Wind weit aufs Meer hinausfahren, bis die Gefahr vorbei ist.

Sie sah wieder seine braunen, weichen Augen mit dem dunklen Kranz langer Wimpern vor sich, und die Sehnsucht, ihm nahe zu sein, zog an ihr wie eine unsichtbare Strömung.

Sie sammelte noch ein Weile, gedankenverloren vor sich hin

lächelnd, die süßen Triebe der Pflanzen, naschte ab und an etwas davon und spürte, wie die Müdigkeit zum höchsten Stand der Sonne langsam von ihr Besitz ergriff.

Auch die anderen hatten das weite Grün des Feldes verlassen, und Merla beeilte sich, in das weiche Algennetz in ihrer Höhle zu kommen.

Sie bog gerade um einen breiten Vorsprung des Vulkanausläufers, als ein Schwarm roter Barben ihr in eiliger Flucht entgegenschwamm. Die rot schillernden, unterarmlangen Leiber stoben auseinander, als die Fische sie als potenzielle Gefahr erkannten, und bildeten hinter ihr wieder eine geschlossene Formation, um im Schutz des Algenwaldes zu entfliehen.

Merlas hochfrequentes Sonar ortete lautlos das Wesen, das den Schwarm verfolgt hatte, und sah fast im gleichen Moment, wer die Fische so in Aufruhr gebracht hatte.

»Kicko!«, schrie sie voller Freude auf, und der Delfin, der eben noch konzentriert bei der Jagd gewesen war, stoppte augenblicklich, drehte sich einmal vor ihr nach unten, um sie nicht zu rammen, und tauchte dann mit einer eleganten Wendung seines muskulösen Leibes wieder vor ihr auf.

Seine klickenden Laute waren schnell und knarrend, und Merla musste sich anstrengen, um ihn zu verstehen, aber sie hörte sich schnell wieder in die fremde Sprache ein und fragte begierig, wo er gewesen, was er gesehen und mit wem er geschwommen war.

Die lange Schnauze des Delfins stupste immer wieder sanft in ihre erhobene Hand, während er freundlich lächelnd antwortete. Doch das Lächeln passte nicht zu seinem Bericht aus den Weiten des Pazifiks. Er hatte sich einer kleinen Herde junger Bullen angeschlossen und war jagend umhergezogen, bis schließlich fünf von ihnen in Stellnetzen, die kilometerweit das Wasser absperrten, verendeten. Bei dem Versuch, sich zu befreien, hatten sie sich zunächst nur leicht verfangen, aber dann immer fester in die tödlichen Seile gewickelt. Die feine Struktur der Netze war für die Tiere nicht zu orten, und seit dem Tod ihres Vaters in einem der verwaisten Netze wusste Merla, zu welcher tödlichen Falle diese Dinge der Teres werden konnten. Selbst für so aufmerksame und kluge Wesen wie Wale und Delfine.

Merla litt still mit dem trauerndem Delfin und strich ihm sanft über die Stelle zwischen den Augen, an der die Tiere besonders empfindsam waren.

Doch Delfine neigten nicht dazu, lange in Trübsinn zu verharren. Kicko stupste Merla übermütig in den Rücken und forderte sie klickend auf, mit ihr zu schwimmen.

Ihre Müdigkeit war wie weggeblasen, und Merla schwamm mit ihrem Freund ausgelassen wie früher in rasender Geschwindigkeit durch die Tiefe. Sie hielt sich an seiner Rückenflosse fest, ließ sich in wilden Spiralen schwindelig drehen und sprang schließlich ziemlich wagemutig mit ihm aus dem Wasser ins gleißende Sonnenlicht, nachdem er sich davon überzeugt hatte, dass keine Teres in der Nähe waren.

Es war herrlich! Die Freude an der Bewegung, am Rauschen des Wassers an ihren Flanken und an dem lebendigen Schlagen ihres Herzens ließ Merla für einige Momente alles vergessen.

Erst als die Stimme ihrer Großmutter streng und mahnend durchs Wasser schallte, hielt sie abrupt inne.

»Merla! Was bei der großen und gütigen Sonne tust du da?« Selvas Miene war streng, zwischen ihren Augenbrauen stand eine schmale Furche, die Merla noch nie zuvor aufgefallen war, und ihre Augen blitzten so zornig, dass Merla sich augenblicklich dumm wie ein kleiner Kugelfisch fühlte.

»Wie kannst du das tun? Du bist unmöglich! Du weißt doch ganz genau, dass das Schwimmen hier oben nicht gern gesehen wird. Vor allem jetzt!« Sie packte Merla grob am Handgelenk und zog sie mit sich in die Tiefe, ohne dass sie sich von Kicko verabschieden konnte. Während Merla erschrocken und verwirrt neben ihr schwamm, schimpfte ihre Großmutter auf sie ein wie nie zuvor.

»Ich verstehe dich nicht, Kind! Da entkommst du gerade mal knapp der Verbannung in die große Dunkelheit, wirst von Schallkanonen verletzt und weißt genau, wie angespannt die Situation in der Kolonie ist, und dann hast du nichts Besseres zu tun, als mit einem Delfin fröhliche Luftsprünge zu machen? Ganz ehrlich, du solltest dich schämen! Du bist wirklich alt genug, um dich nicht wie ein kleines Kind aufzuführen, das vor lauter Ungestüm und Unwissenheit in eine Katastrophe nach der nächsten stolpert.«

Merla schluckte schwer und kämpfte mit den Tränen, die sich plötzlich ihren Weg suchten. So hart und streng kannte sie ihre Mommie gar nicht. Tief verunsichert sah sie ihre Großmutter immer wieder an, aber diese schwamm eisern in Richtung Wohngrotte, den Blick starr geradeaus gerichtet.

Selva öffnete mit einer geschickten schnellen Bewegung die Abdeckung aus Algengeflecht vor dem Eingang, winkte ihre Enkeltochter herein und verharrte mit den Händen vor dem Gesicht inmitten der aufleuchtenden Korallen, während Maris und Sira verwirrt aus ihren Schlafnetzen guckten.

Als Selva den Kopf hob und Merla mit ihren Augen fixierte, war ihre Stimme ruhiger, aber die Worte, die sie sprach, waren nicht weniger hart.

»Du wirst diese Höhle vorerst nur in Begleitung verlassen. Und ich sage dir, es wird nicht Maris sein, mit dem du deine kopflosen Spielereien noch teilen könntest. Ich werde bei dir sein oder deine Schwester.«

Merla öffnete den Mund, um zu antworten, aber ihre Großmutter sprach schnell weiter.

»Kein einziges Wort dazu! Es reicht. Du musst lernen, dich an die Regeln zu halten. So, wie wir alle das tun.«

Abrupt drehte sich Selva um, und Merla meinte, einen unsäglichen Schmerz in dem Gesicht der alten Frau zu sehen, der gar nicht zu den zornigen Worten passte, die sie gerade von sich gegeben hatte.

Merla kroch in ihren Kokon aus Algen, schlang die Arme um ihre Beine, krümmte sich zusammen und dachte verzweifelt über einen Ausweg nach.

20

Der Rasen vor dem dunkelrot gestrichenen Schulgebäude, das Marc immer an seine Kindheitsurlaube in Dänemark erinnerte, war bereits verwaist, und die lauten Stimmen, die hier eben gerade noch hundertfach durch die Luft geschallt waren, schon eine Weile verstummt, als Marc im Laufschritt zu seinem Kurs hastete.

Er schaffte es gerade noch, vor seiner Biologielehrerin in den Klassenraum zu stürmen und zumindest einen einigermaßen sortierten Eindruck zu machen.

Kai sah Marc nur kopfschüttelnd an, als er sich keuchend neben ihm fallen ließ. »Welches Thema?«, murmelte Marc halblaut, und mehr besorgt als amüsiert antwortete sein Freund: »Genetik, Alter. Was kriegst du überhaupt noch mit? Du bist echt ziemlich neben der Spur. Brauchst du …?« Doch bevor er den Satz beenden konnte, betrat Ms Haynes den Raum, und Marc war froh, gerade noch rechtzeitig gekommen zu sein. Ihr Unterricht war sterbenslangweilig, und zudem war sie leider äußerst streng. Sie war die verspannteste und meistgehasste Lehrerin der Schule, und eine Doppelstunde am Morgen war fast die Höchststrafe.

Auch heute ließ sie ihren dürren Körper auf den Stuhl hinter dem Pult plumpsen und begrüßte die Klasse mit einem hervorgepressten »Morgen!« und einem desinteressierten Gesichtsausdruck.

Doch nicht mal Ms Haynes' Erscheinung konnte Marcs gute Laune trüben. Die Begegnung mit Merla hatte ihn mit einem tiefen Gefühl der Zufriedenheit erfüllt, was angesichts der Tatsache, dass die Katastrophe noch einen Tag näher gerückt war und sie nicht den Ansatz eines Plans hatten, natürlich absolut lächerlich erschien. Aber irgendwie war alles so unwirklich. Ein Meermädchen und ein Surfer sollen die Welt retten. Okay, vielleicht auch nur diese Insel, aber es ist schon sehr unglaubwürdig, dachte er zum gefühlt tausendsten Mal und fragte sich, wann er endlich voll und ganz glauben würde, dass dies alles wirklich geschah.

Marc starrte auf den sich unschön bewegenden Mund von Ms Haynes, aber er sah Merlas Leuchten vor sich, ihr Lachen, das so sprudelnd und ansteckend war, und er spürte immer noch die Wärme, die er in ihrer Gegenwart empfunden hatte. Er fühlte sich auf eine unbestimmte Art mit ihr verbunden und fragte sich, ob das wohl nur an ihrem gemeinsamen Ziel lag.

Er versuchte, sich auf den nasalen Tonfall und die Worte von Ms Haynes zu konzentrieren, aber sein innerer Dialog war zu laut.

Natürlich. Gemeinsame Extremsituationen schaffen Nähe, das hast du ja wohl schon in deinem ersten Psychologiekurs gelernt, oder? Und davon gab es ja nun gleich mehrere: Sie hat dich vor dem Ertrinken gerettet, sie hat dich in eins der bestgehüteten Geheimnisse des Planeten eingeweiht, und sie versucht nicht nur dich, sondern gleich alle Menschen auf der Insel vor einem grausamen Tod zu bewahren! Kein Wunder, dass du dich mit ihr verbunden fühlst.

Er spürte Widerstand gegen diesen Gedanken in sich aufsteigen – denn das war nur ein Teil der Wahrheit.

Abgesehen davon hat sie was? Sie hat Mut und ein großes Herz. Sie bewegt sich im Wasser wie ein Fisch – ach? Er musste fast laut lachen – und hat Augen in einem Grünton, den ich bei anderen Menschen noch nie gesehen habe.

Und ich fühle mich in ihrer Gegenwart einfach wohl.

Er musste unweigerlich an den Kinobesuch mit Leilani denken und daran, wie verkrampft er gewesen war. Sie hatten zwar einen netten Nachmittag miteinander verbracht, aber nach einem etwas verunglückten Kuss in dem dunklen Saal waren beide verunsichert. Marc war richtiggehend froh gewesen, dass sie zufällig Keana mit Kais Schwester getroffen und die beiden mit in Richtung Haiku genommen hatten, sodass es nicht zu einer weiteren Kuss-Situation gekommen war.

Schade, dachte er ein bisschen verwundert, es hatte so gut angefangen. Aber irgendwie war seine Begeisterung für sie im Nirwana verschwunden, und er sollte ihr das wohl auch besser bald sagen. Er war nicht der Typ, der mit den Gefühlen anderer spielte, und sie war wirklich ein tolles Mädchen. Sie absichtlich länger im Unklaren zu lassen, war einfach nicht seine Art.

Kai unterbrach seine Gedankengänge jäh, indem er Marc in die Seite stieß und ihn auffordernd ansah.

»Buch raus! Schläfst du mit offenen Augen, oder was?!«

Ms Haynes hatte ihren unmotiviert gehaltenen Vortrag, illustriert mit ein paar Bildern aus dem Beamer, beendet, und nun sollten die Schüler dazu noch das Kapitel im Buch durcharbeiten und danach zusammenfassen.

Marc holte sein Buch aus der Tasche und wollte es auf den Tisch legen, sah jedoch nicht richtig hin, und polternd fiel es zusammen mit seiner Stiftebox auf den Boden.

»Schön, dass Sie meinen Unterricht mit so fundierten Beiträgen bereichern, Marc. Wenn Sie so weitermachen, könnte ich mich glatt zu einem D in Ihrem Zeugnis durchringen.« Dünn lächelnd machte sich Ms Haynes eine Notiz in ihrem Heft und wandte sich dann wieder ihren Unterlagen zu.

Die Klasse lachte verhalten, und Marc bückte sich genervt, um seine Sachen wieder einzusammeln.

Als er das Buch griff, fiel sein Blick auf ein Kapitel, das sie bisher noch nicht durchgenommen hatten.

Es ging um intensive Landwirtschaft, Nutztierhaltung, Düngemittel und deren Folgen für das Ökosystem. Eine Fotomontage zeigte eine Kuh vor einem explodierenden Kuhstall, und amüsiert las er, dass Kühe riesige Mengen Methan in die Luft pupsten und rülpsten und damit sogar schon Ställe in die Luft gesprengt hatten. Er wollte gerade zum Thema Genetik zurückblättern, als die Überschrift »Im Kampf gegen die Faulgase« seine Aufmerksamkeit weckte.

Er überflog den Absatz über die Produktion von Futtermaische und die Folgen von Fäulnis und wurde immer konzentrierter.

Hier! Aufgeregt las er weiter: *Die Gefahren durch hochtoxische Faulgase in Silos und Ställen sind vielfältig. Mit der Zugabe organischer
Bestandteile wie ätherischer Öle und Kräuter können Bauern die Gas-
entstehung eindämmen und so die Nährstoffdichte in der Gülle erhöhen und chemische Kettenreaktionen unterbinden.*

Marc hätte fast mit der Faust auf den Tisch geschlagen,
beschränkte sich jedoch auf ein kräftiges Räuspern.

Das war es!

Wenn sie schon das Wachstum der Algen und deren Aufsteigen
nicht verhindern konnten, so gab es doch vielleicht eine Möglichkeit, den Fäulnisprozess einzudämmen oder sogar zu stoppen! Sie
mussten etwas finden, was Chlorobionta am Verfaulen hinderte
oder zumindest die Intensität der Gasproduktion verminderte.

Marc sah unauffällig auf sein Handy. Gerade mal kurz vor
neun Uhr. Noch den ganzen Tag hier zu hocken, nachdem er
möglicherweise die rettende Idee gefunden hatte, hatte überhaupt
keinen Sinn.

Er hob die Hand, und als Ms Haynes ihn aufrief, sagte er
mit entsprechend leidender Miene: »Ich habe schreckliche Kopfschmerzen, Ms Haynes, und mein Hals ist auch ganz rau, ich
fürchte, ich bin krank.«

Ms Haynes verzog angewidert das Gesicht. »Und das fällt
Ihnen jetzt ein, nachdem sie die Hälfte der Klasse vielleicht schon
angesteckt haben? Da haben Sie wohl bei unserem letzten Thema
›Krankheitserreger und ihre Verbreitung‹ wieder mal nicht richtig
aufgepasst. Wenn man krank ist, bleibt man zu Hause. Und dahin
sollten Sie jetzt mal schleunigst verschwinden.«

Marc verkniff sich den Impuls, Kai noch einen bedeutsamen
Blick zuzuwerfen, packte zügig seine Sachen zusammen und verließ das Schulgebäude ebenso schnell, wie er gekommen war.

Er ließ die breiten Straßen von Kahului hinter sich und fuhr
die kurvige Küstenstraße auf die Westseite der Insel nach Lahaina.
Marc registrierte flüchtig, dass Skippers Boot nicht im Hafen
lag, und hoffte inständig, dass sein Vater nicht mit an Bord war.
Andere Whalewatching- und Fischerboote schaukelten sanft im

glitzernden Wasser, und langsam füllte sich die Pier mit Touristen, die sich auf die eindrucksvollste Begegnung ihres Lebens freuten, die Maui weltweit berühmt gemacht hatte: ein Rendezvous mit Buckelwalen.

Aber Marc spürte heute weder die gewohnte Freude über dieses Naturparadies, in dem er lebte, noch hatte er einen Blick für die Schönheit der Holzschnitzereien an den Häusern und die aufwendig renovierten Veranden davor. Er konnte es kaum erwarten, seinem Vater von seiner Idee zu erzählen, und verließ eilig seinen Toyota, der dröhnend auf dem Parkplatz vor dem unauffälligen Neubau der University of Hawaii zum Stehen kam.

Das Labor auf Maui war ein kleiner Ableger des weltweit größten meeresbiologischen Forschungsinstituts, das seinen Sitz an der Nordküste O'ahus hatte. Nur vierzehn Mitarbeiter waren hier beschäftigt, und Marc kannte natürlich jeden Einzelnen.

Er grüßte die füllige Hawaiianerin Moana am Empfang freundlich, beeilte sich aber, schnell weiterzugehen, bevor sie ihn in ein längeres Gespräch verwickeln konnte.

Klaus Beck war im Labor und nahm gerade eine Wasserprobe aus einem kleinen Aquarium mit Korallen, als Marc auf ihn zutrat.

»Marc! Hi!«, sein Vater blickte verwundert auf. »Was machst du denn hier? Solltest du nicht in der Schule sein? Ist irgendetwas passiert?«

»Alles in Ordnung, Dad, keine Sorge. Aber ich wollte keine Zeit verlieren, denn vielleicht habe ich eine Möglichkeit gefunden, wie wir diese verdammte Algen aufhalten können.«

»Lass hören!«

»Merla hat doch gesagt, dass sie diese Grünalgen mit speziellen Einzellern besiedelt haben, damit sie schneller wachsen und beim Verfaulen mehr Gift produzieren ...«

»Genau«, unterbrach ihn sein Vater, »das scheint ein Bakterium zu sein, von dem ich noch nie etwas gehört habe. Ich habe die verschiedensten Studien gewälzt, auch über die Algennutzung für Kosmetik und zur Nahrungsmittelherstellung, aber natürlich will niemand die Entstehung von Faulgasen beschleunigen oder intensivieren.« Er deutete auf das Aquarium. »Wenn wir nur wüssten, wie wir diesen Prozess aufhalten könnten – ich probiere seit heute früh herum, aber wie soll ich ein Mittel gegen etwas finden, was ich noch nicht einmal kenne?«

»Du solltest mich erst mal ausreden lassen, Dad! Danke.« Marc sah seinen Vater leicht vorwurfsvoll an und fuhr fort: »Okay, vielleicht kennen wir das Bakterium, das als Brandbeschleuniger dient, nicht, und vielleicht können wir auch das Aufsteigen gar nicht vermeiden, aber was wäre, wenn wir etwas auf die Meeresoberfläche ausbringen könnten, das die Gase aus dem Fäulnisprozess neutralisiert? Ich habe zufällig in meinem Biobuch gelesen, dass Bauern genau das tun, damit ihre Silos keine tickenden Zeitbomben sind.« Sein Vater wirkte äußerst konzentriert, man konnte quasi dabei zusehen, wie seine Gedanken rotierten.

»Du meinst, wir lassen das Feuer auflodern, aber benutzen dann eine Art biologischen Feuerlöscher?«

»Ja!« Marc nickte bestätigend, und die Locken auf seinem Kopf wippten. »In dem Buch ist die Rede von ätherischen Ölen und Kräutern – könnten wir dazu nicht schnell eine Versuchsreihe hier in deinem Labor starten?«

»Hm. Gar nicht so schlecht. Und du bringst mich sogar auf einen Gedanken, den ich bisher noch überhaupt nicht in Betracht gezogen hatte ...«

Marc sah seinen Vater erwartungsvoll an, der sich schnell an den kleinen Tisch am Fenster vor seinen Rechner gesetzt hatte. Er tippte etwas in die Tastatur ein, zögerte, tippte noch einige Male, und dann erhellte sich seine Miene kurz, bevor sie sich verdüsterte.

»Was hast du gefunden?«

»Ich dachte gerade, das wäre die Rettung«, murmelte er frustriert.

»Sag es mir doch endlich, Dad!«

»Pass auf: Pilze sind die größten Freunde und Nutznießer von Fäulnis und wirken bei manchen Prozessen als eine Art Katalysator. Das heißt, der Pilz nimmt die sterbende Pflanze in sich auf und verstoffwechselt die im Gärungsprozess entstandenen Teile.

Zum Beispiel im Waldboden. Würde die Biomasse dort nicht von Pilzen bearbeitet werden, so würde es im Wald nicht nach Pilz duften, sondern nach Fäulnis und Verwesung stinken.«

»Ja, aber das ist doch perfekt – dann brauchen wir nur noch den passenden Pilz!« Marc stand auf und stützte sich auf dem Tisch seines Vaters ab.

»Theoretisch ja, aber praktisch finde ich in meiner Datenbank keinen einzigen Hinweis auf eine Kombination von Algen und Pilzen. Pilze stellen nach Insekten die artenreichste Organismengruppe überhaupt. Aber die Erforschung der schier unendlichen Zahl an Pilzarten im Meeresboden steckt noch völlig in den Kinderschuhen. Die Kollegen vom GEOMAR in Kiel haben eine vielversprechende Forschungsstudie zu einer Meerespilzart aus dem Mittelmeer im Kampf gegen Krebs publiziert, aber einen Zusammenhang mit Algen finde ich nirgendwo.«

»Und was ist, wenn du nach der Nahrung von Pilzen suchst? Welches Gas produzieren diese Algenbiester noch? Schwefel?«

»Schwefelwasserstoff. Ja! Gute Idee – diese Kombination hatte ich noch nicht versucht.« Er tippte wieder, überflog die wissenschaftlichen Artikel, und Marc beugte sich über seine Schultern, um die Treffer auf dem Bildschirm mitverfolgen zu können.

»Das gibt es doch nicht!« Klaus Beck atmete hörbar ein.

»Was denn?«

»Na hier, lies!« Sein Vater vergrößerte den Text und rückte ein Stück dichter an den Flatscreen, damit Marc besser sehen konnte.

Der Artikel war mit »Überleben in der Tiefsee« betitelt, und Marcs Vater begann einzelne Abschnitte laut vorzulesen.

»*Die Präsenz von Pilzen im Basalt vom Ozeanboden widerlegt das gegenwärtige Verständnis der tiefen Biosphäre*«, sagte Magnus Ivarsson, ein Experte auf diesem Gebiet. »Man dachte, hier können nur Bakterien und Archaeen gedeihen – doch das war ein Irrtum. Die Rolle der Pilze wurde völlig übersehen, davon sind auch andere Wissenschaftler überzeugt. Zumindest manche von ihnen sind nicht auf Sauerstoff angewiesen.

Aha! Da kommen wir der Sache schon näher.« Die Stimme

179

seines Vaters war ruhiger und tiefer geworden – ein untrügliches Zeichen dafür, dass er aufgeregt war. »Und jetzt das: Loricifera, oder auch ›Korsetttierchen‹ genannt, sind zwar keine Pilze, leben aber auch im Sediment, sogar in den tieferen Schichten.« Er las wieder vor: »*Sie wurden erst in den 1970ern entdeckt und 1983 wissenschaftlich beschrieben, bis heute wurden etwa hundert Arten bekannt. Trotz intensiver Forschung weiß man über ihre Lebensweise nur wenig. Einzigartig im Tierreich ist, dass sie anscheinend sogar in sauerstofffreien Sedimenten überleben können und das ihr ganzes Leben lang. Statt über Mitochondrien für die sauerstoffabhängige Zellatmung verfügen sie über andere Zellorganellen, die es ihnen ermöglich, mithilfe von Schwefelwasserstoffen Energie zu erzeugen.*«

Klaus Beck sah vom Rechner auf und seinem Sohn direkt in die vor Erkenntnis glänzenden Augen.

»Die ernähren sich von den giftigen Gasen der Algen? Das ist es!« Marc war aufgesprungen. »Dad, los – ruf sofort diese italienischen Forscher an und frag, wo wir diese Lori-Dings-Dinger finden können! Das ist doch genau das, was wir brauchen!«

»Sieht aus, als ob mein Sohn ein Trüffelschwein der Wissenschaft wäre … ganz der Vater!« Er machte eine beschwichtigende Geste in Richtung seines Sohnes und kniff die Augen zusammen, um die Quellenangabe besser entziffern zu können.

»Warte, hier steht nicht, welche Studie das ist. Ich gebe ›Loricifera‹ und ›Italy‹ ein.«

Gebannt starrten beide auf den Bildschirm, bis die Suchmaschine ihre Ergebnisse ausspuckte.

»Polytechnische Universität Marche in Ancona. Roberto Danovaro. Die aktuellste Studie ist von 2010.«

Klaus Beck klatschte energisch in die Hände und sah seinen ältesten Sohn mit einem Ausdruck an, der sowohl hoch motiviert als auch ein bisschen stolz war. Und erleichtert war er außerdem.

»Ehrlich gesagt, hatte ich fast schon befürchtet, einen Terroranschlag oder Ähnliches ankündigen zu müssen, damit die Insel evakuiert wird. Aber das hier scheint mir ein echter Hoffnungsschimmer zu sein. Das Mittelmeer ist zwar nicht gerade um die Ecke, und wir haben nur noch etwa eine Woche Zeit, aber sollten diese Loricifera gut im Labor kultivierbar sein, dann könnten wir sie gerade noch rechtzeitig in die aufsteigende Algensuppe werfen und die Katastrophe verhindern!« Er klopfte Marc anerkennend auf die Schulter. »Sohn – es war genau richtig, dass du sofort hierhergekommen bist.«

Marc strahlte über das ganze Gesicht und zwinkerte seinem Vater verschwörerisch zu. »Kein Problem, Dad, das mache ich auch gerne noch mal. Vielleicht Anfang Januar? Ich schlage vor, wenn die ganze Sache überstanden ist, machen wir einfach einen kleinen Surf-Trip nach O'ahu. Leo und ich träumen schon seit Jahren davon, mal in Pipeline zu surfen, und das, was wir da lernen, kann uns sowieso keine Schule beibringen.«

Sein Vater grinste genauso breit zurück, und die Verwandtschaft zwischen ihnen war nicht nur an den Grübchen zu erkennen, sondern auch an dem jungenhaft-frechen Gesichtsausdruck, den beide teilten.

»Immer langsam mit den jungen Pferden. Noch wissen wir ja gar nicht, ob wir genügend Loriciferas ansetzen können. Aber sollten wir – und all die anderen Inselbewohner – heil aus dieser Sache herauskommen, dann hast du dir tatsächlich eine Reise nach O'ahu verdient. Das steht ja schon lange an.« Er nahm seinen Sohn kurz in die Arme. »Am besten gehst du jetzt gleich schon mal surfen, dann kann ich hier in Ruhe die Feinarbeit machen.« Er wandte sich wieder dem Rechner zu, fand die Nummer der meeresbiologischen Fakultät in Ancona, öffnete Skype, und Marc hörte, wie der Anrufbeantworter des Instituts ansprang und sein Vater, fluchend über die Zeitverschiebung, auflegte.

»Elf Stunden plus, Dad! Es ist neun Uhr abends in Italien, da erreichst du jetzt niemanden. Das hätte ich dir auch gleich sagen können.«

»Danke, du Schlaufuchs. Dann schreibe ich halt schon mal eine E-Mail und arbeite mich durch die vielen Studien. Ist eigentlich sowieso besser, dann bin ich vorbereitet und weiß genau, was ich den Kollegen fragen muss.«

Obwohl ihre gemeinsame Entdeckung ja noch keine Rettung, sondern nur eine erster kleiner Schritt in eine ungewisse Richtung war, war Marc voller Hoffnung, als er sich wieder in sein Auto setzte und sein piependes Handy hervorholte.

Er las zwei WhatsApps von Kai und Leo, die sich nach seinem Verbleib erkundigten, und eine Nachricht von Leilani, die nur »Aloha. Keine Schule? Krank?« fragte und damit ungewöhnlich kurz angebunden wirkte.

Keine Emoji-Herzchen mehr – wahrscheinlich empfindet sie auch diese Entfremdung zwischen uns, dachte Marc erleichtert und überlegte, ob er ihr seine Gefühle schreiben sollte oder es doch besser wäre, mit ihr zu sprechen.

Und was soll ich ihr sagen? Ich habe mich getäuscht? Wir passen doch nicht zusammen?

Ihm wurde schon jetzt etwas mulmig bei dem Gedanken an ein solches Gespräch. Er sprach nicht gerne über Gefühle und schon gar nicht über solche, die sich in nichts aufgelöst hatten und die er selbst nicht ganz verstand.

»Marc! Solltest du nicht in der Schule sein?«

Schuldbewusst zuckte Marc zusammen, bevor er erkannte, dass die Stimme nicht zu einem Lehrer, sondern zu Skipper gehörte, der neben seinem Wagen stand und augenscheinlich auch auf dem Weg zu seinem Vater war.

Marc suchte eine passende Ausrede, hielt es aber dann doch für sinnvoller, Skipper keine Krankheitsgeschichte aufzutischen, die er ihm sowieso nicht abnehmen würde. Er gehörte schließlich fast zur Familie.

»Aloha! Ach, weißt du, ich arbeite gerade an einem Schulprojekt, und im Institut waren wichtige Infos für mich, die ich abholen musste.«

»Aha. Und das macht man neuerdings während der Schulzeit?« Er sah Marc zweifelnd an, insistierte aber nicht weiter.

»Was ist eigentlich mit euch los? Man sieht dich vor der Schule überhaupt nicht mehr auf dem Wasser, und dein Vater reagiert seit ein paar Tagen nicht mehr auf meine Nachrichten. Der Einzige, den ich ab und an erwische, ist Leo. Habt ihr überhaupt mitbekommen, was er zusammen mit Keana auf die Beine gestellt hat? Fast alle Boote aus Lahaina und Kihei machen am Samstag mobil. Dieses Forschungsschiff von euren deutschen Landsleuten soll dann den Hafen von Honolulu auf O'ahu anlaufen – die brauchen wohl neue Vorräte, wie ich aus sicheren Quellen gehört habe –, und wir wollen denen einen richtig ungemütlichen Empfang bereiten.« Er rieb sich freudig die Hände. »Auch von den anderen Inseln sind Boote dabei – ich schätze, das wird die größte Demo auf dem Wasser, die die Welt je gesehen hat! Ich wollte gerade deinem Dad die Ohren waschen, weil von ihm dazu so gar nichts zu hören ist. Gerade von ihm hätte ich ein bisschen mehr Engagement erwartet!« Skipper strich sich das schulterlange, graue Haar aus dem Gesicht und sah Marc mit blitzend blauen Augen, die aus dem von Sonne und Wind gegerbten Gesicht leuchteten, herausfordernd an.

»Wow, das klingt ja super! Klar sind wir dabei! Aber nimm das Dad nicht übel«, entgegnete Marc beschwichtigend, »er hat gerade Megastress wegen irgendwelcher Studien, für die er Deadlines hat, und ich sehe ihn eigentlich kaum noch zu Hause.« Auch diese Lüge ging ihm locker über die Lippen, und Marc kam sich fast vor wie ein Agent, der mit einer zweiten Identität in einer anderen Welt lebte. Daran würde er sich wohl für die nächsten Tage gewöhnen müssen ... Zum Glück waren sein Vater und sein Bruder mit im selben Boot – er hätte es nicht ertragen, die beiden auch noch ständig anlügen zu müssen.

»Wenn das so ist ...«, Skipper lächelte Marc jetzt freundlicher an und puffte ihn auf den Oberarm, »dann werde ich euch mal nicht in Sippenhaft nehmen, sondern Beck in Ruhe seinen öden Laborjob machen lassen. Ich erwarte nur, dass ihr am Samstag um sechs Uhr pünktlich an Bord kommt, damit wir diesen rücksichtslosen Geldgeiern mal so richtig Feuer unter dem Hintern machen können. Klar?«

Er wandte sich zum Gehen, hielt dann aber inne und schickte noch mal spitzbübisch hinterher: »Außerdem möchte ich wissen, ob er endlich ein Date mit dieser hübschen Vize-Gouverneurin hatte ... wenn nicht, besteht am Samstag vielleicht die Chance dazu. Die Dame hat sich nämlich auch angekündigt. Da sollte sich dein Vater ja nun wirklich von seinem Mikroskop trennen können, oder?« Er lachte dröhnend und herzlich und stieg winkend in seinen großen Pick-up, auf dessen Ladefläche sich Surf- und Windsurfbretter, Masten und Surfsegel stapelten.

Am Samstag fuhren sie also gemeinsam nach O'ahu. Genau eine Woche vor dem Tag der Attacke.

Nur noch eine Woche dann.

Marcs Magen krampfte sich schmerzhaft zusammen, und er verspürte den dringenden Impuls, mit einem Megafon durch die Straßen zu laufen und Alarm zu schlagen. Loricifera hin oder her. Die Zeit wurde langsam knapp, und die Angst um das Leben der Insulaner legte sich wie ein Korsett um seinen Brustkorb.

Diese Tierchen mussten die Rettung sein. Es musste einfach klappen!

21

Die Stille in ihrer Höhle war unbeweglich und mächtig wie das Meer selbst.

Selva musterte ihre schlafende Enkeltochter und beschloss, dass es an der Zeit war. Zu lange hatte sie geschwiegen und abgewartet. Zu ungerecht war sie ihr gegenüber gewesen, und ihre letzten harten Worte klangen auch ihr selbst noch immer in den Ohren nach. Sie musste mit Merla sprechen. Offen sprechen.

Wie sehr sie ihrer Mutter gleicht, dachte Selva. In allem. Die feinen Gesichtszüge mit dem energischen Kinn und dazu der störrische Geist, der so unruhig und ungestüm ist.

Zärtlich blies Selva ihrer Enkelin ein paar zarte Luftblasen auf die Lider, bis Merla die grünen Augen aufschlug.

»Aufwachen, Liebes«, sagte Selva leise und öffnete die Schnüre am Kopfende von Merlas Schlafkokon so weit, dass sie ihrer Enkelin von Angesicht zu Angesicht gegenüber war.

»Es hat keinen Sinn mehr, dass wir beide uns die Dinge verheimlichen, die unsere Herzen bewegen. Wir entfernen uns voneinander, und Heimlichkeit und Angst lässt uns beide Dinge tun, die wir später vielleicht bereuen.«

Merla war schlagartig wach und versuchte gar nicht erst zu leugnen oder einen unschuldigen Gesichtsausdruck aufzusetzen. Sie sehnte sich danach, sich ihrer Großmutter anzuvertrauen. Sie brauchte Trost. Und Hilfe.

Selva nahm ihre Hand und drückte sie sanft.

»Es tut mir leid, dass ich vorhin so respektlos mit dir gesprochen habe. Ich schäme mich, weil ich dir nicht schon früher geholfen habe, dein Herz leichter zu machen, denn ich sehe, dass es schwer ist. Ich sehe es in deinen Augen und sogar, wenn du schein-bar fröhlich mit deinem alten Freund schwimmst.«

Sie sah Merla fest an.

»Ich weiß, wen du triffst, wenn du in aller Frühe die Höhle ver-lässt, und ich weiß, was diese Verbindung bedeuten wird.«

Merla schluckte mühsam, und die Erleichterung darüber, nicht mehr allein zu sein mit ihrem Geheimnis, trieb ihr die Tränen in die Augen.

»Ach, Mommie«, konnte sie noch hervorpressen, bevor sie ihrer Großmutter schluchzend um den Hals fiel.

»Pscht, es ist ja gut. Lass die Tränen laufen, Liebes.«

Merlas Körper schüttelte sich im Weinen, und die Worte kamen ungeordnet und sprudelnd, als sie zu sprechen begann.

»Ich habe solche Angst, dass er das Licht nicht erkennt, Mom-mie. Ich wusste es doch selbst nicht, als ich ihm meinen Namen sagte. Die Worte kamen einfach so aus mir heraus, und im selben Augenblick war da dieses Leuchten. Es ist, als ob ich ihn klarer sehen könnte als alles andere. Als ob seine Augen, sein Lächeln, sein ganzes Wesen mein Innerstes berühren würden. Ich fühle mich ihm so nah, als ob es keine Grenze zwischen uns gäbe. Als ob wir eins wären. Wie kann ich wissen, dass es ihm ebenso ergeht? Und wenn«, sie stockte und sprach dann flüsternd weiter, »wenn er es nicht fühlt, muss ich dann an kaltem Herzen sterben?«

Selvas Augen waren voller Wärme, als sie in Merlas verzweifel-tes Gesicht blickte.

»Nein, meine Kleine. Du wirst nicht an Kälte sterben. Es ist so viel Wärme in dir, so viel Freude. Du wirst dich vielleicht nach ihm sehnen, immer wieder – vielleicht dein ganzes Leben lang –, und dann wird dein Herz schmerzen, ja! Das würde nicht immer leicht sein, aber damit wirst du leben können. Ich kenne auch solche, die nicht das Licht teilen konnten und trotzdem ein gutes Leben hatten.«

Ihre Augen wurden eine Nuance dunkler. »Sieh mich an – ich bin hier bei euch und so froh darüber. Auch wenn mein Licht schon lange erloschen ist.«

Erstaunt sah Merla auf.

»Was bedeutet der Tod denn den Leuchtenden? Ist das nicht ein ewiger Schmerz, wenn man zurückbleibt?«

»Oh, nein. Ganz und gar nicht. Der Schmerz über das verloschene Licht ist weitaus geringer als der über das unerwiderte. Denn das Leuchten, das ich empfangen durfte, hat mich verändert und gestärkt. Dein Großvater und ich hatten so ein unermessliches Glück, und die Erinnerung daran scheint weiter durch meine Tage und Nächte.«

Ihr Gesicht schien einen zarten goldenen Glanz anzunehmen, und Merla konnte sehen, wie sich die Wahrheit ihrer Worte darauf spiegelte.

»Was ist mit Mutter passiert? Wieso konnte sie ein zweites Mal leuchten?«

»Deine Mutter ist eines der ganz seltenen Wesen in den Weiten der Meere, die dieses besondere Glück haben. Warum das so ist, kann ich dir auch nicht sagen. Aber ich weiß, dass sie mehr als glücklich ist. Auch wenn sie euch sehr vermisst.« Sie sah Merla aufmerksam an. »Aber was ist denn jetzt mit deinem Marc? Du weißt, welche Konsequenzen es hat, wenn das *ewige Licht* zwischen euch beidseitig ist?«

Merla hatte sich aufgesetzt und strich sich die langen Haare über die Schulter. Sie war begierig darauf, ihr Wissen bestätigt zu bekommen. Aufgeregt antwortete sie.

»Man wird ein Wandler. Durch den Austausch vom Wasser des Lebens, das in den Körpern fließt, wird die Verwandlung perfekt. Das Meerwesen geht denselben Weg wie einst die Ersten, die den Ozean verließen. Die Haut verliert die Schuppen, die Flossen werden klein und fest, und man atmet wie die großen Säuger die Luft der Erde.«

Sie dachte kurz nach und sprach dann freudig weiter.

»Und die Verbindung muss zu jeder neuen Sonne erneuert werden, um die Verwandlung aufrechtzuerhalten. Deshalb ist es auch so wichtig, dass beide das Licht teilen. Außerdem teilt man alles Wissen mit dem Erleuchteten und kann so als Kontakter zwischen der oberen und der unteren Welt wirken.« Merla sprudelte förmlich vor Begeisterung.

Selva ließ sich anstecken und hoffte inständig, dass die nächste Antwort die richtige wäre.

»Und du sagst, dein Marc leuchtet auch?«

»Ja! Und ich sehe in seinen Augen, dass auch er es spürt. Aber es ist, als ob er es nicht richtig deuten könnte, als ob er es zwar fühlen könnte, aber noch eine Erklärung dafür bräuchte, was es ist, das er fühlt. «

»Du musst ihm ein bisschen Zeit geben, Schatz. Die Teres hören mehr auf ihre Gedanken als auf ihre Gefühle. Ihr Kopf ist ständig voll, und vieles – Gutes *und* Schlechtes – schaffen sie nur, weil sie ständig neue Ideen haben und ihr Denken so schnell ist. Aber mit dem Fühlen haben sie es nicht so. Sie haben Angst vor zu viel davon und denken es weg.«

»Aber was kann ich denn tun, Mommie? Es sind nur noch wenige Sonnen, bis Akana ihren entsetzlichen Schlag ausführen wird, und ich habe solche Angst, dass er – selbst wenn er überlebt, weil ich ihn gewarnt habe – danach nichts mehr mit jemandem wie mir zu tun haben will. Mit einer aus dem Volk, das sein eigenes so tödlich getroffen hat.«

Selva nahm ihre Enkelin in den Arm und spürte die unruhige Energie durch jede ihrer Poren fließen.

»Nichts. Liebes, das liegt nicht in deiner oder meiner oder in irgendjemandes Hand. Entweder er erkennt eure Verbindung oder nicht. Ist sie stark genug, wird sie stärker als jeder Zweifel und jede Reaktion auf das bevorstehende Unheil sein, glaube mir. Wichtig ist jetzt, dass du viel bei ihm bist und ihn dein Licht sehen lässt, wann immer es möglich ist.«

»Wie kann ich das tun, wenn ich ab jetzt die Höhle nicht mehr allein verlassen kann?« Merla erhob sich in einer geschmeidigen Bewegung von ihrem Ruhelager, schwamm einen engen Bogen und sah ihre Großmutter herausfordernd an. Sie verstand jetzt noch weniger, warum Selva sie so hart bestrafte.

Selva schlug heftig mit den Flossen, sodass das Wasser in der

Höhle in Bewegung geriet. Im selben Augenblick leuchteten die Wände und der Boden in allen Farben des Regenbogens, als die leuchtenden Einzeller in den Pflanzen die Bewegungsenergie in Licht umwandelten.

»Na, dann schwimmen wir morgen früh eben gemeinsam«, entgegnete Selva verschmitzt lächelnd und bedeutete ihrer Enkelin mit dem Finger vor dem Mund nun zu schweigen.

Die Stimmen vor dem Eingang der Höhle waren vertraut. Selva öffnete die Abdeckung und begrüßte Maris und Sira liebevoll wie immer.

Auch sie kann Geheimnisse gut für sich behalten, dachte Merla, lächelte still in sich hinein und ließ sich von ihrer Schwester die Haare flechten, während Maris leise Lieder auf der großen Concha-Muschel spielte.

Die Erleichterung entließ die Muskeln in ihrem Nacken endlich aus dem eisernen Griff der Anspannung, und Merla fühlte sich so friedlich und ruhig wie schon lange nicht mehr.

Sie hatte sich endlich jemandem anvertraut.

Und sie würde Marc wiedersehen können.

22

Die Wellen des Pazifiks brachten Marc nicht auf andere Gedanken.

Sein Gehirn ließ sich weder durch perfekte Wellen ablenken noch durch den strahlenden Sonnenschein und das Gefühl von gestohlener Freiheit aufgrund seines »krankheitsbedingten« Schul-Ausfalls.

Er brannte darauf, mit Merla zu sprechen und ihr von der Möglichkeit zu erzählen, mithilfe der Loricifera vielleicht das Schlimmste verhindern zu können. Vielleicht kannte sie diese Spezies ja sogar? Obwohl – wenn ja, hätte sie bestimmt gewusst, dass diese ihre Rettung sein könnten.

Er surfte unmotiviert und ohne Freude dabei zu empfinden ein paar Wellen, beschloss dann jedoch, dass es keinen Sinn hatte und er einfach zu aufgewühlt war, und fuhr nach Hause.

Die Stimme seiner Mutter auf dem Anrufbeantworter gab ihm ein warmes Gefühl von Verbundenheit und der kleine Stich im Herzen, den er verspürte, zeigte ihm, dass er sie vermisste. Mehr als er sich meistens eingestehen wollte.

Aber er konnte sie nicht anrufen. Nicht jetzt. Sie würde die Sorge in seiner Stimme sofort hören und es hätte keinen Sinn, ihr irgendwelche Ausflüchte aufzutischen. Auch wenn sie schon lange nicht mehr zusammenwohnten – sie war seine Mutter. Und daher mit einem perfekt funktionierenden sechsten Sinn ausgestattet, der wie ein Suchscheinwerfer in der Dunkelheit zielsicher orten konnte, dass ihn etwas belastete.

Er machte sich ein Sandwich mit Avocado und Ei, nahm sich sein Tablet und setzte sich in einen der beiden grünen Schaukelstühle auf der Veranda. Er schmeckte kaum, was er aß, und verbrachte dann den Nachmittag über mit unzähligen Kombinationen der Suchwörter »Grünalgen«, »Korsetttierchen«, »Pilze« und »Schwefelwasserstoff«.

Als die unzähligen Fachbegriffe und Fremdwörter in seinem Kopf Samba zu tanzen schienen, wechselte er zur Homepage der Maui News und überflog den aktuellen Aufmacher: »Die letzten Sekunden auf dem Todesschiff«. Mittlerweile waren das FBI und zahlreiche Wissenschaftler aus den USA mit den Ermittlungen zur Todesursache der über hundert Menschen an Bord befasst. Doch neue Erkenntnisse, woher das tödliche Gas gekommen war, gab es nicht. Erstmalig aber wurde ein Handy-Video veröffentlicht, das die letzten Minuten an Bord dokumentierte.

Marc grauste es. Ein Video des Todes? Das war ja wohl komplett pervers! War das überhaupt erlaubt?

Marc widerte der Gedanke an, wie ein Gaffer zu glotzen, aber schließlich erhoffte er sich ja auch nützliche Erkenntnisse und die Neugier siegte über seine Ablehnung. Er klickte auf das Video.

Gebannt sah er durch das Objektiv der leicht wackelnden Smartphone-Linse. Der Besitzer, der sich augenscheinlich leicht erhöht auf einer Art Ausguck befand, schwenkte einmal von der funkelnden Wasseroberfläche über das gesamte Deck des prächtigen Segelschiffes mit den drei Masten und kommentierte die Szenerie. »So, ihr lieben Landratten, das ist für euch: um uns herum der endlos blaue Pazifik – und an Bord nur richtig gute Leute! Unser Schiff, unsere Party-Crew! Whoop whoop!«, erklang seine fröhliche, sympathische Stimme, während dezente Beats im Hintergrund zu hören waren.

Die Kamera zeigte entspannte Menschen, die in der Sonne lagen und die Wärme auf ihren winterbleichen Körpern genossen. Andere tanzten vor dem DJ-Pult und schienen nicht bis zum Abend abwarten zu wollen, um Party zu machen. Man hörte Gelächter und Ausgelassenheit, während ein Kellner mit offenem Hawaii-Hemd und Shorts einer Frau – augenscheinlich die Freundin des Kamerabesitzers – einen bunten Drink brachte, in dem ein rosa Flamingo als Rührstab steckte. Die Kamera zoomte zum Gesicht der Frau, und wieder hörte man den Kommentar des jungen Mannes: »Yes, Honey – cheers! Feiern kann man auch ohne Alkohol. Wie schön, dass sie überhaupt wieder fit ist nach dieser Monster-Wintergrippe!« Fröhlich lachend prostete die hübsche Frau dem Kameramann zu und nahm genießerisch einen großen Schluck. Das Bild wurde wieder größer und die trinkende Frau einer von vielen glücklichen Menschen an Deck.

Und dann passierten so viele Dinge gleichzeitig, dass Marc unwillkürlich die Luft anhielt.

Als Erstes schepperten Gläser und Flaschen auf den Boden, Handys und Zeitschriften ebenso, und vollends leblos sanken die Menschen auf den Liegen in sich zusammen. Dann fielen die Stehenden um und die Leute, die eben noch voller Energie getanzt hatten, sahen aus, als ob ein Marionettenspieler plötzlich seine Puppen fallen gelassen hätte. Die Musik spielte weiter, als ob nichts wäre. Doch nichts stimmte mehr. Ein Mädchen im neonfarbenen Bikini, das gerade die Stufen zum kleinen Pool hinaufstieg, fiel wie vom Blitz getroffen nach hinten. Ein kurzer Schrei schallte aus ihrer Nähe auf.

»Was zum Teufel …?«, schrie der Kameramann noch, bevor man ihn leise keuchend mehrfach einatmen hörte.

Dann drehte sich das Bild auf den Kopf, es knallte, als das Handy zu Boden fiel, es gab einen schweren Schlag, als sein Körper folgte, und man sah nur noch den blauen Himmel, der einfach weiter traumhaft blau war, obwohl niemand es mehr wahrnehmen konnte.

Marc wurde augenblicklich speiübel, und mühsam unterdrückte er das dringende Bedürfnis sich zu erbrechen.

Wie bitte schön konnte man so etwas online stellen? Das war grauenvoll! Nur um höhere Klickzahlen zu bekommen?

Er sprang auf und ging ins Bad, spritzte sich am Waschbecken Wasser ins Gesicht und atmete tief und ruhig, um seinen rebellierenden Magen und sein wild klopfendes Herz zu beruhigen.

Mehr als eine Viertelstunde stand er regungslos am Fenster,

und sein Blick schweifte über die friedliche Nachmittagsszenerie. Die Kinder der Stanleys von gegenüber warfen Bälle in den Basketballkorb auf der Auffahrt. Sie lachten fröhlich und feuerten sich beim Werfen an, während ihre Großmutter ein Haus weiter vor der Tür saß und las. Die tiefer stehende Sonne ließ die Farben der Häuser warm erstrahlen, und die Palmen wiegten sich raschelnd im lauen Wind. Nur wenige Wolken schwebten über dem Gipfel des Vulkans, der sich mächtig wie ein felsgewordener Beschützer der Menschen emporhob.

Wie unglaublich schön alles ist, dachte Marc. Und der Schmerz durchzuckte ihn wie ein Stromschlag. Wenn wir keine Lösung finden, wird bald niemand mehr diese Schönheit sehen können!

Er ging wieder auf die Veranda und klickte wie ferngesteuert auf die Website eines Flugvergleichsportals. Die 22-Uhr-Maschine am 21. Dezember könnte ihn, seinen Vater und seinen Bruder von dieser Insel bringen, bevor es zu spät war. Korsettierchen hin oder her. Das Risiko war einfach zu groß, und er wollte nicht so sterben wie diese Menschen auf dem Schiff. Dahingerafft in Sekundenschnelle von einem unsichtbaren Tod. Er klickte auf »Buchung bestätigen« und fühlte sich wie ein Verräter, bevor sein Gehirn wieder losratterte.

Was hatte sein Vater gesagt – einen Terrorangriff vortäuschen? Vielleicht war diese Idee gar nicht so schlecht. Was könnte die Menschen erfolgreich dazu bewegen, die Insel zu verlassen? Sie mussten einen Plan B haben, falls der Weg mit den Loriciferas ins Nirgendwo führte.

Marc grübelte über diesen Gedanken, bis das Innere seines Kopfes sich weich und matschig wie warmer Apfelkuchen anfühlte.

Als Leo mit rotem Gesicht und außer Atem die Straße hochgeradelt kam, war das Licht des Nachmittags schon abendsanft geworden und Marc fühlte eine Woge der Zuneigung, als sein Bruder ihn ungebrochen fröhlich begrüßte.

»Na, du siehst ja tatsächlich ziemlich blass aus, Bruder. Bist du etwa wirklich krank?«

»Nein, mir geht's gut. Hätte mir bloß vorhin dieses Horror-video von einem der Todesschiffpassagiere nicht ansehen dürfen. Das hat mich richtig fertiggemacht.« Marc vertrieb die Bilder, bevor sie wieder vor seinem inneren Auge auftauchen konnten, und sprach mit festerer Stimme weiter. »Aber es gibt auch gute Nachrichten! Stell dir vor: Mein olles Biobuch mich auf einen ziemlich guten Gedanken gebracht hat, deshalb hab ich eine spontane Erkältung bekommen müssen und bin zu Dad rausgefahren.«

»Echt? Und der wäre?« Leo ließ sich in den zweiten Schaukelstuhl fallen, legte die Füße auf das Geländer der Veranda und sah seinen Bruder erwartungsvoll an.

»Korsetttierchen«, antwortete Marc nur und freute sich ein bisschen über Leos verständnislosen Gesichtsausdruck.

»Okay, ich erklär's dir kurz: Eine italienische Forschergruppe hat im Mittelmeer so kleine Viecher entdeckt, die nicht Sauerstoff, sondern Schwefelwasserstoff atmen. Also genau das Zeug, das die Algen produzieren und das uns den Garaus machen soll. Dad versucht jetzt Kontakt mit den Italienern aufzunehmen und herauszufinden, ob man noch eine ganze Riesenherde dieser Tierchen, übrigens auch Loricifera genannt, produzieren kann, um diese dann den Todesdunst der Algen quasi wegverstoffwechseln zu lassen.«

Leo sah zwar überhaupt nicht überzeugt aus, aber mit hochgezogenen Augenbrauen und zweifelndem Blick erwiderte er: »Wow. Nicht schlecht.«

Marcs zaghaft zurückgekehrter Optimismus löste sich direkt in Luft auf.

»Ein bisschen mehr Begeisterung hätte ich schon von dir erwartet, Bruder!«

Leo war aufgestanden und ging wie ein Tiger im Käfig auf der kleinen Veranda auf und ab. »Na ja, ganz im Ernst: Italien? Und uns bleiben nur noch 9 Tage – wie soll das gehen? Wie viele von den Korsettteilen bräuchte man denn, um die Unmengen an Gas wegzuatmen? Und das Mittelmeer ist viel salziger als der Pazifik, vielleicht krepieren die alle, bevor auch nur eins einen ordentlichen

Zug Schwefelwasserstoff nimmt … scheint mir eher ein Zeitfresser zu sein als ein wirklicher Plan.«

»Was ist denn mit dir los, dass du so kritisch bist?«, Marc war jetzt auch aufgestanden, seine Unruhe war zu groß.

»Ich weiß es doch auch nicht, aber immerhin versuche ich uns zu retten, während du einen auf Krawallanführer machst und deine Flotte gegen einen Feind in See stechen lässt, der *uns* zumindest nicht umbringen will.«

Marc wollte seinem Bruder eigentlich nicht so an den Karren fahren, aber er war wütend. Wütend und frustriert, weil Leo seine Hoffnungen so mir nichts, dir nichts infrage gestellt hatte.

»Hey, nun halt aber mal die Luft an! Das war ja wohl genau so abgesprochen, dass ich versuche, die Situation hier oben zu klären, mit dem Ziel, dass die da unten nicht mehr sauer auf uns sind, oder?« Leos Stimme war auch lauter geworden, und die Spannung zwischen den Brüdern waberte wie eine unsichtbare Gewitterwolke zwischen ihnen.

»Ach komm, lass gut sein, Leo. Du hast ja recht, tut mir leid. Ich habe einfach eine Scheißangst, dass wir es nicht schaffen.« Marc fühlte sich nicht in der Stimmung zu streiten, merkte aber, wie leicht reizbar er war.

Er hatte einen schuldbewussten Ausdruck im Gesicht, als er weitersprach. »Ich habe uns Tickets gebucht. Am 21. abends. Falls es tatsächlich nicht klappt.«

»Du willst einfach abhauen?«, fragte Leo und blieb wie vom Donner gerührt stehen.

Wie naiv konnte man sein? »Und du willst lieber hier japsend auf der Veranda sitzen und vorher noch dein bestes Hemd anziehen, wenn du dem lieben Gott entgegentrittst, oder wie?«, fragte Marc schärfer als beabsichtigt.

Leo schüttelte den Kopf, als ob er es nicht glauben könnte.

»Dann sollten wir am besten gleich den ganzen Flieger buchen, damit wir alle Freunde mitnehmen können. Aber was, wenn die Plätze nicht reichen? Ach, dann vielleicht gleich die ganz Aloha-Airlines-Flotte und noch alle Maschinen von United dazu, oder wie?« Vermeintlich unschuldig fragend blickte er Marc aus großen Augen an.

Doch die Provokation in den Worten seines Bruders war nicht zu überhören. Marc spürte, wie seine Wut Anlauf nahm, und er wollte gerade losbrüllen, als sich der Scheinwerfer eines Autos näherte und der schwarze Pick-up ihres Vaters auf die Auffahrt fuhr. Er beherrschte sich und sprach ruhig, aber innerlich brodelnd weiter.

»Also, wenn du Todessehnsucht verspürst – bitte schön! Ich sicher nicht! Und ich werde alles daransetzen, dass wir in neun Tagen unten am Strand eine verdammte Riesenparty zur Feier unseres Überlebens starten können! Aber ich verbringe Weihnachten lieber mit Mom und euch in San Francisco als im Himmel mit irgendwelchen Engeln. Und: Wenn die Frage lautet, ob ich mein Leben retten würde, statt mit allen draufzugehen, dann ist meine Antwort: Ja! Oder bist du hier der große Märtyrer, der Arm in Arm mit seinen Nachbarn, Lehrern und allen möglichen anderen in den Tod geht?«

Ihr Vater musste die letzten Worte bereits gehört haben, denn er rief laut aus dem heruntergelassenen Autofenster zu ihnen hoch: »Niemand geht hier in den Tod! Zumindest nicht so bald.«

Er stieg aus dem Auto, warf die Tür krachend zu und musterte seine Söhne mit ernster Miene.

»Was predige ich euch, seit ihr kleine Jungs wart? Die Hoffnung stirbt zuletzt. Und wenn du von vornherein denkst, es geht schief, dann ziehst du alle Energie in Richtung Scheitern. Stay positive, boys! Außerdem scheint das Glück doch ein bisschen mit uns zu sein.«

Mit leichten Schritten lief sein Vater die Treppen zur Veranda herauf und rief ihnen nur im Vorbeigehen zu: »Beruhigt euch schon mal! Ich hole mir kurz was zu trinken, dann bin ich bei euch, Jungs.«

Es herrschte einen Moment Stille vor dem Haus, unterbrochen nur von den ersten Geckos, die zaghaft zu flöten begannen. Marc wuschelte sich mit der Hand über den Hinterkopf, räusperte sich, und seine Augen trafen Leos Blick. Dann begannen beide im selben Moment zu sprechen. »Sorry, Alter!«, hob Leo an, während Marc »Tut mir leid, Bruder« sagte. Erleichtert bot Marc seinem Bruder die Hand zum Einschlagen. Der klatschte mit einem breiten Grinsen ein und meinte achselzuckend: »Weißt du, ich hänge auch lieber mit Mom, ihrem komischen Freund und dir und Dad an Weihnachten ab, als tot am Strand zu liegen. Aber dass du schon gebucht hast, klingt, als ob du schon die Hoffnung aufgegeben hättest. Dich aus dem Staub machen würdest.«

Ohne die hitzige Stimmung von eben konnte Marc nun ruhiger antworten: »Dann hast du mir nicht richtig zugehört. Ich arbeite hart an Plan A und zermartere mir das Hirn für einen Plan B. Seit wann bin ich jemand, der sich versteckt, wenn es schwierig wird? Das kannst du mir nun wirklich nicht unterstellen. Und die moralische Frage, ob man im Angesicht des Todes wenigstens sein eigenes Leben rettet, wenn es möglich ist, die haben schon weitaus sozialere Menschen als ich mit ›Ja‹ beantwortet.«

Leo betrachtete seine Hände gründlich und knibbelte Sandreste unter den Fingernägeln hervor, bevor er nachdenklich antwortete.

»Grundsätzlich hast du natürlich völlig recht – lieber kalte Füße in San Fran als tot neben der fiesen Ms Haynes auf dem Kamehameha-Friedhof.«

Klaus Beck hatte sich das Hemd aufgeknöpft, war barfuß und setzte sich mit einem Glas Kokoswasser in der einen Hand auf das Geländer der Veranda, mit der anderen machte er eine wegwerfende Bewegung in Richtung seiner Söhne, die ihn aus den Schaukelstühlen vor ihm gespannt ansahen. »Jungs, ich hab's doch gerade schon mal gesagt. Hört auf, andauernd Weltuntergangsstimmung zu verbreiten, sonst können wir uns ja gleich eingraben.« Und zu Marc gewandt sagte er: »Ich habe vorhin die Abbuchung von meiner Kreditkarte gesehen. Ich finde es gut, dass wir die Tickets in der Hinterhand haben, aber ich habe das Gefühl, dass wir sie nicht brauchen werden.«

Er nahm einen großen Schluck aus seinem Glas, stellte es

neben sich auf das Geländer und lehnte sich gegen den hölzernen Pfosten, der das Dach trug.

»Rück schon raus mit der Sprache, Dad – gute Neuigkeiten aus Italien oder was? Arbeiten die da auch nachts?«, fragte Marc drängend, dem die Lässigkeit seines Vaters gerade auf die angespannten Nerven ging.

»Nicht ganz, aber so ähnlich ... Also: Erstens hatte ich Glück, weil mein italienischer Kollege sich gerade nicht in einer europäischen Zeitzone, sondern gar nicht so weit weg von uns, nämlich in San Diego, befindet, deshalb hat er auch vorhin noch auf meine Mail reagiert, und danach haben wir per Skype miteinander gesprochen. Das ist vielleicht ein Vogel, sag ich euch. Typisch italienisch – sein Gestikulieren mit den Händen war fast bildfüllend. Wenn ich nicht wüsste, dass der Mann ein angesehener Wissenschaftler ist, hätte ich ihn glatt für einen italienischen Schauspieler gehalten, so wie dieser ... wie heißt er noch?«

»Bitte, Dad, hör auf damit! Was sagt er?«, fragte Marc jetzt schon ungeduldiger.

»Ist ja gut. Der Name fällt mir nachher bestimmt wieder ein. Also, jedenfalls hat er schon mal das bestätigt, was wir wissen: Seine kleinen Loriciferas lieben Schwefelwasserstoff und haben auch mächtig Appetit darauf. Außerdem ist er in der Lage, in kürzester Zeit sehr viele davon unter künstlichen Bedingungen zu produzieren. Doch hier kommt der Haken: Seine Tierchen mögen nur das salzige Mittelmeer. Sobald der pH-Wert des Wassers saurer wird, nippeln die alle ab.«

»Shit. Genau, wie Leo gesagt hat.« Marc sah zu seinem Bruder hinüber, der so recht mit seiner Vermutung gehabt hatte.

»Jaaa, Moment! *Seine* Korsetttierchen mögen es salzig, aber – und jetzt kommt der Teil, der mich deutlich optimistischer gestimmt hat – es gibt eine Art, der der europäischen in fast allem ähnelt. Dieselbe Spezies, derselbe Stoffwechsel, nur eben eine andere pH-Wert-Toleranz.« Er war vom Geländer gerutscht, und man sah, dass seine Lockerheit jetzt positiver Anspannung gewichen war. »Nicht im Atlantik oder im Indischen Ozean ...

nein! Im Pazifik hat er gerade vor einem halben Jahr die Schwester-Spezies entdeckt! Ist das nicht ein Ding? Gerade erst entdeckt! Das nenne ich mal ein verdammtes Glück! Aber jetzt kommt der Haken: Diese Art Loricifera hat er im Nordpazifik gefunden, genauer gesagt im Golf von Alaska. Genau dort, wo eisenhaltiges Gletschereiswasser und Meerwasser zusammentreffen. Das ist ein extrem schwieriger Bereich für Boote und noch mehr für Tauchboote. Er hatte einfach wahnsinniges Glück, denn eine US-Ölfirma hatte dort bei Bohrungen Sediment entnommen, und weil der dortige wissenschaftliche Leiter eng mit seinem Labor zusammenarbeitet, konnte er diese Tierchen dort überhaupt spezifizieren. Also: Wir wissen, die Viecher mögen den Pazifik, wir wissen auch, wo sie sind. Die einzige Frage, die wir klären müssen, lautet: Wie kommen wir an sie heran?«

Die Anstrengung des Nachdenkens stand allen dreien ins Gesicht geschrieben, und die Worte ihres Vaters hallten in Marcs Kopf nach, als ob darin ansonsten gähnende Leere herrschen würde.

Die einzige Idee, die sich aus den Tiefen seines Unterbewusstseins an die Oberfläche hocharbeitete, war undurchdacht und unsinnig, und Marcs Stimme landete zögernd im angespannten Schweigen.

»Merla ... vielleicht könnte sie uns helfen ...«, er brach ab und schüttelte den Kopf. »Nein, das geht natürlich nicht. Wie weit ist Alaska entfernt? 3000 Kilometer? Selbst wenn sie schneller schwimmt als so manches Boot – das schafft sie nicht in der Zeit, die uns bleibt.«

»Dann bräuchte sie wohl einen Düsenantrieb.« Klaus Beck sah seinen Sohn aufmunternd an. »Aber warte mal – selbst wenn sie nicht dorthin kann, so kann sie uns bestimmt helfen! Vielleicht weiß sie ja, ob diese Spezies noch in näherer Umgebung zu finden ist. Sie müsste doch eigentlich alles, was dort kreucht und fleucht, wie ihre Westentasche kennen, oder?«

Marc stützte den Kopf in die Hände und massierte sich frustriert die schmerzende Stirn. »Na ja, wenn sie wüsste, dass diese Loricifera unsere Rettung sein könnten, dann hätte sie das bestimmt schon längst herausgefunden! Natürlich weiß sie alles über den Lebensraum dort unten, und wir haben schon unzählige Ideen gewälzt, was wir gegen die Algenattacke tun könnten – sie hätte es mir garantiert nicht verheimlicht!«

Leo, der bisher noch gar nichts gesagt hatte, brachte ihre Situation auf den Punkt. Und das klang deutlich weniger positiv, als sie sich eben noch erhofft hatten. »Also: Loricifera im Pazifik: ja. Erreichbar für uns: nein.« Er schnaubte. »Ehrlich gesagt, Dad, hätte ich mir mehr erwartet, so lässig, wie du eben hier aufgetreten bist ... so, wie es aussieht, werden wir doch auf einen Plan B zurückgreifen müssen. *Ich* habe mir dazu nämlich Gedanken gemacht.« Er senkte die Stimme und sah sich prüfend um, was natürlich in Anbetracht der Tatsache, dass sie die ganze Zeit schon besser nicht belauscht werden sollten, jetzt etwas überflüssig war. »Passt auf: Ich würde versuchen, mit meinen Hackerfreunden im Netz einen kleinen Raketenangriff zu simulieren.« Er machte eine Pause, die Bedrohliches erahnen ließ. »Das klingt jetzt erst mal etwas krass, ich weiß, aber eigentlich sollte es kein Problem sein. Anfang des Jahres hat doch dieser Trottel von der Flugüberwachung auf O'ahu schon mal einen Fehlalarm ausgelöst, und alle dachten, jetzt greifen die Nordkoreaner an. Da hatten sich viele Leute schon in ihren Kellern verbarrikadiert ...«

Marc unterbrach ihn aufgebracht: »Aber das nützt uns doch nichts! Im Keller oder in den Schutzräumen hier auf der Insel wird die Luft doch auch klimatisiert – dann würden die Leute eben nicht am Strand, sondern in ihren Kellern sterben! Und wenn dann noch der übermotivierte Präsident der USA auf den roten Knopf drückt, dann gibt es einen Atomschlag und vielleicht den dritten Weltkrieg! Das würde vielleicht die Meeresbewohner freuen, wenn wir uns hier oben alle gegenseitig plattmachen, aber wem sonst wäre damit geholfen?«

»Da hat Marc recht, Leo – das Risiko scheint mir zu groß, dass so eine Hackerinitiative weitaus Schlimmeres bewirkt, als wir zu verhindern versuchen«, warf ihr Vater bedächtig ein.

Leicht beleidigt schob Leo die Unterlippe vor, und sein Bruder wirkte eher wie ein schmollender Teenager und nicht wie der junge Mann, den er so gerne schon mimte, dachte Marc.

Seine blauen Augen blitzten, als er weitersprach. »Ihr müsst mich bitte erst mal ausreden lassen, ja?! Ich habe mich doch schon schlaugemacht: Es gibt einen Evakuierungsplan für die Insel. Käme die Meldung über einen bevorstehenden Angriff mehr als 24 Stunden vor dem avisierten Einschlag, dann würde die Insel geräumt werden! Wir würden uns eben nicht in die Flugüberwachung hacken, sondern einen fingierten Geheimdienstbericht lancieren, der rechtzeitig käme, um die Insel noch zu evakuieren! Die Pläne sind so ausgearbeitet, dass alle Einwohner mit Booten, Kreuzfahrtschiffen und Flugzeugen auf die Nachbarinseln gebracht werden können. Wir schicken unsere Fake News los, und 24 Stunden später können so viele Algen aufsteigen, wie die dort unten wollen – mehr als ein paar Delfine und Wale vielleicht würden dabei nicht draufgehen!«

»Kompletter Irrsinn, wenn du mich fragst«, murmelte Marc. Klaus Beck trank den letzten Schluck aus seinem Glas, bedachte Marc mit einem mahnenden Blick und fasste mit entschlossener Stimme zusammen: »Also, ich würde sagen, dieser Plan ist das absolut letzte Mittel der Wahl. Ich schlage vor, dass Marc zunächst mal mit Merla reden sollte. Sie ist immerhin noch so jung, dass sie eben nicht *alle* Geheimnisse des Ozeans wissen kann. Vielleicht kann sie ja doch noch mehr über die Korsetttierchen im Pazifik in Erfahrung bringen. Das heißt, du darfst morgen wieder den frühen Vogel machen, Marc, und ich spreche gleich noch mit der Ölfirma, die dort oben in Alaska bohrt – es könnte ja durchaus sein, dass ich denen einen plausiblen Grund liefern kann, dort etwas Sediment mit Loricifera für uns hochzuholen … auch wenn ich zugeben muss, dass das nicht gerade ein optimistischer Ausblick ist«, er seufzte, »und du, Leo – bitte mach noch *keinen* einzigen Schritt in Richtung vorgetäuschter Raketenangriff! Das ist ein Pulverfass, das wir nur im allerletzten Moment zünden sollten. So entsetzlich es auch klingt: Vielleicht wäre es dann doch besser, die Insel ihrem Schicksal zu überlassen, als die ganze Welt mit in den Abgrund zu reißen.

Wir sollten all diese Gedanken erst mal sacken lassen. Manchmal führt ja eins zum anderen ... konzentrier du dich erst mal auf die Protestfahrt zu dem deutschen Forschungsschiff. Die Möglichkeit, dass wir so die Meeresbewohner besänftigen können, besteht ja schließlich auch noch.«

Besonders hoffnungsvoll klang er trotz seiner Denk-positiv-Parole und der Entschlossenheit im Blick nicht, dachte Marc.

Sie blieben noch eine Weile auf der Veranda, jeder in seine Gedanken vertieft, während das Rauschen der Palmen langsam leiser wurde und sich der Wind schließlich über Nacht zur Ruhe setzte.

Im Gegensatz zur trügerischen Stille draußen fühlte sich Marc eher aufgewühlt als beruhigt, als er schließlich in seinem Zimmer war und ziellos im Internet surfte. Er hörte ein bisschen Musik, spielte ein wenig auf seinem Handy, bemerkte mit schlechtem Gewissen, dass das klärende Gespräch mit Leilani noch immer ausstand, schrieb ihr eine kurze Nachricht und legte sich irgendwann mit hinter dem Kopf verschränkten Armen aufs Bett und starrte in die Dunkelheit. Im Haus war es still geworden. Ob sein Bruder und sein Vater einschlafen konnten?

Marc blieb reglos mit offenen Augen liegen. Nachdem er gesehen hatte, dass ihm sowieso nur noch wenige Stunden blieben, wollte er pünktlich eine Stunde vor Sonnenaufgang bei Merla sein.

Er schloss die Augen, fand aber keinen Schlaf, sondern konnte nur hilflos die rasenden Gedanken beobachten, die in seinem Kopf hin und her jagten.

Als der Wecker um Viertel nach vier klingelte, wusste er nicht, ob die wirren Bilder in seinem Kopf geträumt oder erdacht gewesen waren.

23

Maui, Hawaii. Noch 8 Tage.

Genau wie ihre Großmutter hatte Merla extra nicht von den Algen mit der schlaffördernden und regenerierenden Wirkung genommen, bevor sie sich zur Ruhe gelegt hatte.

Immer wieder hatte sie zwar kurz geschlafen, doch die Aufregung darüber, dass sie Marc bald sehen, dabei sogar eine Vertraute an ihrer Seite haben würde und sich nicht mehr komplett verstellen müsste, hatte ungeduldig in ihrem Bauch gebrodelt.

Sie öffnete vorsichtig die Algenschnüre ihres Schlafkokons, blickte in das diffuse Licht der Höhle und schlüpfte hinaus – wie immer so vorsichtig wie möglich, um keine großen Wasserbewegungen zu verursachen.

Auch als Selva fast im selben Moment ihren Kokon verließ, geschah das so unauffällig, dass die Lichtsensationen und das Erwachen der Farben in ihrer Schlafgrotte ausblieben. Auch sie schwamm sachte, man sah kaum, dass sich ihre Flossen überhaupt bewegten.

Liebevoll betrachtete Merla ihre Großmutter. Selva war immer noch eine schöne Frau. Die silbernen, glatten Haare, die sie locker mit einer Kette aus kleinen Muscheln zusammengebunden hatte, leuchteten schwach bläulich im Schein der wenigen Einzeller. Ihr Körper war fest und die geschuppten Beine schlank, die Enden ihrer langen Flossen immer noch durchscheinend und kaum eingerissen. Der Ausdruck auf ihrem Gesicht war wach und gelassen. Als sich ihre Blicke trafen, fühlte Merla sich so aufgehoben wie schon lange nicht mehr.

Unbemerkt verließen die beiden Frauen die Höhle und schwammen zügig, ohne auch nur ein einziges Wort miteinander zu wechseln, in Richtung der Bucht hinter dem Felsen, den Merla und Marc zu ihrem neuen Treffpunkt gemacht hatten.

Ihr Sonar wies ihnen den Weg. Sie bewegten sich parallel zur Küste durch die frühmorgendliche Dunkelheit, und erst als sie auf Höhe der kleinen Bucht waren, suchten sie sich in wortlosem Einverständnis einen breiten Spalt in der düsteren Wölbung der Lavawand, der sie vor fremden Ortungssinnen schützte.

Merla konnte nicht anders. Überschwänglich umarmte sie ihre Großmutter und sprudelte fast über vor Freude. »Du kannst dir gar nicht vorstellen, Mommie, wie schön es ist, dass du bei mir bist! Soo schön! Ich kam mir so schlecht vor – das kannst du mir glauben! Ich wusste doch, welche Sorgen du dir um mich machst, und dann habe ich kleiner Fisch nichts Besseres zu tun, als euch abends noch mehr von den Schlafalgen unterzumischen und mich wieder wie eine Diebin davonzustehlen!«

Selva lächelte ihre Enkelin nachsichtig an. »Soso: Schlafalgen auch noch – da bin ich aber froh, dass du dich mit der Dosierung so gut auskennst und es nicht noch ein Unglück gegeben hat!« Sie umarmten sich fest, und Merla spürte die liebevolle Wärme zwischen ihnen wie eine leuchtende Quelle in ihrem Inneren, die ihr Kraft und Mut einflößte.

So viele verschiedene Arten von Licht gibt es, dachte sie, und dieser Gedanke beruhigte sie.

Die klickende Tonfolge, die sie plötzlich wahrnahm, ließ Merla zusammenzucken. Sie lugte aus dem Schutz der Felsspalte und beobachtete besorgt den Delfin, der direkt auf sie zugeschwommen kam.

»Alles in Ordnung. Der wird uns nicht verraten. Sieh hin, Merla!« Als der große Tümmler sich kurz vor ihnen befand, erkannte Merla erleichtert, dass es Kicko war, der ihr auch sogleich seine Schnauze wie zum Kuss entgegenstreckte und leise keckerte.

»Ich dachte, noch ein Wächter mehr kann nicht schaden. Wir brauchen so viele aufmerksame Augen, Ohren und Sinne wie möglich. Akana liebt zwar ihren Schlaf mehr als ich, aber auch sie könnte in diesen aufwühlenden Zeiten Späher ausgesandt haben. Und Kicko ist dir ja wirklich ein treuer Freund, oder?«

Merla strahlte über das ganze Gesicht und rieb ihrem Freund liebevoll über die Schnauze. Sie sandte ihm klickend ein paar dankbare Worte zu, die er mit einer ruckartigen Kopfbewegung quittierte und auf die er so schnell antwortete, dass Merla sich anstrengen musste, um alles zu verstehen.

»Das habe ich noch nicht oft erlebt, dass ein Delfin so viele warme Worte für einen der unseren hat«, kommentierte Selva Kickos Klicken erstaunt. »Nun aber genug der Freundschaftsbekundungen. Wir haben nicht viel Zeit, bevor die Kolonie erwacht!«

Ihre Großmutter löste sich aus ihrem Versteck und suchte mit ihren Schallwellen aufmerksam die Umgebung ab, während Kicko dasselbe tat, und wandte sich Merla dann eindringlich zu.

»Ich kann keine Haie oder andere große Wesen in näherer Umgebung orten und Kicko auch nicht. Dein Marc sollte dort oben auf seinem Surfbrett sicher sein und ihr beide ungestört. Wenn irgendetwas Unvorhergesehenes passiert, werde ich in höchster Frequenz rufen. Das wirst du über Wasser zwar nicht hören, aber deine Schuppen sollten die Bewegung registrieren. Aber was rede ich, das weißt du ja alles. Entschuldige, mein Kind, aber ich bin doch etwas angespannt. Und falls …«

Sie brach mitten im Satz ab.

»Falls was?«, wollte Merla wissen.

Das offene Gesicht ihrer Großmutter verschloss sich schnell wie eine Muschel bei Gefahr. »Gar nichts. Nun schwimm, meine kleine Nixe. Und leuchte mit deinem ganzen wundervollen Wesen!« Sie legte Merla eine Hand auf die Stirn und strich mit dem Daumen sachte über ihre Augenbraue.

Merla war zu aufgeregt, um sich noch über die seltsame Andeutung zu wundern. Mit hohem Tempo schoss sie der Wasseroberfläche entgegen und genoss das Gefühl der Beschleunigung, die an ihren Haaren zog und in ihrem Bauch kribbelte.

Als sie nur noch wenige Meter unterhalb des Meeresspiegels war, bremste sie ab, ließ sich treiben und ortete alles Lebendige, das sich in ihrer Umgebung befand. Sie entdeckte einen Schwarm von Einhornfischen, die mit ihren langen Nasen so lustig aussahen, mehrere Schildkröten, die träge auf und ab stiegen, und einen ruhenden Riffhai im flachen Wasser der Bucht.

Da! Sie wandte den Kopf in die Richtung, aus der sie seine Armzüge durch das Wasser bemerkt hatte, und schwamm ihm mit stolperndem Herzen entgegen.

Sie unterquerte sein Surfbrett und schwamm ein paar Züge direkt unter ihm, genoss einfach nur seine Gegenwart und spürte die Vorfreude wachsen, gleich in seine Augen zu sehen. Plötzlich hörten die Bewegungen über ihr auf, und obwohl Marc den Felsen noch nicht erreicht hatte, hielt er inne.

»Merla? Bist du hier?«, rief er in die Dunkelheit hinein.

Hatte er ihre Nähe gespürt? Er konnte sie ja unmöglich gesehen haben – so schlecht wie die Teres in der Dunkelheit sehen konnten. Der Klang seiner Stimme ließ Merlas Herz rasen, und ohne weiter nachzudenken, tauchte sie fast lautlos vor ihm auf.

»Hey! Hier bin ich! Kannst du plötzlich im Dunkeln sehen? Ich dachte, du könntest nur grobe Umrisse erkennen? Ich hatte ja gehofft, du würdest die Warze auf meiner Nase und die schiefen Haizähne nicht bemerken.« Sie lächelte ihn spöttisch an und spritzte mit der Hand etwas Wasser auf seine Oberschenkel.

Marc konnte gar nicht anders, als zurückzulächeln, und revanchierte sich bei ihr mit einem Schwall Wasser, der ihr Gesicht streifte. Sie wischte sich lachend über die Augen. »Da bist du ja! Da hat mich mein Gespür also nicht getäuscht ... Na, du machst mir ja einen sehr ausgeschlafenen Eindruck! Guten Morgen!« Mit gewichtiger Miene erklärte er: »Erstens habe ich dich schon im hellsten Tageslicht gesehen und auch die letzten Male hat das Licht der Dämmerung gereicht, um mich davon zu überzeugen, dass du ganz gut aussiehst. Zumindest konnte ich keine grundlegenden Entstellungen ausmachen ...« Dann fügte er grinsend hinzu: »Zweitens hat dein Ortungssinn anscheinend auf mich abgefärbt, ich wusste irgendwie, dass du da bist.«

Das Angleichen der Fähigkeiten! Ich kann es nicht glauben, dachte Merla, die Verbindung wird immer stärker! Wann wird er es denn endlich bemerken?

Sie ließ sich jedoch nichts anmerken und fragte scheinbar unbewegt: »Bist du denn jetzt schon so weit mit deinem Ortungssinn, dass du auch die gefräßigen Tigerhaie, die hier um dich kreisen, ausmachen kannst, oder sollen wir lieber doch nach vorn zu dem Felsen schwimmen?«

»Na ja, du wirst mich ja wohl kaum vor Killeralgen retten wollen, um mich stattdessen den Haien zum Fraß vorzuwerfen, oder?«, entgegnete Marc belustigt und paddelte in die Richtung, in der er mittlerweile deutlich dunkle Felsen vor dem morgengrauen Himmel ausmachen konnte.

Als er dort ankam, hatte sich Merla schon auf einen der tiefer liegenden Felsen gesetzt. Marc kletterte neben sie, legte sein Surfbrett vorsichtig ab, sah ihr direkt in die grünen Augen und begann ohne Umschweife:

»Ich brauche deine Hilfe, Merla. Mein Vater und ich haben eine Entdeckung gemacht, die vielleicht unser aller Leben oben auf der Insel retten könnte.«

Er erzählte ihr alles, was sie über die Korsetttierchen und deren Hunger auf Schwefelwasserstoff in Erfahrung gebracht hatten, beschrieb ihr auf Nachfrage genau, wie die Loriciferas aussahen, und bemühte sich, kein Detail zu vergessen, während sie ihn aus leuchtenden Augen aufmerksam ansah.

»Hast du von diesen Minitierchen, die anscheinend im Meeresboden leben, schon mal gehört?«, fragte er hoffnungsvoll, nachdem er ihr alles geschildert hatte.

Ihre Miene war ernst, als sie antwortete: »Ja, natürlich kenne ich diese Spezies – ich hatte auch schon an diese Möglichkeit gedacht –, aber leider muss ich dich enttäuschen: In unseren Breiten gibt es sie nicht, weil die Gase im Boden anders sind. Sie sind tatsächlich auf die kälteren Regionen nahe dem großen Eiswasser beschränkt.« Sie zögerte und legte ihm tröstend eine Hand auf den Arm, weil sie seine direkt einsetzende Mutlosigkeit sofort wahrnahm. »Sie könnten hier zwar nicht lange überleben, aber für zwei, drei Sonnen – das würde für unsere Zwecke ja völlig ausreichen! Ich kann natürlich auch meine Großmutter noch mal fragen, aber ich fürchte, wenn diese Tiere hilfreich sein könnten, so müsste man sie von dort oben holen.«

»Verdammt! Mein Dad meint, es sei wahrscheinlich einfacher, auf den Mond zu fliegen, als in dieser Region vor Alaska eine Tauchmission zu starten ...« Frustriert seufzte Marc und starrte schweigend auf das Wasser, das seine Füße kühl umspülte. Er fröstelte und schlang die Arme um die angezogenen Knie. Die einzige Wärme, die er spürte, war Merlas Hand auf seiner Haut. Die Enttäuschung breitete sich wie eine düster wabernde Wolke in ihm aus, und die Bilder von toten Menschen am Strand und Atomraketen, die den Himmel zerschnitten, tauchten in ihm auf, ohne dass er sich dagegen wehren konnte.

Es gibt nur eine Möglichkeit, dachte Merla, während Marc stumm seinen Gedanken nachhing.

Eine einzige.

Ich muss mich wandeln. *Er* muss mich verwandeln.

Aber ich will ihn nicht in diese Verbindung zwingen. Er muss das *ewige Licht* teilen *wollen*. Ich kann ihn ja nicht zwingen, mich zu küssen und sich zu mir zu bekennen.

Oder aber ...

Die Idee schoss durch ihr Bewusstsein wie ein Lichtblitz in der dunkelsten Nacht, und noch ehe sie gründlich nachgedacht hatte, nahm der Plan in ihrem Kopf Formen an.

Das Wichtigste ist, ihn und diese Menschen zu retten! Mein eigenes Glück, ob wir das Licht teilen oder nicht, steht an zweiter Stelle. Ich werde nicht an kaltem Herzen sterben. Niemals! Egal, wie er sich entscheidet, ich habe genug Wärme in mir, um die Kälte zu ertragen!

Entschlossen erhob sie sich, glitt ins Wasser und sagte mit angespannter, ungewöhnlich leiser Stimme: »Vielleicht kann ich euch doch helfen, aber dazu muss ich jemanden um Rat fragen. Nun schau nicht so verwirrt! Ich muss sofort los. Wir treffen uns morgen um dieselbe Zeit. Lass den Kopf nicht hängen. Vertrau mir!« Und mit diesen Worten verschwand sie in den dunklen Fluten vor seinen Füßen.

Merla folgte einem inneren Impuls, als sie den Delfin zu sich rief. Es musste alles so schnell gehen, dass sie einfach keine Zeit mehr hatte zu zweifeln. Und auch Selva würde sie nicht einweihen.

Wie viel Zeit blieb ihr? Mehr als zehn Minuten würde Marc nicht brauchen, um zum Land zurückzupaddeln.

Als Kicko vor ihr erschien und sie ihm Instruktionen gab, stellte er sie nicht infrage. Er spürte, wie ernst es ihr war. Auch wenn sie vielleicht nicht genau durchdacht hatte, was sie tun wollte, sie wusste, dass es ihre einzige Chance war.

24

Marc massierte seine kalten Füße und überlegte kurz und ohne Ergebnis, wie sie nun weitermachen sollten. Die Hoffnungen, die er auf Merla gesetzt hatte, waren genauso schnell verschwunden wie sie selbst, und er spürte eine lähmende Müdigkeit in seinem Kopf und seinem ganzen Körper.

Er schauderte, als er das Board mit der Leash an seinem Knöchel befestigte, sah skeptisch über das dunkle Wasser, das ihn vom Land trennte, und legte sich vorsichtig auf sein Brett, um möglichst wenig Wasserkontakt zu haben. Doch das ging natürlich kaum. Der kühle Pazifik schwappte um seinen nackten Bauch und an seine Brust, und so schnell es seine steifen Muskeln zuließen, paddelte er in die Stille des frühen Morgens Richtung Land.

Die Flosse, die plötzlich direkt vor seinem Brett auftauchte, ließ ihn erstarren.

Ein Hai? Merla hatte doch gesagt, es wäre sicher, solange sie in der Nähe wäre.

Er verharrte bewegungslos, spürte, wie sein Herz von einer Sekunde auf die andere begann absurd schnell zu schlagen, und bemerkte, wie sein Atem abgehackt und keuchend wurde, während er die Dunkelheit um ihn herum absuchte.

Da! Wieder die Flosse vor ihm.

Aber war das wirklich ein Hai? Die Rückenflosse von Haien war breit und nicht so bogenförmig zulaufend. Vielleicht ...

Ja! Erleichtert atmete Marc aus.

Das war kein Hai, das war ein Delfin!

»Oh, Mann, hast du mich erschreckt!«, sagte er in das düstere Wasser vor sich, lachte erleichtert auf und begann zügig weiterzupaddeln. Nur ein Delfin! Er bewegte sich immer schneller, und als er die Hälfte der Strecke hinter sich hatte, musste er kurz absetzen und ein paarmal ruhig durchatmen, bevor er weitermachen konnte.

Der Schlag traf ihn komplett überraschend.

Er schrie erschrocken auf, als die Schwanzflosse des großen Tümmlers ihn in einer schnellen Bewegung von seinem Brett schlug und ins Wasser beförderte.

»Hey, was soll das?«, schrie Marc, und die Angst in seiner Stimme erschreckte ihn selbst. Er spürte die Kälte des Wassers nicht mehr, strampelte mit den Beinen und versuchte sich wieder auf sein Brett zu ziehen, doch der große Delfin schien genau das verhindern zu wollen und attackierte ihn von hinten erneut. Schmerzhaft spürte Marc die harte Schnauze des Tieres, die sich in seine Rippen rammte. Er schrie auf und schlug mit den Armen um sich, um den augenscheinlich aggressiven Angreifer abzuwehren.

Seit wann greifen Delfine denn Menschen an?, dachte er panisch.

Und was konnte er jetzt tun? Er wusste, dass die Schwachstelle von Haien die Augen waren, aber wie zum Teufel sollte er in diesem Dämmerlicht die Augen eines Tieres erkennen? Er sah ja nicht mal weiter als ein paar Meter *über* Wasser scharf. Unter Wasser sah er nur bodenlose Schwärze.

Aus dieser Schwärze kam der große Meeressäuger nun von vorn, ohne dass er ihn irgendwie hätte abwehren können. Er spürte den schweren Körper über sich, der ihn unter Wasser drückte, und kämpfte mit aller Macht dagegen an. Doch eine halbe Tonne Muskeln war deutlich mehr, als er bekämpfen konnte. Um Luft ringend stieß er sich zur Wasseroberfläche empor, aber bevor er einen rettenden Atemzug nehmen konnte, drückte ihn der Große Tümmler wieder unter Wasser, und Marc merkte, wie der Sauerstoffmangel seine Abwehr schwächer und schwächer werden ließ.

»Merlaaaa!« Die Worte waren nicht mehr als ein tonloses Blubbern der letzten Luftblasen aus seinem Mund. Er hieb ein letztes

Mal mit der Faust dorthin, wo er den Kopf des Tümmlers vermutete, und dann wurde es vor seinen Augen noch schwärzer als um ihn herum.

»Das reicht! Stopp!«, klickte Merla deutlich, und Kicko entfernte sich kurz von dem leblosen Körper, der jetzt dem Meeresgrund entgegensank.

»Schnell! Hilf mir, ihn an Land zu bringen!«

Merlas Herz stand still vor Schreck. Ihr ganzer Körper war wie eingefroren. Sie hatte kaum hinsehen können, als Marc um sein Leben gekämpft und in Todesangst nach ihr gerufen hatte. Ihr war übel, und sie fühlte sich so schlecht wie noch nie zuvor in ihrem Leben. Sein Schmerz war ihr eigener gewesen, und alles in ihr hatte danach geschrien, dem Wahnsinn ein Ende zu machen.

Aber ihr Wille war stärker gewesen, und nun hielt sie Marc in ihren Armen, wie sie es schon einmal getan hatte, und griff mit der anderen Hand an Kickos Flosse, während sie sich der Oberfläche näherten. So leise wie möglich tauchten sie auf, und Merla gebot dem Delfin, klickend innezuhalten.

Angstvoll legte sie ihre zitternden Finger auf Marcs Halsschlagader, und die Erleichterung, als sie spürte, dass sein Herz noch schlug, trieb ihr die Tränen in die Augen, die sie nun zum allerersten Mal über ihr Gesicht rinnen spürte.

»Er ist nur bewusstlos! Der großen Sonne sei Dank! Lass ihn uns zum Ufer bringen, Kicko.«

In wenigen Augenblicken erreichten sie die Bucht, und

mit Kickos Hilfe hievte sie Marc, der noch immer nicht bei Bewusstsein war, auf ein kleines Stück sandigen Boden, das von ein paar schützenden Felsen vom restlichen Strand getrennt war.

Schnell, schnell!, trieb sie sich selbst an, sonst war alles umsonst! Sie nahm wahllos eine Muschel, die im Sand lag, brach sie in zwei Hälften und ritzte mit der scharfen Seite der Muschel einen sauberen und kräftigen Schnitt an der Innenseite von Marcs Fußgelenk in die Haut, dort, wo die Adern direkt unter der Hautoberfläche lagen.

Der Schmerz ließ ihn zusammenzucken, und noch während sein Blut in ein leeres Schneckenmuschelhaus floss, kam Marc wieder zu Bewusstsein.

»Was ... was ist passiert?«, murmelte er benommen, und Merla schaffte es gerade noch, die Muschel hinter einem Stein so zu verstecken, dass die kostbare Flüssigkeit nicht herausrann, und sie mit den Hälften der Muschel zu bedecken, die sie eben zerteilt hatte.

Mit den Händen bedeutete sie Kicko zu verschwinden und beugte sich dann über Marcs Gesicht, der sie mit vor Erstaunen aufgerissenen Augen anstarrte.

»Merla! Was ...? Ich glaube, ich habe ein Déjà-vu. Das hatten wir doch schon mal ...«

Mühsam versuchte, er sich aufzusetzen, doch sie drückte ihn sanft wieder auf den Boden und strich ihm liebevoll die nassen Haarsträhnen aus der Stirn.

Wie schön er ist! Und er lebt! Ich wäre freiwillig in die Große Dunkelheit gegangen, wenn er jetzt wegen mir gestorben wäre.

In ihrem Inneren machte sich endlich eine aufsteigende Wärme breit, und strahlend lächelnd, weil ihr Plan wie durch ein Wunder funktioniert hatte, sagte sie: »Wie es aussieht, ist es wohl meine Aufgabe, dich zu retten. Ich finde es ja nett, dass du mir ab und an ein paar Tage freigibst. Aber vielleicht sagst du mir das nächste Mal rechtzeitig Bescheid, wenn es wieder so weit ist.«

Marc räusperte sich, konnte nur mühsam lächeln und drehte sich vorsichtig auf die Seite.

»Oder ich sollte mich lieber komplett vom Wasser fernhalten! Dann laufe ich nicht Gefahr, ständig an der Tür zum Himmelreich anzuklopfen. Ich dachte, die Haie wären da draußen meine größten Feinde, aber in diesem Fall war es ein Delfin, Merla! Ein wild gewordener Delfin! Der hatte es auf mich abgesehen! Der wollte mich töten!«

Er versuchte, sich langsam aufzurichten und stellte stöhnend fest, dass dort, wo der Große Tümmler ihn in die Seite gerammt hatte, bald ein prächtiger Bluterguss gedeihen würde. Er nahm vorsichtig den Arm nach oben und stöhnte noch mal leise, als er spürte, dass die Muskeln von dem harten Stoß der Delfinschnauze auch beeinträchtigt waren. Ächzend kam er zum Sitzen und begutachtete die Wunden, die der Delfin ihm zugefügt hatte.

»Das Mistvieh hat verdammt scharfe Zähne – schau dir mal den sauberen Schnitt da an meinem Fuß an ... eine echte Konkurrenz zu den Haien hier würde ich meinen.«

Mit unschuldigem Gesicht, aber schuldbewusstem Seufzen sah sich Merla die Wunde am Knöchel an, die sie Marc zugefügt hatte.

Doch sie ließ sich nichts anmerken. »Das ist sehr untypisch für Delfine. Ich kann mir nur vorstellen, dass es ein Weibchen war, das seine Kälber beschützen wollte, oder aber ...«, sie brach unvermittelt ab, um ihn selbst die falsche Fährte finden zu lassen.

»Ein Killerdelfin, der von Akana auf mich angesetzt wurde, um zu verhindern, dass wir ihren Todesalgenplan vereiteln?« Er sah sie prüfend an. »Das könnte sein, oder? Du kannst es mir ehrlich sagen, wenn ich auf der schwarzen Liste der Meeresherrscherin stehe!«

Merla wiegte scheinbar abwägend ihren Kopf, spielte mit den kleinen Muscheln, die von ihrem kurzen Kleid aus Seegras herunterhingen, und vermied es, Marc anzusehen, als sie weiterlog.

»Du hast recht. Das kann sein. Bisher dachte ich, sie wüsste nichts von deiner Existenz, aber vielleicht irre ich mich ja. Wir dürfen uns auf keinen Fall morgen wieder hier in der Dämmerung treffen. Außerdem habe ich dir ja gesagt, dass ich einer wichtigen Sache nachgehen muss, die uns helfen könnte.« Sie sah ihn funkelnd an, als ihr plötzlich bewusst wurde, was als Nächstes passieren musste. »Pass auf – was hältst du davon, wenn wir uns zum Stand der höchsten Sonne hier wieder treffen? Hier am Strand. In der Kolonie werden dann die meisten ruhen, und ich habe doch jetzt Mommie an meiner Seite, sie kann Wache halten.«

Marc unterbrach sie überrascht. »Deine Großmutter weiß Bescheid? Und heißt sie es gut, was du tust? Ich dachte, sie würde sich immer viel zu sehr sorgen.«

»Ja, das macht sie auch immer noch, aber anscheinend hat sie sich damit abgefunden«, sagte Merla schulterzuckend, »ich bin heilfroh, dass sie mein verbotenes Tun mitbekommen hat, ehrlich! Und auch wenn ich es selbst kaum glauben kann – sie hat mich sogar dazu ermuntert, dich zu treffen. Erstens hält sie nichts von Akana und ihrem brutalen Plan, und zweitens möchte sie, dass ich glücklich …« Merla hörte erschrocken auf zu sprechen, und statt zu erröten begannen ihre Schuppen zu schimmern, als sie bemerkte, was sie gesagt hatte. Um von ihren Worten abzulenken, drehte sie sich zum Wasser und hielt ihre Kiemen unter die Oberfläche, um Sauerstoff aufzunehmen. Doch Marc war anscheinend mit seinen Gedanken schon weiter, denn als sie sich wieder zu ihm wandte, sagte er, ohne darauf einzugehen, was genau Merla wohl glücklich machen könnte: »Ich glaube, unter diesen Umständen findet Dad es okay, wenn ich heute wieder nicht in die Schule gehe. Das passt dann auch besser zu meiner Halsschmerzengeschichte von gestern. Dann kann ich gegen halb eins wieder hier sein.«

»Was bedeutet halb eins? Ist das eure Art, den Tag in Abschnitte zu teilen?«

Marc hatte vergessen, dass sie so vieles aus seiner Welt nicht wusste, auch wenn sie ihm so vertraut war.

»Sorry«, erklärte er, »das kennst du ja gar nicht. Also: Wenn du ›höchster Stand der Sonne‹ sagst, dann heißt das bei uns Mittagszeit oder die Zeit zwischen zwölf und dreizehn Uhr. Bei uns hat der Tag zwölf Stunden und die Nacht auch. Das Ganze messen wir dann mit Uhren, sodass wir Verabredungen treffen können und immer wissen, wie spät es ist.«

Merla hatte wohl von den Uhrzeiten der Teres gehört, aber sie fand diese Art und Weise, den Tag zu zerteilen, recht merkwürdig. Ihr Zeitgefühl war geprägt durch den Sonnenstand, und das reichte ja durchaus, um sich zu verabreden und einen wiederkehrenden Tagesrhythmus zu haben.

Egal, ich kann ja ein anderes Mal fragen, ob das auch der Grund dafür ist, warum die Welt hier oben so schnell und eilig ist, dachte sie. Vielleicht haben sie ihre komischen Uhren ja falsch eingestellt. Oder sie machen zu viel an einem Tag.

Die Aufregung rauschte durch ihre Adern, und Merla spürte

zum ersten Mal auch ein bisschen Angst im Angesicht dessen, was ihr bevorstand.

Bald kann ich ihn nicht nur alles fragen, bald kann ich mit eigenen Augen sehen und erfahren, wie seine Welt ist!

Ob es wehtut?, fragte sie sich noch und bemerkte, dass Marc sie konzentriert ansah.

»Du hast die schönsten grünen Augen, die ich je gesehen habe, und sie leuchten sogar, wenn du vor dich hin träumst. Hatte ich das eigentlich schon mal erwähnt?« Er lächelte sie warm an, und Merla konnte die helle Aura um ihn sehen, als ob es dunkle Nacht wäre. »Und ich bin dir wieder einmal sehr dankbar, dass Du Merla die Wagemutige heißt und deinem Namen mehr als einmal Ehre gemacht hast. Ich finde es immer noch ganz schön freakig, aber so langsam glaube ich, dass ich mit Überzeugung sagen kann: Ich habe ein Wassermädchen in meinem Freundeskreis. Ein bisschen schade ist es schon, dass ich das nicht bei Instagram posten kann. Es wäre einer der wenigen Posts, die mir wirklich wichtig wären.«

Merla wandte den Kopf in Richtung Ozean, wo bereits das erste Licht auf der Wasseroberfläche zu tanzen begann.

Freundeskreis? Die Worte, die sie ihm nicht sagen konnte, brannten auf ihrer Zunge.

Ich wünschte, du würdest deinen Freunden sagen, dass du mit einem Wassermädchen das *ewige Licht* teilst. Dass du nicht mehr ohne sie sein kannst. Dass sie deine Sonne, deine Wärme, dein Licht ist. Dass du sie beschützen willst. Dass du sie wissen lassen willst, was du fühlst, und dass du ihre Nähe brauchst, so wie der Fisch das Wasser.

Stattdessen sagte sie knapp, den Blick immer noch aufs Meer gerichtet: »Dann bis zum höchsten Sonnenstand, okay? Bis dahin weiß ich, ob das Wasser für dich noch ein sicherer Ort ist, und ich habe dann vielleicht schon Hilfe, was die kleinen Gasfresser aus dem Eiswasser angeht.« Und ohne sich ihm noch einmal zuzuwenden, zog sie sich über einen der Steine und glitt in den Pazifik, der langsam blau wurde.

Merla schwamm nicht weit und kontrollierte die Umgebung mithilfe ihres Sonars. Sie ortete nur Kicko und zwei Wale im offenen Wasser vor der Bucht und fragte sich kurz, ob sie ihrer Großmutter, die wohl noch im Verborgenen ausharrte, Lebewohl sagen sollte.

Nein! Ich muss jetzt klar bleiben. Mommie würde es mich nicht tun lassen.

Zumindest nicht so.

Damit die anderen aber wussten, was mit ihr geschehen würde, rief sie Kicko zu sich. Sie bat ihn, Selva und ihren Geschwistern zu sagen, was sie vorhatte, und sie verabredete mit ihm, dass er in nächster Zeit in der Bucht bliebe, damit sie mit der Unterwasserwelt in Kontakt treten konnte, wann immer es nötig wäre.

Liebevoll strich sie ihrem Freund über die Schnauze, und der Stein, der ihren Hals zu verstopfen schien, ließ sich kaum wegschlucken, als sie sich von ihm verabschiedete.

»Ich bin so gerne geschwommen, meine lieber Kicko. Vor allem mit dir! Das wird mir fehlen. Und sag Mommie, dass ich sie in Gedanken bei mir habe, wo auch immer ich bin. Und Maris auch. Und sogar Sira – ja?!« Ihre Tränen vermischten sich mit dem Meerwasser um sie herum, und der Delfin klickte ihr leise tröstende Worte zu. »Wo du bist, ist Licht, Merla – vergiss das nie! Und außerdem werden wir uns wiedersehen!« Und mit einem sanften Stupser seiner Schnauze verabschiedete er sich von ihr.

Nachdem genug Zeit verstrichen war, um Marc seinen Rückweg antreten zu lassen, schwamm Merla zurück zu der Stelle am Strand, wo sie vor Kurzem noch gelegen hatten.

Sie fand das Schneckenhaus mit seinem Blut dort, wo sie es versteckt hatte, füllte einige Tropfen in die Hälfte der Muschelschale und ließ den Rest vorsichtig in eine kleine, leere Flasche rinnen, die in einem Wust aus Müll der Teres gelegen hatte, der ans Ufer geschwemmt worden war. Sie verschloss das Gefäß sorgfältig, befestigte es mit Schnüren aus Seegras an ihrem Körperschutz und verstaute es vor ihrem Herzen, wo es gut versteckt sein würde.

Ob er das Licht noch erkennt oder nicht – ich werde ihm helfen können. Ich kann ihn retten! Ihn und die anderen Unschuldigen.

Sie betrachtete ihre Hände, sah die dünnen, zartvioletten Häute zwischen den Fingern und die feinen Widerhaken, die anstelle von Fingernägeln auf der Oberseite ihrer Fingerspitzen waren. So werde ich sie nun vielleicht zum letzten Mal sehen, und mit einer Mischung aus Wehmut und Mut blickte sie zu ihren Flossen, deren durchscheinende Häute ebenfalls leicht lila schimmerten.

Die Morgensonne, die nun erstmals in wenigen Strahlen durch das grüne Dickicht aus Blättern am Ufersaum fiel, ließ ihre Schuppen grünlich leuchten, und Merla strich wie zum Abschied über ihren Oberschenkel.

Dann nahm sie die Muschel mit der scharfen Seite, mit der sie Marc den Schnitt zugefügt hatte, und ritzte sich entschlossen in die weiche Haut ihrer Fingerkuppe. Schnell sprudelte ihr dünnflüssiges, violettes Blut hervor, und ohne weitere Gedanken zuzulassen, tauchte sie den blutenden Finger in die Blutstropfen von Marc, die bereits in der schnell wärmer werdenden Luft zu gerinnen begannen.

25

Die Insel erwachte auch an diesem Morgen ungerührt von den Geschehnissen an Land und im Wasser in derselben Pracht wie immer. Die Sonnenstrahlen zeichneten Inseln aus Farbe, wo sie auf Blumen und Bäume fielen, und die dunklen Schattenflecken wurden zusehends kleiner. Doch Marc bemerkte nichts davon.

Er tuckerte in seinem Toyota den Feldweg zur Küstenstraße entlang und war so mit seinen Gedanken bei der Attacke des Delfins, dass er erst im letzten Augenblick den Zusammenstoß mit einer Reiterin und ihrem Pferd vermeiden konnte, die ihm plötzlich in der Kurve entgegenkamen.

Konzentrier dich!, ermahnte er sich selbst und versuchte bewusst seine Aufmerksamkeit auf das Lenkrad in seinen Händen und den Fuß auf dem Gaspedal zu lenken.

Abgesehen von den schmerzenden Prellungen, bemerkte er auch, dass ihm das Atmen schwerer fiel als gewöhnlich.

Wahrscheinlich hat mir das Biest die Rippe angeknackst. Vielen Dank, du Freund des Menschen! Der hatte ihn ja wie tollwütig attackiert … obwohl, nein, eher hatte es überlegt und zielgerichtet gewirkt. Als würde er sehr genau wissen, was er da tat.

Vielleicht sollte ich tatsächlich erst mal die Füße aus dem Wasser halten, dachte er.

Aller guten Dinge sind ja bekanntlich drei, und auch wenn es schön ist, erfolgreich gerettet zu werden, so verzichte ich doch lieber freiwillig auf eine dritte Nahtoderfahrung. Was war bloß mit Merla los gewesen? Sie schien irgendwie verstimmt zu sein, als wir uns verabschiedet haben. Vielleicht hat sie mein Instagram-Gerede verwirrt. Sie wird ja keine Ahnung haben, was das überhaupt ist.

Aber vielleicht werde ich ihr das alles irgendwann erklären können.

Irgendwann. Wenn man diese Insel dann nicht die »verdammte Insel« oder so nennt und niemand mehr hier leben will.

Er verbat sich weitere düstere Gedanken über die Zukunft, missachtete den stechenden Schmerz in seinem Brustkorb, stieg, nur sein Handtuch um die Hüften geschlungen, aus dem Auto und erstarrte, als er sah, wer da auf den Stufen der Veranda saß.

Das auch noch!, stöhnte er innerlich auf und versuchte Leilani möglichst freundlich anzusehen, was ihm zum einen wegen der Schmerzen und zum anderen wegen der schwierigen Situation zwischen ihnen nicht richtig gelang.

»Aloha! Ich dachte, du wärst krank?«, begrüßte sie ihn mit einem ebenfalls bemühten Gesichtsausdruck und erhob sich anmutig von der Treppe.

»Ähm, hi! Ja, also«, er merkte selbst beim Reden, wie unglaubwürdig er klang, »... ich bin auch noch krank. Aber es geht mir schon ein bisschen besser, und die Wellen waren ganz gut, da dachte ich ...«

»Willst du mich eigentlich für dumm verkaufen?«, unterbrach ihn Leilani mit leicht scharfem Unterton in der sonst so weichen Stimme. »Es sind *keine* guten Wellen unten in der Bucht! Ich bin da ja gerade vorbeigefahren. Miniwellen! Und kein Einziger ist draußen.« Sie holte Luft und begann nervös ihre langen Haare zwischen den Fingern ihrer rechten Hand zu zwirbeln. »Weißt du, so langsam glaube ich, dass ich auf den größten Lügner und Betrüger der ganzen Schule hereingefallen bin. Du bist einfach ein verdammter Idiot, Marc, und ich schäme mich dafür, dass ich das nicht vorher erkannt habe!« Sie ließ ihre Haare los und stach mit dem Finger in der Luft in seine Richtung. »Nicht nur, dass du mich ständig versetzt hast und dich kaum dafür entschuldigst, du gehst mir aus dem Weg, belügst mich und reagierst einfach nicht mehr auf meine Nachrichten. Was für ein Arschloch bist du nur? Und was für eine dumme Kuh bin ich, dass ich auf deine schönen braunen Augen und den ach so warmherzigen Ausdruck darin hereingefallen bin? Weißt du was?«, sie schrie jetzt tatsächlich. »Du kannst mich mal!«

Damit gab sie ihm eine klatschende Ohrfeige und starrte ihn mit vor Wut fast glühenden Augen an.

Marc rieb sich die Wange mit dem Arm, den er noch gut bewegen konnte, und hielt sie unter stechenden Schmerzen mit der verletzten Seite, als sie sich zum Gehen abwenden wollte.

»Warte! Du hast recht, Leilani! Ich habe mich tatsächlich dir gegenüber absolut unverständlich doof verhalten, und ich wünschte, ich könnte dir alles erklären, sodass es Sinn ergibt, aber das kann ich nicht. Was ich dir aber sagen kann, ist, dass du wundervoll bist, und ich dachte, wir würden ein ebenso wundervolles Paar werden, aber irgendwas stimmte nicht. Nicht bei dir, sondern mit mir. Ich habe mich schon so lange zu dir hingezogen gefühlt, dass eigentlich alles klar zu sein schien. Aber das ist es eben nicht, und diese Unklarheit habe ich nicht rechtzeitig deutlich gemacht. Es tut mir leid. Wirklich! Ich verstehe mich im Moment selbst nicht richtig.«

Er wollte noch etwas hinzufügen, aber sie machte sich los und marschierte erhobenen Hauptes zu ihrem Auto. Beim Einsteigen drehte sie sich noch mal zu ihm und sagte mit etwas weicherer Stimme: »Falls es eine andere gibt, so wünsche ich ihr, dass du da klarer siehst!« Dann fuhr sie mit quietschenden Reifen die Straße hinunter.

»Na klasse!« Marc tastete über seine glühend heiße Wange und sah ihr fassungslos hinterher. Dieser Morgen hatte auf der Top-Ten-Liste der »beschissensten Morgen ever« soeben erfolgreich den ersten Platz gewonnen.

»Glückwunsch, Marc«, murmelte er und ging erst unter die Dusche und dann in die Küche.

Hoffentlich haben wir noch Milch für einen guten Kaffee, sonst dreh ich durch, dachte er.

Wild gewordene Delfine, verstimmte Meermädchen und zuschlagende Schönheiten – diese Mischung musste er erst mal verdauen, und er setzte sich einen starken Kaffee auf, nachdem er erleichtert festgestellt hatte, dass sein Bruder ausnahmsweise so rücksichtsvoll gewesen war, noch ein wenig Milch im Kühlschrank übrig zu lassen.

Seine linke Wange brannte immer noch leicht von Leilanis Schlag, und er musste sich eingestehen, dass er zwei Fehler gemacht hatte: Er hatte sich tatsächlich nicht wie ein Gentleman verhalten, und er hatte sie unterschätzt. Sie war doch deutlich handfester, als er vermutet hatte. Er musste fast lachen in Anbetracht all der schmerzhaften Attacken auf ihn heute, nahm einen Schluck von seinem Kaffee und rief dann seinen Vater an, um ihn auf den neuesten Stand in Sachen Korsetttierchen zu bringen.

»Und sie meint, die Loriciferas würden hier überleben?«, fragte sein Vater skeptisch.

»Bei der richtigen Ernährung – und von dem höllischen Gas gibt es dann ja mehr als genug – ja!«, antwortete Marc und hörte seinen Vater grummeln, bis der schließlich sagte: »Das heißt, wir müssen innerhalb der nächsten zwei Tage herausfinden, wie wir die Viecher hochholen können. Plus drei Tage, um nach Alaska und zurück zu kommen, und dann bleiben uns nur noch zwei Tage, um sie im Labor zu vermehren. Nach Aussage meines italienischen Kollegen machen sie das zwar in rasender Geschwindigkeit, aber das klingt trotzdem nach einem beängstigend knappen Zeitplan.« Er pustete hörbar Luft aus. »Okay, dann gebe ich jetzt mal Gas, was das Tauchboot angeht. Ehrlich gesagt, steigen die Chancen für einen Plan B minütlich, und das macht mir ziemliche Bauchschmerzen. Wo ist denn dein Bruder?«

»Na, in der Schule, Dad!«

»Stimmt! Ja. Und warum bist du nicht dort?«

»Merla hat gesagt, sie hätte eine Idee, was diese Gasfresser angeht, und ich solle sie am Mittag noch mal treffen. Außerdem hat mich erst ein Delfin und dann Leilani übel zugerichtet, und ich muss mich erst mal erholen«, antwortete Marc und betastete vorsichtig seine schmerzenden Rippen.

»Ein Delfin? Alles okay?«, fragte sein Vater besorgt.

»Geht schon. Er hat mich zwar fast umgebracht, aber immerhin hat er mich nicht beschimpft und niedergemacht wie Leilani …«

»Umgebracht? Na, solange du noch Witze machen kannst … Das erzählst du mir heute Abend ausführlich, ja? Ich muss jetzt sofort an diese Tauchbootaufgabe ran. Ich bringe später Pizza mit. Pass auf dich auf, mein Junge – halt dich am besten von Frauen und Fischen fern!«, sagte er noch und legte auf.

»Sehr lustig, Dad! Delfine sind zwar keine Fische, aber der Spruch klingt auf jeden Fall besser so!«, sagte Marc noch in das tutende Handy und machte sich dann was zu essen.

Anschließend nahm er sein Tablet und las die Website der *Maui News*.

Er fand den Aufruf für die morgige Protestfahrt zu dem deutschen Forschungsschiff »Sonne« auf der Startseite, darunter ein Foto von Keana und Leo, die ein riesiges Laken mit den rot geschriebenen Worten »KANONEN TÖTEN! SAVE OUR WHALES!« vor der Kamera zeigten.

Fast 800 000-mal war der Artikel aufgerufen worden – die Aktion hatte nicht nur lokales, sondern auch nationales Interesse hervorgerufen. Zwei Fernsehteams wollten auf den Schiffen mitfahren, ein bekannter YouTuber – der sein Herz für Wale entdeckt hatte – darüber berichten, und ein paar hawaiianische Promis hatten die Aktion auf ihren Facebook-Seiten geteilt. Sogar Kai Lenny und John John Florence, die beiden weltbekannten Profi-Surfer, hatten sich für den Fototermin angekündigt.

Wow – das war wirklich sehr gute PR-Arbeit, und Marc entschuldigte sich im Stillen, dass er seinen Bruder des Nichtstuns bezichtigt hatte. Die Kampagne sah schon jetzt nach einem Erfolg aus. Gut so! Je mehr Leute davon erfuhren, desto besser war es.

Vielleicht sieht dann diese Akana doch noch ein, dass nicht alle Menschen ihre Umwelt mit Füßen treten.

Als seine Gedanken zur Unterwasserwelt zurückkehrten, musste er wieder an Merla denken und daran, dass sie ihm schon wieder das Leben gerettet hatte.

Wie kann ich mich jemals angemessen bei ihr dafür bedanken?

Es war schon krass – seit er Merla kannte, befand er sich auf einer Gefühlsachterbahn: Todesangst, Erleichterung, Lebensfreude, Panik, Hoffnung und Enttäuschung –, so viel und vor allem so intensiv hatte er noch nie in so kurzer Zeit gefühlt. Und dazu noch diese seltsame Wärme, wenn er sie ansah. Und dieses Leuchten. Das bildete er sich nicht ein. Sie strahlte. Und ihre Strahlen ließen ihn nicht kalt. Im Gegenteil, sie wärmten ihn, gaben ihm ein Gefühl von Vertrautheit und Vertrauen.

Und es wurde stärker.

Was hatte Leilani gesagt – wenn da eine andere war …?

Unsinn, schalt er sich selbst, und um sich von den verwirrenden Gefühlen in Bezug auf Merla abzulenken, googelte er lieber Flüge nach Anchorage in Alaska. Erwischte man einen Flug ohne Stopover in Los Angeles oder San Francisco, war man in sechs Stunden da.

Gut. Das war immerhin schon mal nicht so weit wie nach Italien.

Wäre da nur nicht diese verdammte Tiefe.

Er lehnte sich auf seinem Stuhl nach hinten und wollte die Arme hinter den Kopf nehmen, wurde aber von dem stechenden Schmerz in seiner Seite davon abgehalten.

Er stöhnte auf, nahm sein Handy, stellte sich den Wecker auf Viertel vor zwölf und legte sich vorsichtig auf die kleine Couch im Wohnzimmer. Er betrachtete die Wand vor ihm, die voller Erinnerungsfotos war. Leo und er auf ihren kleinen, bunten Fahrrädern auf einem Radweg in Deutschland, ein Bild mit ihrer Mom und ihrem Dad am Strand bei Kiel und dann die vielen Fotos von Geburtstagen und Weihnachtsfesten.

Bitte lass uns auch dieses Jahr ein schönes Weihnachtsfest am Strand haben, dachte er und faltete in einem Anflug von Hilflosigkeit die Hände vor der Brust wie zum Gebet.

Egal – auch wenn er nicht oft über Gott nachdachte –, vielleicht gab es ja doch eine Schutzmacht irgendwo. Es konnte zumindest nicht schaden, um so viel Hilfe wie möglich zu bitten.

Die Erschöpfung ließ ihm nicht mehr lange Zeit zum Denken, und nach wenigen Atemzügen war er eingeschlafen.

Als der Wecker ihn mit lauter werdenden Vogelstimmen weckte, brauchte er eine Weile, um wirklich wach zu werden. Dann machte er sich noch einen Kaffee, füllte ihn in seinen Lieblingsbecher und fuhr wieder denselben Weg in Richtung Wasser, den er am Morgen im Dunkeln schon gefahren war.

Ich bin mal gespannt, was sie für Neuigkeiten hat, dachte er, und das Gefühl, dass ihnen die Zeit weglief, ließ ihn schneller fahren als erlaubt.

Schon um zwanzig nach zwölf war er an ihrem Treffpunkt und ging gemächlich durch den dicht bewachsenen Ufersaum zum Strand, an dem außer einer Frau, die anscheinend spazieren ging, niemand zu sehen war.

Er überlegte bereits, wie er die Frau von hier wegkomplimentieren könnte, damit Merla nicht Gefahr lief, gesehen zu werden, als sie sich plötzlich umdrehte.

Sein Herz setzte einen Schlag aus.

Das konnte doch gar nicht sein!

26

Das Blut raste durch ihre Adern, und der Schmerz schien in jeder ihrer Zellen zu sein, aber sie konnte nicht schreien. Ihr war, als würde ihr ganzes Selbst in sich zusammenfallen. In ihrem Kopf drehten sich rasend schnell Bilder aus ihrem ganzen Leben. Erinnerungen und Ängste, Glücksmomente und liebevolle Gesichter tauchten vor ihr auf, aber auch Personen – anscheinend Teres –, die sie gar nicht kannte, erschienen und verschwanden in einer blitzartigen Abfolge, die sie schwindelig machte.

Ihre Lungen, die sie noch nie zuvor gespürt hatte, brannten, und der erste Atemzug, den sie panisch absolvierte, fühlte sich hart und kalt an, obwohl die Luft eigentlich warm war.

Sie glaubte kurz, das Bewusstsein zu verlieren, und brach stöhnend zusammen, doch der Schmerz in ihren Beinen hielt sie wach. Grell und stechend durchbohrte er nun vor allem ihre Füße. Ihr Füße! Merla öffnete vorsichtig die Augen und sah an sich hinunter, während sie in kurzen hektischen Zügen ein- und ausatmete.

Sie sah die Häute ihrer Flossen wie fremdartige, leere Hüllen auf dem Sand liegen und versuchte reglos liegen zu bleiben, während der Schmerz in ihrem Körper nur langsam verebbte.

Staunend strich sie über die weiße, glatte Haut an ihren Beinen, die so fahl war wie ein Mondfisch, und fühlte, wie die letzten Schuppen unter ihren Fingern verschwanden.

Und plötzlich war es vorbei.

Die Angst und der Schmerz verschwanden so schnell, wie sie realisierte, dass die Verwandlung abgeschlossen war.

Sie setzte sich vorsichtig auf und betrachtete ihren neuen Körper mit staunenden Augen. Zwischen ihren Fingern fehlten die

Schwimmhäute, die Gelenke ihrer Knie waren deutlicher zu erkennen, und am faszinierendsten waren die Gebilde am Ende ihrer Beine, die sie von nun an nicht mehr zum Schwimmen, sondern zum Gehen benutzen sollte.

Zaghaft befühlte sie die Knochen und den Schwung ihres Fußgewölbes und zuckte zusammen, als sie an der empfindlichen Unterseite ihres Fußes entlangstrich.

Behutsam setzte sie beide Füße nebeneinander, spürte den Sand an ihrer Haut und wusste nicht, wie sie sich aufrichten sollte. Sie drehte sich auf den Bauch und drückte sich auf die Knie, um erst den einen und dann den anderen Fuß unter sich aufzusetzen. Wie in einer Yoga-Position stand sie nun auf allen vieren und versuchte behutsam, mehr Gewicht von den Händen zu nehmen. Sie stützte sich auf ihren Oberschenkeln ab und kam leicht schwankend zum Stehen.

Okay! Ich stehe!, freute sie sich zaghaft. Jetzt die eine Flosse vor die andere setzen, leitete sie sich selbst an und bezweifelte im selben Moment, dass das irgendwie nach Gehen aussehen könnte. Als sie einen Fuß vom Boden löste, kam sie aus dem Gleichgewicht, ruderte unbeholfen mit den Armen und fiel taumelnd auf die Erde zurück.

Reiß dich gefälligst zusammen, Merla – das haben schon andere vor dir geschafft.

Ob ihre Mutter auch so ungeschickt bei ihren ersten Schritten gewesen war? Der Gedanke an ihre Mutter gab ihr Zuversicht, und sie rappelte sich wieder auf.

Beim nächsten Versuch war sie behutsamer und hob den Fuß nicht ab, sondern schob ihn langsam durch den Sand vor sich, verlagerte das Gewicht nach vorn und zog den anderen hinterher. Langsam durchpflügte sie auf diese Art den Sand mit beiden Füßen abwechselnd ein Stück, bevor sie so viel Sicherheit hatte, dass sie sich traute, wieder einen Schritt zu machen.

Sie hielt noch immer die Arme zum Balancieren leicht ausgestreckt, aber diesmal ging es besser.

Motiviert von ihrem eigenen Erfolg begann sie das Tempo zu

erhöhen und juchzte vor Freude laut auf, als sie schließlich mit gleichmäßigen Schritten den Strand entlangging.

So, und jetzt nimm den Kopf hoch, Merla! Kein Teres starrt die ganze Zeit auf seine Füße, forderte sie sich selbst auf und wunderte sich über die neue Perspektive, die sie plötzlich auf ihre Umgebung hatte. Sie fühlte sich erhaben und stolz, als sie so über den Boden schritt, und begann mutig immer schneller zu gehen, bis sie spürte, dass sich der Rhythmus veränderte und sie in ein langsames Laufen kam.

Das Vertrauen in ihre neuen Fähigkeiten wuchs sekündlich, und schließlich rannte sie über den Sand, dass ihre Haare hinter ihr herwehten.

»Ich laufe! Seht her, ihr Teres und Vögel und Kriechtiere! Ich kann laufen!«, rief sie und fing lachend an zu springen. Sie genoss das Gefühl dieser neuartigen Bewegung so sehr, dass sie sprang, bis sie so außer Atem war, dass sie pausieren musste.

Es ist wundervoll! Es ist besser als Schwimmen – ich liebe es, jubelte sie innerlich und ging, jeden Schritt genießend, zu den Pflanzen am Ufersaum, um alle einzeln zu betrachten und anzufassen.

Nachdem sie staunend eine Weile die Umgebung erkundet hatte, legte sie sich in den Sand und spürte, wie die Strahlen der Sonne, die bereits hoch am Himmel stand, auf ihrer neuen Haut brannten. Sie setzte sich in den Schatten einer Palme und betrachtete das Meer, das immer ihr Zuhause gewesen war und jetzt so nah und doch so fern vor ihr lag.

Bevor sie sich in wehmütige Gedanken an ihre Mommie, Maris und die anderen verlieren konnte, stand sie wieder auf und begann genussvoll am Strand auf und ab zu gehen.

Sie spürte seine Gegenwart, obwohl er noch etliche Meter von ihr entfernt war, und drehte sich um.

»Marc!«, rief sie ihm zu und winkte mit dem Arm.

Mit dem verwirrtesten Gesichtsausdruck, den sie je bei ihm gesehen hatte, lief er auf sie zu, blieb kurz vor ihr stehen und sah fassungslos an ihrem Körper herunter, sodass sie sich kurz nackt und hässlich vorkam, obwohl sie ja immer noch ihre Körperbedeckung aus fein geflochtenem Seegras trug.

»Was ... wieso?«, seine Stimme klang mehr wie ein Flüstern, und er brach ab und blickte sie einfach nur fragend an.

Merla sah ihn mit einer Mischung aus Unsicherheit und Stolz an und entgegnete triumphierend: »Ich habe dir doch gesagt, dass mir eine Möglichkeit eingefallen ist, wie ich dir und euch helfen kann.«

Er starrte sie so entgeistert an, dass sie lachen musste.

»Hast du noch nie eine Frau am Strand gesehen, oder was? Alles gut! Du hast gesagt, die Gasfressertierchen könnten die Rettung sein, nur dass ihr eben nicht drankommt, weil man da nicht hintauchen kann. Nun ja, selbst wenn ich jetzt hier auf meinen nigelnagelneuen Füßen vor dir stehe – ich kann immer noch tauchen. In diesem Zustand zwar nicht mehr so lange wie vorher, aber dann gebt ihr mir eben solche Flaschen mit Sauerstoff mit, wie das andere Taucher auch machen. Mein Körper kann dem Druck der Tiefe problemlos widerstehen, meine Haut hat immer noch die spezielle Schicht, die mich temperaturunempfindlich macht, und meine Augen sind auch immer noch perfekt für die Sicht unter Wasser. Das Problem war ja eher, dass ein Meermädchen nicht fliegen kann. Nun denn – dieses Problem wäre schon mal gelöst. Ich bin ab jetzt flugtauglich!« Und lachend fügte sie hinzu: »Ich wollte schon immer wissen, wie es sich in diesen glänzenden Vögeln dort oben am Himmel wohl anfühlt.«

Ihre Worte setzten sich langsam in Marcs Kopf zusammen, bis er verstanden hatte, was sie ihm sagen wollte. Trotzdem musste er nachfragen.

»Du bist jetzt also eine Wandlerin oder wie das heißt? Und wie ... wie geht das? Ich meine, es kann sich doch nicht jeder von euch einfach verwandeln, dachte ich. Und wieso geht das *überhaupt*? Das ... das stellt meine Vorstellung von Biologie völlig auf den Kopf – allein schon, dass es dich gibt, war schwer zu verarbeiten, aber dass du auch noch wie die Meerjungfrau aus dem Buch an Land gehen kannst, ist für mich unfassbar. Tut das jetzt etwa auch bei jedem Schritt weh?«, fragte er und sah sie besorgt an.

»Nein, gar nicht – im Gegenteil: Es ist herrlich! Schau, was ich kann ...« Und sie hüpfte wie ein Wildpferd vor seinen Augen den Strand entlang.

Marc lief hinter ihr her, und lachend ließ sie sich schließlich im Schatten in den Sand fallen.

»Okay. Auch auf die Gefahr hin, dass ich es nicht verstehe – kannst du mir das irgendwie erklären?«, fragte er, als er sich neben sie setzte.

Ihr Blick verdüsterte sich leicht, und sie antwortete mit Ungeduld in der Stimme: »Ja, ich kann dir alles erklären. Ich werde es tun – aber nicht jetzt, okay? Wir haben Wichtigeres zu tun! Wann können wir zum Eiswasser aufbrechen?«

Ihre Miene war so entschlossen, dass Marc lächeln musste. Er war beeindruckt. Dieses Mädchen ist etwas ganz Besonderes, dachte er und spürte plötzlich den Impuls, sie zu umarmen. Doch er tat es nicht und sagte stattdessen: »Ich habe gerade nach Flügen gesucht – wenn wir uns beeilen, könnten wir morgen noch drei Plätze im Flieger nach Anchorage bekommen ...«

»Wieso denn drei?«, fragte sie verwundert.

»Na ja, du, ich und mein Dad«, antwortete Marc schuldbewusst, als ihm einfiel, dass sie ja noch gar nicht wusste, dass seine engste Familie über sie Bescheid wusste.

Doch sie reagierte gar nicht darauf, sondern stand schnell auf, klatschte in die Hände und sagte: »Dann los – es gibt viel zu tun!« Und aufgeregt fügte sie hinzu: »Außerdem will ich mir ansehen, wie du wohnst, ich möchte Früchte essen und Auto fahren und«, sie sah an sich hinunter, »ich brauche dringend etwas anderes zum Anziehen!«

»Das ist allerdings wahr – so knapp, wie du bekleidet bist, fallen wir sogar hier auf Maui mehr als nötig auf«, erwiderte Marc grinsend. »Vor allem aber wirst du einen Pass brauchen, wenn du auch nur irgendwie eine reelle Chance auf Fliegen haben willst.«

»Pass? Was ist das?«, fragte Merla, und Marc dachte, dass sich wohl all die Fragen, die sie haben musste, niemals an einem Tag beantworten lassen würden.

Doch seltsamerweise fügte sie hinzu: »Ach, ich weiß, ich muss mich ausweisen, Sicherheitskontrolle und so ...«

»Woher weißt du das denn jetzt? Werdet ihr von den Wandlern auch in Flugsicherheitsmaßnahmen unterrichtet?«, fragte Marc ungläubig.

»Nein, natürlich nicht. Ich weiß es einfach«, antwortete Merla achselzuckend, sodass er nicht weiter nachfragte, und im Stillen setzte sie hinzu: Seit dein Blut in meinem ist, weiß ich viel, mein Leuchtender. Alles, was du weißt, und auch das, was du mal wusstest, wem du begegnet bist, was du erlebt hast. Du bist ein Teil von mir.

Ich kenne dich.

Sie hielt den Blick nach unten gerichtet, damit ihre Augen nichts verrieten, und Marc bemerkte ihre Abwehr.

»Okay, Miss Mysteriös, dann frage ich heute mal nicht weiter. Aber denk nicht, dass das so bleibt! In Sachen Pass werden wir auf jeden Fall Hilfe brauchen. Das bedeutet allerdings, dass ich auch meinen Bruder einweihen muss – dem ich allerdings hundertprozentig vertraue!« »Dann vertraue ich ihm auch«, erwiderte Merla und sah ihn wieder an.

»Gut. Ich schreibe ihm gleich mal, denn er hat ein Netzwerk aus sehr computerbegabten Leuten. Irgendeiner davon wird dir schon einen Ausweis basteln können.« Er dachte kurz nach. »Das heißt, unsere erste Mission lautet: Klamotte und Foto. Zu Hause kannst du erst mal ein T-Shirt und eine Shorts von mir haben – wenn du einen Gürtel nimmst, sollte das einen perfekt lässigen Boyfriend-Style ergeben ...« Sie lachten beide – aus unterschiedlichen Gründen – und machten sich auf den Weg zu seinem Auto.

Merla genoss alles.

Sie sog die neuen Erfahrungen in sich auf wie ein Schwamm, über den man Wasser gegossen hatte: Das Rattern und Schaukeln der Fahrt, die vielen freundlichen Gesichter der Menschen, die sie sah, die Farben der Häuser, den Duft der Blüten, die heimelige Atmosphäre in seinem Haus, den ersten Schluck Kokosmilch und all die anderen Dinge, die ihr zwar als Teil seiner Erfahrungen nicht absolut neu waren, aber sie selbst zu erfahren, war etwas ganz anderes. So, als würde man Dinge, Menschen und Empfindungen wiedersehen und -erleben, die lange zurücklagen. Wie das Lieblingslied, das man als Kind hatte und dann als Erwachsener hört. Es war vertraut und fremd zugleich.

Vor allem aber genoss sie es, bei ihm zu sein. Neben ihm im Auto zu sitzen und heimlich sein Profil beobachten zu können, das so markant war, wenn die braunen Locken es nicht gerade verdeckten.

Sie sah die Adern an seinen muskulösen Unterarmen, betrachtete ausführlich seine schlanken, aber großen Hände und freute sich an der Art, wie er ging – geschmeidig sahen seine Bewegungen aus.

Im Gegensatz zu meinen, dachte sie, als sie sich in der Scheibe eines Schaufensters zum ersten Mal sah. Meine Schritte sind etwas lang, und ich sollte die Arme lockerer lassen. Na ja, ich mache es ja auch noch nicht so lange, tröstete sie sich selbst.

Als sie am frühen Abend wieder die Auffahrt zu seinem Haus hochfuhren, fühlte sie sich so müde wie selten zuvor und wollte nur noch die Augen schließen, um all die neuen Eindrücke zu verarbeiten.

Doch auf der Veranda warteten bereits Leo und sein Vater, die ihnen neugierig entgegensahen.

Marc hatte beide bereits auf Merlas Ankunft vorbereitet, doch trotzdem waren sein Vater und Bruder natürlich voller Fragen, die nach einer herzlichen Begrüßung auf sie einprasselten. Auch wenn sie sich bemühten, nur Informationen für den bevorstehenden Einsatz in Alaska einzuholen, so merkte Marc doch, dass der Wissenschaftler in seinem Vater am liebsten sein Notizbuch gezückt oder ein Diktiergerät laufen lassen hätte, und auch sein Bruder konnte seine Neugier kaum im Zaum halten.

Ich hatte sie doch extra noch mal an das Versprechen erinnert, dachte Marc ärgerlich. Auch wenn er ihre Neugier verstehen konnte – ihm ging es ja nicht anders –, fühlte er sich schuldig, dass er Merla nach all ihren Mühen nun auch noch dieser nicht enden wollenden Fragerunde aussetzte.

Als Merla schließlich noch blasser wurde, als sie sowieso schon war, entschied Marc, dass es nun genug mit den Fragen sei. Er machte ihr etwas zu essen und brachte sie in sein Zimmer, wo sie in seinem Bett schlafen sollte. Er würde auf die Couch ziehen.

»Ich kann es einfach nicht glauben, Marc«, sagte sein Vater, als er wieder auf der Veranda erschien.

»Ich manchmal auch nicht, Dad, das kannst du *mir* glauben«, entgegnete Marc und ließ sich in den Schaukelstuhl fallen, in dem eben noch Merla gesessen hatte.

Sie aßen endlich von der Pizza, die mittlerweile kalt geworden war, besprachen alles Weitere, und Klaus Beck buchte die Flüge, die sie am nächsten Morgen um sechs Uhr früh nach Alaska bringen sollten. Leo fuhr noch mal los, um bei jemandem, dessen Namen er nicht nennen wollte, einen Ausweis für Merla abzuholen, und Marc suchte warme Sachen zusammen, die sie für die deutlich kältere Klimazone brauchen würden.

Dann ließ er sich so, wie er war, auf die Couch fallen.

Nun schläft also ein ehemaliges Meermädchen in meinem Bett, dachte Marc und lächelte. Und es fühlt sich ganz normal an. Und irgendwie gut. Hier kann *ich* wenigstens mal auf *sie* aufpassen.

Er schloss die Augen und schlief augenblicklich ein.

27

Maui, Hawaii
Samstag. Noch 7 Tage.

Sie hatten nur einen schnellen Kaffee auf dem Zimmer getrunken und waren dann noch im Dunkeln Richtung Lahaina aufgebrochen.

Jay steuerte den Mietwagen und war noch nicht besonders gesprächig, was Ansa/Annie ganz recht war.

Sie hatte schlecht geschlafen. Das Gefühl, dass irgendetwas Schlimmes bevorstand, ließ sie nicht los. Sie versuchte, dem nicht zu viel Raum zu geben, aber trotzdem hatte sie sich wieder und wieder gewälzt und gefragt, ob es nicht doch richtig war, was Akana vorhatte. Sollten die Landmenschen nicht *einmal* bestraft werden für das Leid, das sie den Meeren und ihren Bewohnern antaten? Sollten sie nicht einmal schmerzhaft spüren, wie es war, wenn das Meer zurückschlug? Viermal so groß wie die Fläche von Deutschland war der Plastikteppich auf dem Pazifik mittlerweile, und bisher schienen die meisten Menschen darüber nur traurig den Kopf zu schütteln. Dass tatsächlich jeder etwas tun konnte – tun musste! –, ging ihnen nicht in den Kopf.

Wieder einmal fassungslos hatte Annie im Flugzeug die Berge von Einwegplastik betrachtet, die die rund 300 Passagiere allein in ihrer Maschine produzierten. Dann die Menschen am Flughafen mit ihren Getränkebechern: Plastikdeckel und Plastikstrohhalme, dazu Blumenketten aus Plastik um den Hals und Luftballons zur Begrüßung für die Verwandten. Auch davon würden am Ende nur Fetzen aus Müll bleiben, die Hunderte von Jahren brauchten, um sich zu zersetzen, oder vielleicht vorher noch unzähligen Schildkröten, Walen und Fischen die Mägen verstopften.

Ein Problem, das auf der ganzen Welt unkontrollierbare Dimensionen erreicht hatte, auch wenn die ersten Schritte zur Besserung getan wurden und zumindest das Bewusstsein in den letzten Jahren entstanden war, dass es so nicht weitergehen konnte.

Aber auch Ansa fragte sich manchmal, was denn noch passieren müsste, um das große Ruder herumzureißen, und wie das überhaupt gehen könnte.

Eine Attacke, wie Akana sie plante – das wusste sie –, war der falsche Weg. Es würde nichts ändern!

Doch, sagte eine leise besserwisserische Stimme in ihrem Kopf, *dieses* Forschungsschiff könnte erst einmal nirgendwohin mehr fahren.

Die Crew der »Sonne« sollte ihre Weihnachtstage tatsächlich an Mauis schönen Stränden verbringen.

Ein kurzer und allerletzter Urlaub also. Und eine Ruhepause für die Meermenschen vor den Inseln.

Aber danach würden neue Forscher kommen und dann wieder neue.

Das Problem der Gier konnte mit diesem Schlag nicht gelöst werden!

Das hatte Ansa in den letzten Jahren über Wasser gelernt: Die Teres brauchten lange, um neue Wege zu gehen. Aber wenn sie erst einmal in Bewegung waren, dann lief es auch. Und das zu unterstützen, war ihre Aufgabe und nicht heimlich mit Akanas Kriegserklärung zu sympathisieren, schalt sie sich.

Schließlich hatten sie auch schon einiges erreicht: 2017 hatte es die erste UNO-Konferenz zum Schutz der Meere gegeben. Ansa hatte die letzten Jahre hart und schließlich erfolgreich auf dieses Treffen hingearbeitet. Sie machte das, was man Networking nannte. Sie flocht beständig an einem Netz aus Kontakten und brachte Menschen aus den unterschiedlichsten Bereichen zusammen, um eine einflussreiche Bewegung quer durch die Bevölkerung zu schaffen.

Aber welche konkreten Maßnahmen hatte es gegeben?, fragte sie sich kritisch.

Zu wenig. Viel zu wenig!

Viel wurde geredet, doch die Müllstrudel wuchsen weiter.

»Worüber denkst du nach, Liebling?«, fragte Jay und riss sie aus ihren Gedanken.

Ansa hatte ihm schweren Herzens noch nichts von Akanas Plan erzählt, sie wollte abwarten, ob Lornas die Kolonie nicht doch noch umstimmen konnte. Auch wenn es ihr schwerfiel, ihm nicht zu sagen, was sie wirklich bedrückte, antwortete sie wahrheitsgemäß: »Ich frage mich, was passiert, wenn wir es tatsächlich schaffen sollten, das Schiff am Auslaufen zu hindern. Nach meinen Informationen sollte es diese Woche erneute Sprengungen unter Wasser geben, und am Freitag wird die Crew nach Maui in den Weihnachtsurlaub geschickt. Wie werden sie reagieren? Ob es diplomatische Verwicklungen geben wird? Sie werden sicher die deutsche Regierung darüber informieren, dass sie hier an der Arbeit gehindert werden, und dann könnte es ungemütlich werden. Mit der US Navy sollten wir uns besser nicht anlegen!«, fügte sie warnend hinzu.

»Du denkst schon weiter, als wir tatsächlich sind, Annie – noch wissen wir ja gar nicht, wie viele Boote dabei sein werden und wie viel Durchhaltevermögen die Hawaiianer mit ihrem Protest haben.« Er legte ihr seine warme Hand auf den Arm, und sie sah ihn dankbar an.

Eins nach dem anderen. Genau. Was morgen sein könnte, weiß ich ja jetzt noch nicht.

Er bog in die Straße zum Hafen ein, und der Andrang an Autos und Menschen, die sich bereits zu dieser frühen Stunde vor den Piers bewegten, war für beide eine Überraschung.

»Aber wenn ich mir das jetzt hier so ansehe … Wow! Scheint tatsächlich eine Armada zu werden. Vielleicht hast du mit deinen frühen Bedenken doch recht, Liebes.«

Sie parkten den Mietwagen und gingen zu den etwa 500 Menschen, die ihre Aufmerksamkeit auf drei Personen richteten, die erhöht an Deck eines zweistöckigen Motorbootes standen und mit

Megafonen zu ihnen sprachen. Eine junge Frau mit sportlicher Figur und hübschem, aber ernsthaft entschlossenem Gesicht hatte gerade das Wort ergriffen.

»WIR WOLLEN DREI DINGE ERREICHEN! ERSTENS: INFORMATION! – DIE ÖFFENTLICHKEIT MUSS WISSEN, WIE ENTSETZLICH AIRGUNS WALE UND DELFINE VERLETZEN UND WELCHE FOLGEN DAS HIER SCHON HATTE. ZWEITENS: DAS AUSLAUFEN DES SCHIFFES SO LANGE WIE MÖGLICH VERHINDERN!

NATÜRLICH DÜRFEN WEDER DIE MENSCHEN NOCH IHR BOOT BEDROHT ODER BESCHÄDIGT WERDEN! UNSER PROTEST BLEIBT GEWALTFREI!«

Zustimmendes Gemurmel kam aus der Menge, und dann übernahm ein braun gebrannter, wettergegerbter Mann mit halblangen, grauen Haaren die weitere Einweisung.

»DIE ÜBERFAHRT WIRD ETWA FÜNF STUNDEN DAUERN, DA WIR BEI DIESER ZAHL VON BOOTEN NICHT SO SCHNELL FAHREN KÖNNEN. DIEJENIGEN, DIE NICHT IN HONOLULU BLEIBEN, WERDEN SICHER ERST HEUTE NACHT WIEDER ZURÜCKSEIN – ICH HOFFE, IHR HABT AN EURE EIGENE VERSORGUNG GEDACHT – ZUM FISCHEN WIRD HEUTE KEINE ZEIT SEIN.«

Annie registrierte wohlwollendes Gelächter und eine Frau rief: »Ich hoffe, du hast genug von deinem berühmten Trockenfisch dabei, Skipper, daran hätten wir dann ja auf der Fahrt lang genug zu kauen …!« Erneutes Gelächter.

Anscheinend kannten sich die meisten. Die Stimmung unter den Leuten, die hier heute in See stachen, war jedenfalls entspannt. Noch, dachte Annie.

Die Reporterin des regionalen Fernsehsenders führte gerade ein Interview mit einem gut aussehenden Typen, den Annie als einen bekannten Profi-Surfer identifizierte, während ein etwas müde aussehender Teenager mit blonden Haaren, aber wachen blitzblauen Augen das Wort ergriff.

»WIR WERDEN VOR ORT BEI FACEBOOK LIVE GEHEN, UM UNSERE AKTION DIREKT IN DER WELT ZU VERBREITEN. WER NICHT ZU SEHEN SEIN MÖCHTE, SAGT ES MIR BESSER GLEICH!«

»Wo sind dein Vater und dein Bruder, Leo?«, fragte jemand, und der blonde Surfer-Typ, der anscheinend Leo hieß, antwortete kurz angebunden. »Forschungsstress. Dad musste dringend nach Alaska, und Marc begleitet ihn.«

Das Mädchen sah ihn kurz ein bisschen verliebt von der Seite an, wie Annie fand, und wandte sich dann wieder an die Menge.

»WIR HABEN NOCH PLAKATE GEDRUCKT, DIE IHR HIER ABHOLEN KÖNNT, UND UM PUNKT 6 UHR 30 STARTEN WIR! KLASSE, DASS IHR ALLE DABEI SEID! LOS GEHT'S!«

Ein älterer Herr in adretter Kleidung, die nach Golfspiel und Segeln aussah, schrie fröhlich: »Get the shit out of our ocean!«, und mehr gut gelaunt als kämpferisch stimmten viele mit ein.

Annie hatte über die Facebook-Seite einen Platz auf einem der großen Whalewatchingboote ergattert, und sie gingen an Bord, nachdem Jay noch die Kameraausrüstung aus dem Auto geholt hatte. Auch wenn er sonst eher Fischwärme fotografierte – so ein Schwarm von Booten konnte auch ein tolles Motiv sein, und er hatte sich vorgenommen, die Aktion zu dokumentieren.

Ihr Boot lief als eines der ersten aus dem Hafen, und die rund zwanzig Leute auf dem Boot stellten sich einander vor – sofern das noch nötig war. Der Kapitän des Schiffes hieß John, war ein gutmütiger, herzlicher Mann, und das Mädchen, das vorhin am Megafon gesprochen hatte, war offenkundig seine Tochter.

»Aloha – wir kennen uns noch gar nicht! Ich bin Keana«, sagte sie zu Annie und Jay. »Schön, dass sogar Leute vom Festland dabei sind! Je mehr Publicity wir bekommen, desto besser!« Und bevor sie den jungen Mann am Arm herbeizog, der Leo genannt worden war, fügte sie noch nachdenklich hinzu: »Kennen wir uns nicht? Sie kommen mir irgendwie bekannt vor. So grüne Augen habe ich irgendwann schon mal gesehen … Na ja, ich komm jetzt nicht drauf … Waren Sie schon mal auf Maui?«

»Ja, aber das ist schon ein paar Jahre her«, antwortete Annie wahrheitsgemäß.

»Das ist übrigens Leo – wir beide haben die Aktion hier auf die Beine gestellt!«, sagte sie stolz, und Annie musterte den Jungen, der ihr auch bekannt schien. Er erinnerte sie an den jungen Mann, den sie auf dem Weg zur Bucht gesehen hatte. Zwar mit anderer Augen- und Haarfarbe, doch sonst – das gleiche Gesicht. Sie sagte aber nichts, sondern begrüßte ihn nur freundlich.

»Jetzt hab ich's!«, rief Keana plötzlich laut aus, sodass einige Umstehende sich umdrehten.

»Sie sehen aus wie das Mädel, das Leos Bruder aus den Wellen gezogen und so dilettantisch wiederbelebt hat!« Aufgeregt sprach sie weiter. »Genau wie sie, Leo! Du weißt doch: die, die so plötzlich verschwunden ist. Mit dem komischen Namen. Milva oder Merla oder wie sie hieß. Krass – wie aus dem Gesicht geschnitten ähnlich!« Sie wandte sich wieder Annie zu, deren Herz sofort schneller schlug und die unwillkürlich die Luft anhielt. »Sie haben nicht zufällig letzte Woche einem jungen Surfer das Leben gerettet, der zu doof war und sich von großen Wellen hat waschen lassen, bis ihm fast das Licht ausgegangen wäre? Sie sehen vielleicht ein bisschen älter, aber ansonsten haargenau so aus wie das mysteriöse Mädel, das ihn erst gerettet hat und dann von einer Sekunde auf die andere verschwunden ist. Und ich bin mir ziemlich sicher, dass sie Merla hieß!«

Mein Kind!

Annie konnte nur stumm den Kopf schütteln, drehte sich abrupt zu Jay, drückte seine Hand und zog ihn mit sich, während Keana mit verständnislosem und Leo mit nachdenklichem Gesichtsausdruck stehen blieben.

»Jay – was hat das zu bedeuten?«, wisperte sie, als sie in sicherer Entfernung von den beiden an der Reling standen.

»Für mich klingt es, als ob deine Tochter dir mehr als ähnlich wäre, Liebes«, entgegnete er und strich ihr liebevoll ein paar Haarsträhnen aus dem Gesicht.

»Für mich klingt es, als ob sie in großer Gefahr wäre! Nachdem ich mein Licht mit dir gefunden habe, hat Akana die Gesetze geändert: Niemand darf sich einem Teres ohne Not zeigen, und diese Keana wusste sogar ihren Namen!« Sie starrte auf das weißsprudelnde Wasser, das der dröhnende Motor aufwirbelte, und sprach mehr zu sich als zu Jay weiter: »Wenn er ihren vollen Namen weiß, dann ist sie auf einem sehr schwierigen Weg. Ein Weg, den sie ganz allein bewältigen muss.«

Sie seufzte schwer und lehnte sich gegen Jays Brust, der die Arme um sie schlang, und sofort wurde ihr Herz leichter.

Ich bete zur gütigen Sonne, dass sie ihren Namen dem Richtigen gesagt hat, dachte sie und überließ sich einen Augenblick dem warmen Leuchten, das zwischen ihr und Jay erstrahlte.

28

Die Beschleunigung drückte sie heftig nach hinten, und Merla fühlte, wie sich ihr Magen hob, als die Maschine schließlich den Boden unter sich zurückließ.

Ihre Handflächen waren schweißnass, und krampfhaft versuchte sie, ihr klopfendes Herz zu ignorieren.

Als sich die Nase des Flugzeugs langsam etwas senkte, löste sie zögernd den Blick von den eigenen Knien, drehte vorsichtig ihren Kopf und sah fasziniert die aufgehende Sonne neben sich, die von oben immer größer zu werden schien.

Sie konnte es kaum fassen.

Ich fliege! Gestern habe ich Laufen gelernt, und heute fliege ich schon wie ein Vogel durch den weiten Himmel!

Sie spürte ein ungekanntes Hochgefühl in sich aufsteigen und lächelte Marc strahlend an, der sich zu ihr gewandt hatte und leise flüsterte: »Du kannst mein Handgelenk jetzt loslassen – danke, dass du es mir nicht gebrochen hast!«

»Sieh doch – die Sonne! Wie wunderschön! Und unglaublich! Dieser Vogel aus Stahl muss doch tonnenschwer sein – wieso fällt er nicht herunter?«

»Oh, manchmal fallen sie herunter«, erwiderte Marc, doch als er ihre bestürzte Miene sah, fügte er schnell hinzu: »Aber das passiert sehr, sehr selten! Flugzeuge gelten als das sicherste Verkehrsmittel weltweit.«

Merla sah noch eine Weile wortlos und andächtig staunend aus dem Fenster, bevor ein unangenehmes Kribbeln in den Füßen sie daran erinnerte, was sie nun so bald wie möglich zu tun hatte.

Als die Anschnallzeichen verloschen waren, ging sie in die enge Flugzeugtoilette, nestelte das kleine Fläschchen heraus, schüttelte die geronnene, fast schwarze Flüssigkeit, gab einige Tropfen Wasser hinzu und suchte etwas, mit dem sie sich einen kleinen Schnitt in den Finger machen konnte. Weil sie nichts fand, kratzte sie schließlich mit ihrem Fingernagel so tief in die dünne Haut auf ihrem Fingerknöchel, bis endlich eine dunkel blutende Spur entstand, auf die sie vorsichtig eine winzige Menge von Marcs Blut tropfte. Sicherheitshalber rieb sie noch mit der Fingerkuppe darüber und verteilte sein Blut im Kratzer auf ihrer Haut.

Sie wartete einen Augenblick, bis das Kribbeln endlich verschwand, und setzte sich dann wieder auf den Platz an Marcs Seite.

Wenn du wüsstest, wie nah du mir bist, dachte sie und betrachtete sein ruhendes Gesicht, das so friedlich und freundlich aussah, dass sie ihm am liebsten über die Wange gestreichelt hätte.

Die Unruhe vom Anfang der Reise war schnell verflogen, und als sie sechs Stunden später etwas holperig mit starkem Seitenwind in Anchorage landeten, blieben ihre Handflächen trocken und sie kam sie sich schon wie ein erfahrener Flugprofi vor.

Der schneidende, eiskalte Winterwind blies ihnen ins Gesicht, als sie aus dem Taxi stiegen, das sie zu ihrem Hotel gebracht hatte, und Marcs Vater ließ die beiden allein in der Bar mit Kamin zurück, um noch mit dem Kapitän des gecharterten Bootes alle Details für den morgigen Tag zu besprechen.

Merla hatte noch nie ein Feuer aus der Nähe gesehen, und sie genoss den Anblick der lodernden Flammen. Sie saßen in gemütlichen Sesseln davor und erzählten mit gedämpften Stimmen aus ihren Leben, die unterschiedlicher nicht hätten sein können.

»Das heißt, alles, was ihr über uns wisst, kommt von denen, die du Wandler nennst, richtig?«, fragte Marc und versuchte sein Gehirn nicht zu sehr nach Erklärungen für dieses biologische Wunder suchen zu lassen.

»Ja, genau. Aus jeder Kolonie gibt es mehrere Wandler, die in regelmäßigem Kontakt mit Akana und den anderen führenden Räten der Unterwasserwelt stehen.«

»Das bedeutet, es gibt nicht nur diese eine Kolonie?«, fragte Marc, dem die Frage im selben Moment unsinnig vorkam. Natürlich musste es mehr geben – die Weltmeere bedeckten die Erdoberfläche zu 70 Prozent und nur ein Bruchteil davon war den Landmenschen zugänglich und noch weniger erforscht.

»Natürlich! Allein um die Inseln, die ihr Hawaii nennt, siedeln sieben Kolonien. Dazu gibt es noch die Strömer, die in Gruppen und ohne festes Heim durch die Wasser ziehen, und dann gibt es in allen Meeren Siedlungen an und in den verschiedensten unterseeischen Gebirgen, sodass wir fern von euren neugierigen Blicken und euren Booten bleiben.«

»Ich kann einfach nicht glauben, dass die Weltöffentlichkeit oben nichts von euch weiß – wir wissen doch sogar, wie man zum Mond fliegt, und schicken Roboter auf den Mars!« Marcs ungläubiges Gesicht brachte Merla zum Lachen.

»*Wir* wissen dafür, dass ihr euch für besonders schlau und wissend *haltet*«, sie zog eine Augenbraue amüsiert nach oben, »aber erstens habt ihr Schwierigkeiten, Dinge zu glauben, die ihr für unglaublich erklärt habt – ich sag nur Riesenkraken, Klabautermänner und weiße Wale wie Moby Dick –, und zweitens hat euch eure Forschung eher in die Weiten des Weltalls als in die Tiefen des Meeres gebracht, oder?«

»Das stimmt allerdings, und die Ausgaben für Weltraumforschung sind deutlich höher als die für die Erkundung der Tiefsee.« Er sah nachdenklich in die Flammen, und das Feuer tanzte als Reflexion hell in seinen dunklen Augen.

»Aber wie können die Wandler denn ihre Informationen in die Unterwasserwelt weitergeben? Das müsste doch gefährlich sein?«

»Das übernehmen die Meeressäuger. Die Höchsten Räte verstehen die Sprache der Delfine und Wale aufs Wort. Ihr Teres ahnt zwar, wie intelligent Delfine sind, aber die ganze Bandbreite ihres Wissens und Könnens habt ihr nicht mal ansatzweise erfasst. Könnt ihr auch gar nicht, denn sie verstecken es sehr geschickt vor euch!« Sie lächelte traurig. »All die armen, gefangenen Kreaturen, die da in den Parks Sprünge machen und Kunststücke aufführen, machen nur mit, damit ihr nicht erkennt, wie klug sie sind! Wenn ihr wüsstet, zu was sie fähig sind, hättet ihr schon längst versucht, sie für eure Zwecke auszunutzen.«

»Das heißt, sie spielen uns etwas vor?«, Marc konnte es nicht glauben.

»Du hast es erfasst. Und so, wie ich sie kenne, machen sie sich daraus auch noch einen Spaß und trainieren ihre Trainer. Was bleibt ihnen auch anderes übrig? Immerhin neigen sie nicht zu Trübsinn und machen das Beste aus jeder Situation.«

»Aber was das Internet ist oder wie eine Atombombe funktioniert oder wie die diplomatischen Beziehungen zwischen den Ländern sind – das müssten ja tagelange Vorträge sein, die sie den Räten halten. Ich meine … das Wissen über die Welt hier oben ist ja doch etwas komplexer – nicht, dass *ich* mehr als Bruchstücke davon wüsste …!«

Merla lachte wieder, und auch ihre Augen funkelten im Schein der Flammen. »So neugierig, diese Teres! Nur weil ich dir das Leben jetzt schon zwei Mal gerettet habe und ein drittes Mal auch bald ansteht, bedeutet das nicht, dass ich dir alle Geheimnisse des Ozeans an einem Abend am Kamin verraten werde. Abgesehen davon weiß ich auch nicht alles.« Sie versuchte ein harmloses Gesicht zu machen und verbrachte dann die nächsten Stunden damit, ihn über sein Leben, seine Vorlieben und seine Meinung zu den verschiedensten Themen zu befragen, bis beide schließlich so müde waren, dass sie auch in ihre Zimmer gingen, während sein Vater längst zu Bett gegangen war.

Ich gehe und fliege mit ihm und leuchte nur für ihn – wie gerne würde ich jetzt in seinen Armen liegen.

Da bin ich ihm schon so nah und sehne mich immer noch nach ihm.

Fast war ihr, als könnte sie die Energie seines ruhenden Körpers im Nebenzimmer spüren. Und dazu ihre eigene, die wie eine pulsierende Wolke zu ihm strömte.

Sie wälzte sich lange, bis sie in unruhige Träume versank. Im

Traum sah sie Marc am Strand und sich selbst, die auf ihn zulief und in seine Arme fiel, bis der Sand unter ihnen nachgab und sie beide in ihm zu versinken drohten. Dann schwamm sie mit Maris lachend um die Wette, bis sein Gesicht von Schmerz verzerrt war und er bewusstlos zum Meeresgrund sank. Sie strampelte ein Netz, das fest um ihren Körper gewickelt war, panisch von sich, und als sie am nächsten Morgen vom Klopfen an ihre Tür geweckt wurde, wusste sie absolut nicht, wo sie war, und schrak zusammen, als sie im Dämmerlicht der Straßenlaterne nicht ihre Schlafhöhle, sondern ein fremdes Hotelzimmer erkannte.

Ein Stich der Sehnsucht bohrte sich durch ihre Verwirrung, und Merla stand schnell auf, um sich davon abzulenken.

Die Berührung mit dem Boden unter ihren Füßen und die ersten Schritte waren wieder so seltsam und wunderbar, dass Merla die Schrecken der Nacht augenblicklich vergaß.

Sie schnitt sich mit dem Obstmesser, das auf einem Teller mit Äpfeln und Orangen lag, leicht in die dünne Haut an einem Zehengelenk, gab wieder etwas von Marcs Blut hinzu und zog sich dann die warme Jacke und Hose an, auf die Marcs Vater bestanden hatte. Sie hatte versucht ihm zu erklären, dass das bei der Beschaffenheit ihres engmaschigen Unterhautfettgewebes unnötig war und sie niemals frieren würde, aber er hatte darauf bestanden, weil sie bei einer Außentemperatur von −15 Grad in dünnem Pullover und kurzer Hose zweifellos Aufmerksamkeit erregt hätte.

Sie tranken nur einen Tee und schmierten sich ein paar Brote für den Tag, bevor sie in den klirrend kalten Morgen aufbrachen.

Marc und sein Vater hüllten sich seit der Begrüßung am Frühstückstisch in Schweigen, und Merla spürte Marcs Besorgnis und Anspannung wie ihre eigene.

Sie *mussten* Erfolg haben! Das meiste hing nun davon ab, ob sie finden würde, was sie so dringend brauchten.

Das Schiff, das im Hafen auf sie wartete, war ein mittelgroßer Fischkutter, und der Kapitän war so wortkarg, dass es Merla schien, als ob das Schweigen zu einer ansteckenden Krankheit geworden wäre.

Nachdem sie abgelegt hatten, kam zumindest in Klaus Beck etwas Leben zurück. Er war froh, selbst etwas tun zu können, und erklärte Merla die Sauerstoffflaschen und wie sie mit dem Atemgerät Luft holen konnte. Normale Menschen kamen mit Flaschen »nur« allerhöchstens 500 Meter tief, dann konnten sich tödliche Blasen im Blut bilden, wenn sie sich nicht mehr als 30 Stunden zum langsamen Auftauchen Zeit nahmen.

Doch dazu hatten sie keine Zeit. Und Merla verfügte außerdem über andere, nicht normal menschliche Fähigkeiten.

Sie sollte in eine Tiefe von rund 800 Metern tauchen und dann Sediment mit Korsetttierchen in spezielle Behälter an ihrem Gürtel und Rücken füllen.

Marcs Vater sah sie aufmunternd an, zeigte ihr zum gefühlt hundertsten Mal Bilder der Loriciferas – was natürlich unsinnig war, da sie mit bloßem Auge gar nicht zu erkennen waren –, aber auch den speziellen Untergrund, in dem sie zu finden waren, und klopfte ihr anerkennend auf die Schulter, während Marc sie kaum eines Blickes würdigte.

Was war nur los mit ihm?

Er schien sich tief in sich zurückgezogen zu haben und sprach nur das Nötigste mit ihr, sodass Merla schließlich doch eine Kälte spürte, die aber nicht von außen, sondern von innen kam.

Obwohl es dasselbe Meer war, nur 5000 Kilometer weiter nördlich, spürte sie kaum Vertrautheitsgefühle, als sie ihren Blick schweifen ließ.

Es roch ganz anders hier, und als die tief stehende Sonne schließlich trübes milchig weißes Licht brachte, sah sie, dass auch die Farben mit dem Meer ihrer Heimat nichts gemeinsam hatten.

Eine grauschwarze Weite erstreckte sich vor ihnen, und Merla fragte sich, wie wohl die Meermenschen in diesen kalten Wassern lebten, als Klaus Beck sie aus ihren Gedanken riss und ihr einen Thermotauchanzug zum Anziehen gab. Den brauchte sie zwar nicht, aber er würde verhindern, dass der Kapitän ihre mühsam verborgenen besonderen Eigenschaften registrieren konnte.

Schließlich hatten sie fast die Stelle erreicht, an der sie ins Wasser gehen sollte.

Das Meer klatschte laut und spritzend gegen die Bordwand, und kalte Tropfen flogen aus allen Richtungen an Deck.

Marc stellte sich dicht neben sie, und bevor sie sich bereit machte, um sich in die Schwärze unter ihnen zu begeben, griff er ihre Hand, und seine braunen Augen sahen fast schmerzvoll besorgt aus.

»Hey, Dad – lass uns noch mal kurz allein sprechen, ja?!«, sagte er in Richtung seines Vaters und zog Merla etwas näher an sich heran, die ihm zuvorkam, bevor er überhaupt etwas sagen konnte. »Du weißt aber schon noch, dass das da unten keine feindliche Welt für mich ist, oder? Du guckst ja, als ob ich geradewegs auf dem Weg in die große Dunkelheit wäre ... Die ganze Zeit redest du nicht mit mir und jetzt dieser sorgenvolle Blick! Hast du vergessen, dass ich Merla die Wagemutige bin und eigentlich ein Meermädchen?« Sie knuffte ihn leicht durch seine dicke Jacke und sah ihn herausfordernd an.

Doch die Besorgnis in seinen Augen blieb.

»Ist dir wirklich klar, was dir bevorsteht? In eiskaltes, düsteres Wasser springen, um in extremer Tiefe am Meeresboden herumzuwühlen. Ich glaube, wir machen einen Fehler! Ich würde diese Aktion am liebsten abblasen. Das ist doch Wahnsinn! Ich mache mir totale Vorwürfe!«, er hielt sie an einer Hand fest und gestikulierte mit der anderen, während er versuchte das Schwanken des Schiffes auszugleichen. »Ich meine, du hast keinerlei Erfahrung und weißt nicht, ob das mit dem Sauerstoff aus der Flasche und der Tiefe wirklich funktioniert! Du denkst, es *müsste* klappen ... aber bist du dir sicher? Scheiße – wenn dir etwas passiert, werde ich mir das niemals verzeihen! Ich ...«, er rang nach Worten, »du hast mir nicht nur das Leben gerettet, du bist mir so vertraut, als ob ich dich schon ewig kennen würde. Du bringst mich zum Lachen, und ich kann dir stundenlang zuhören. Du bist beeindruckend mutig und setzt dich so sehr für etwas ein, das nicht mal richtig deine Sache ist, ich ...« Er zögerte und sah sie dann direkt an, während das eisige Wasser von Böen getrieben über die Reling spritzte. »Ich fühle mich so warm und wohl in deiner Gegenwart, und ich möchte nicht, dass dir etwas zustößt. Ich möchte, dass du hier oben bei mir bleibst und wir lieber ein Flugticket zu meiner Mutter nach San Francisco buchen und du nicht dein Leben riskierst, um irgendwelche Menschen zu retten, die du nicht mal kennst und die im Zweifel nicht einen Finger rühren würden, um dir und den Deinen zu helfen.«

Er zog sie noch ein Stück dichter an sich heran, und Merla meinte, das Licht zwischen ihnen müsste heller leuchten, als das schwächliche Sonnenlicht hier es überhaupt jemals vermochte. Ihr war in dem Thermoanzug so warm, dass sie sich wie in den heißen Quellen der Lavaströme fühlte. Doch sie wollte nirgendwo anders sein.

Sein Blick schien ihr bis ins Herz zu dringen, und die Welt um sie herum hätte genauso gut der Mond oder die große Dunkelheit sein können – sie nahm sie nicht mehr wahr.

»Es tut mir sehr leid, dass ich euch störe, aber Merla muss jetzt tauchen!« Die Stimme von Marcs Vater zerriss den Kokon, der sie beide von der Außenwelt abschirmte. »Es soll später noch mehr Wind aufkommen, und der Käpt'n will zurück sein, bevor es dunkel wird! Bist du bereit, Merla?«

»Ja, das bin ich!«, antwortete sie fest.

Unwillig ließ Marc sie los, und das Letzte, was sie bemerkte, war das Leuchten in seinen Augen, bevor sie ihre Aufmerksamkeit mühsam auf Klaus Beck und seine letzten Anweisungen richtete.

»Die Uhr an deinem Handgelenk sagt dir, wie viel Zeit du hast, bis du wieder auftauchen musst. Der Sauerstoff reicht dann bis zu uns. Geh langsam runter, es gibt keinen Grund zu hetzen! Falls du dich nicht wohlfühlst oder die Technik streikt – dann komm bitte sofort wieder hoch! So wichtig das hier auch ist – wir wollen kein Risiko eingehen!«

Merla nickte, steckte sich das Mundstück der Taucherausrüstung in den Mund, zog die Maske, die sie unter Wasser wieder ausziehen wollte, über und setzte sich rücklings auf die Reling, wie man es ihr erklärt hatte.

Sie fand Marcs Augen, und der Blick, den er ihr zuwarf, gab ihr im Bruchteil einer Sekunde mehr Zuversicht, als sie jemals in ihrem Leben empfunden hatte.

Das war es.

Das *ewige Licht!*

29

Er spürt es auch. Wir teilen es!

Danke! Strahlender Stern des Lebens, danke!

Laut jubelte die Freude in ihr, als sie rückwärts in die Düsternis fiel, während Marc mit einem Gefühl an Bord zurückblieb, für das sein Verstand keine Beschreibung fand.

Mit hüpfendem Herzen und kräftigen Schlägen der künstlichen Flossen tauchte Merla in die Tiefe hinab. Die Klarheit über das, was gerade passiert war, ließ keine Zweifel mehr offen, und so konnte sie sich sofort auf das konzentrieren, was jetzt zu tun war.

Mit ihm in unserem Licht baden werde ich später, dachte sie noch und richtete ihre Aufmerksamkeit nach außen.

Das Wasser war rötlich trübe, und die Dichte an treibenden Teilchen ließ nicht nach, so tief sie auch schwamm, sodass Merla sich fragte, ob die Maske nicht doch hilfreich gewesen wäre. Die schützende Schicht vor ihren Augen verschaffte ihr zwar normalerweise unter Wasser eine perfekte Sicht, aber hier kam sie sich trotzdem vor wie im Blindflug.

Doch ihr Sonar funktionierte nach wie vor: Sie ortete einen riesigen Schwarm Lachse und einige Orcas, die sich wohl zum Jagen zusammengeschlossen hatten, aber ansonsten war die Weite um sie herum so gut wie frei von größeren Lebewesen.

Wundert mich nicht, so düster und trübe, wie es hier ist, dachte sie und glitt beständig weiter in die Tiefe. Sie atmete ruhig und gleichmäßig, empfand aber diese Art, Luft zu holen, als verstörend. Das hier war ihr ureigenstes Element, doch mit der Technik und dem Anzug an ihrem Körper fühlte sie sich seltsam fern und fremd in ihrer Umgebung.

Schwimm einfach und denk an dein Ziel, ermahnte sie sich. Das ist immer noch dein Zuhause hier, und du könntest ebenso ohne das ganze Zeug der Teres tauchen – nur eben nicht so lange.

Sie spürte, dass sie nun bald den Boden erreichen musste, denn ihr Sonar sandte ihr Schallwellen zurück, die vom Meeresgrund reflektiert wurden.

Sie verlangsamte ihr Tempo und schaltete die Lampe ein, die an der Vorderseite ihres Anzugs angebracht war.

Der Boden vor ihr war mit einer rötlichen Schicht aus dem eisenreichen Schmelzwasser der Gletscher bedeckt, und vorsichtig grub sie mit einer Hand in dem lockeren Boden und wühlte das Sediment auf.

Feinstes Gestein, auf dem Tausende von Tonnen an Wasserdruck lasteten, rieselte durch ihre Hand. Aber nichts, was irgendwie nach Lebewesen aussah. Doch mit bloßem Auge waren die wenige Hundert Mikrometer kleinen Korsetttierchen sowieso nicht zu sehen. Sie waren an Sandkörner geheftet, und es würde die Aufgabe von Marcs Vater sein, sie später zu isolieren.

Sie füllte die Behälter an ihrem Gürtel randvoll mit dem losen Sand aus tieferen Schichten, die sie mit der Hand vorsichtig herausgrub.

Als alle voll waren und sie noch mal überprüft hatte, ob sie gut verschlossen waren, wollte sie sich gerade auf den Rückweg machen, als ihr Sonar ein großes Wesen ortete. Ein sehr großes sogar!

Merla wusste, dass in diesen Tiefen Tiere hausten, die sogar Meermenschen noch nie gesehen hatten. Und das, was da über ihr schwamm, war auf jeden Fall größer als alles, was ihr im Meer bekannt war.

Die Neugier überwog ihre Vorsicht, und Merla stieg schneller auf, als sie eigentlich vorgehabt hatte. Sie begann vor Anstrengung heftiger zu atmen und sog mehr Sauerstoff in ihre Lungen, als ihr guttat. Zudem hatte sie das Gewicht des Sediments unterschätzt, das nun überraschend schwer nach unten zog.

Ihr wurde schwindelig, ihre Stirn begann zu schmerzen, sie verlangsamte das Tempo und folgte dem Riesenwesen in gemäßigter Geschwindigkeit, bis ihre Atmung wieder ruhiger wurde und ihr Schwindel verging.

Sie musste ungefähr die Hälfte des Weges bis zur Oberfläche zurückgelegt haben, als ihre Augen, unterstützt von der Lampe, sahen, was sie geortet hatte.

Merla stieß einen unterdrückten Schrei aus, den niemand hören konnte, und betrachtete fassungslos den Kalmar vor ihr. Allein sein Körper war so lang wie ein Blauwal und seine Fangarme noch mal mehr als doppelt so lang. Sie schwamm ehrfurchtsvoll an diesem riesigen Körper entlang, bis sie sein Gesicht gefunden hatte. Die Augen, die sie anstarrten, waren jedes so groß wie sie selbst, und in dem schnabelartigen Maul hätte sie dreimal übereinanderstehen können. Das war wahrlich der größte Kalmar, den sie je gesehen hatte, und sie hatte schon einiges gesehen, was die Teres als »Monster des Meeres« bezeichnet hätten. Dieses Exemplar war definitiv das Supermonster!

Da der Riesenkrake jeder ihrer Bewegungen mit seinen gigantischen Augen folgte und seine Arme langsam in die Höhe stiegen, beschloss Merla, dass sie neugierig genug gewesen war, und stieß sich kraftvoll mit den Flossen schlagend in die Höhe. Einen Augenblick lang fürchtete sie, der Riese könnte sie als Beute in Betracht gezogen haben und ihr folgen, aber sie ortete keine Bewegung in der Tiefe, bis sie schließlich über sich das Schiff fand, auftauchte und den Männern an der Reling, die nach ihr Ausschau hielten, zuwinkte.

»Da ist sie! Merla!« Marcs lauter Ausruf schallte durch den Sturm zu ihr, und Merla spürte das Glück warm strömen, als sie seine vor Freude und Erleichterung funkelnden Augen unter der Mütze und Kapuze seines dicken Parkas hervorleuchten sah.

Die Männer hievten Merla an Bord, und sie fühlte die Erschöpfung erst, als sie gestützt von Marc und seinem Vater in die kleine Kabine gebracht wurde.

Marc gab ihr einen Becher heißen Kakao, auch wenn ihr gar

nicht kalt gewesen war – der Zucker darin gelangte schnell in ihr Blut, und sie spürte die Energie in sich zurückkehren.

Sie entledigte sich des unangenehmen Anzugs, trocknete sich ab, zog ihre Wintersachen an und ging hinüber in die andere kleine Kajüte, wo Marcs Vater schon mit einem Mikroskop ihr Mitbringsel vom Meeresgrund untersuchte.

Seine Miene war begeistert und erleichtert, als er aufsah, aufstand und Merla schließlich herzlich umarmte.

»Das war schon mal ein voller Erfolg! Allein in dieser Miniprobe tummeln sich so viele Loriciferas, wie auf Maui Menschen leben, würde ich sagen! Glückwunsch, Merla – du hast es geschafft, und Teil eins unserer Mission ist schon mal erledigt!« Er zählte an seiner großen Hand weiter. »Wenn zwei – Vermehrung im Labor –, drei – Überleben der Viecher im warmen Wasser – und schließlich vier: Großeinsatz der Gasfresser im Algenmeer und damit unsere Rettung, genauso gut klappen, dann schwöre ich hiermit feierlich, dass ich nie wieder fluchen und mich zudem von Schokolade und sonstigen Verführungen des Lebens für immer fernhalten werde, verdammt noch mal!« Er lachte dröhnend und herzlich, und alle drei umarmten sich wechselseitig, bis Merla und Marc schließlich eng umschlungen stehen blieben.

»Ich bin ungefähr tausend Mal tausend Tode gestorben, als du da unten warst«, flüsterte Marc in ihr Ohr, und Merla empfand seine Stimme wie warme Wellen, die durch ihren Körper liefen. Er nahm ihr Gesicht in seine Hände und zog sie sanft so dicht zu sich heran, bis sich ihre Nasen fast berührten. »Eins kann ich dir sagen: Ich lass dich nie wieder so weit weg von mir!«

Lächelnd flüsterte Merla zurück: »Das waren nur 800 Meter, wie genau stellst du dir das vor? Willst du mich an einer Leine an dich binden?«

Marc ging in die Knie, packte sie an den Beinen, hob sie hoch und wirbelte sie so herum, dass sein Vater lachend nach hinten auf die Sitzbank fiel.

»Ja genau! Eine Leine ist eine sehr gute Idee! Eine Sonderanfertigung, damit wir immer zusammen sind und du mir nicht mehr wegschwimmst!« Er ließ sie herunter und wandte sich über die Schulter seinem Vater zu. »Hey, Dad, jetzt ist der Moment gekommen, in dem du dich bitte diskret zurückziehen könntest ...«

»Okay, okay, ich bin ja schon weg!«, feixte Klaus Beck, hob erst beschwichtigend die Hände und reckte dann einen Daumen hoch, bevor er die Kajüte verließ.

Das Schiff stampfte und rollte in der immer stürmischer werdenden See, und Marc und Merla hielten sich schwankend aneinander fest, um nicht umzufallen.

»Wie küssen Meermädchen denn eigentlich?«, fragte Marc und sah ihr amüsiert und liebevoll in die Augen. »Nass?«

»Das wirst du schon ausprobieren müssen, oder ist dir das Risiko zu groß?« Merla sah ihn mit so lichtem Glanz in den Augen an, dass Marc der Atem stockte.

»Für dich gehe ich jedes Risiko dieser Welt ein, meine wunderschöne, wunderbare Merla die Wagemutige!«, flüsterte er und küsste sie sanft auf die Lippen.

Sie mussten nichts mehr tun, ihre Körper reagierten aufeinander, wie von der Natur des Lichts vorgesehen, ihre Küsse wurden inniger und die Wärme verwandelte sich in Hitze.

Erschrocken hielt Marc plötzlich inne und rang nach Luft. »Siehst du das auch?«

»Ja ...«

»Die Luft zwischen uns leuchtet! Was hat das zu bedeuten?«

»Dass du mich noch mal küssen musst, wahrscheinlich«, Merla lachte und zog ihn wieder zu sich, und sie standen, sich berauscht küssend, auf dem wogenden Schiff, bis ihnen schwindelig vor lauter Glück wurde.

»Ich hab's mir überlegt – 800 Meter Leine sind viel zu lang!«, sagte Marc schließlich nach einer Weile, die Minuten oder Tage gedauert haben konnte, »80 Zentimeter müssten reichen.«

Merla erwiderte nichts, sondern sah ihn plötzlich mit vor Schreck aufgerissenen Augen an.

»Was hast du? So schrecklich ist die Vorstellung doch hoffentlich nicht?«, sagte er verwirrt, während Merla aufstand und die Kajütentür öffnete.

»Merla! Was machst du?«, rief er und lief hinter ihr her.

»Sie brauchen Hilfe! Oh, du gütige Sonne! Der Metallboden des Schiffes überträgt ihre Schreie, und ich kann sie verstehen!«

Merla stand an der Reling und starrte mit Entsetzen im Gesicht auf das graue Meer vor ihr.

»Wer ruft? Was …?« Marc zog sich die Jacke zu und lauschte in den Sturm, hörte aber nichts als dessen Brausen.

»Sag dem Kapitän, er soll die Maschinen stoppen, und gib mir ein Messer!«, rief Merla ihm zu.

»Wie bitte? Was? Ich verstehe kein Wort!«

»Da unten sind Wale. Wahrscheinlich in Stellnetzen gefangen. Sie rufen um Hilfe! Ich muss zu ihnen und sie befreien!«

»Aber du kannst doch nicht …« Marc hielt sie am Arm, aber sie war schon auf dem Weg in die Kajüte und kam mit dem großen Tauchmesser seines Vaters in der Hand zurück.

»Natürlich kann ich! Das Einzige, was *du* tun musst, ist, den Kapitän die Motoren stoppen zu lassen. Sag ihm nicht, was ich tue, nur, dass es für die Arbeit am Mikroskop wichtig ist oder so was. Du bist doch sonst nicht auf den Kopf gefallen! Los, beeil dich. Ich brauche nicht lange!«

Sie schnappte sich die Sauerstoffflasche und diesmal auch die Maske, kletterte auf die Reling, und ihr Anblick prägte sich in seinem Gehirn ein wie eine Tätowierung auf der Haut: Der Wind riss an ihren Haaren, sie hielt das Messer in der Hand, und ein furchtloser Ausdruck der Entschlossenheit lag auf ihrem Gesicht, bis sie sich noch mal zu ihm drehte.

»Und wenn ich zurück bin, bekommst du den nassen Kuss, den du dir so sehr wünschst, okay?!«

Ihre Augen blitzten frech, sie zog sich die Maske über, und dann war sie zum zweiten Mal an diesem Tag in der dunklen Kälte versunken.

30

Nach gut einer Stunde stand Marc noch immer an der Reling und versuchte irgendetwas auf dem Wasser zu erkennen, doch die Gischt spritzte ihm ins Gesicht und es wurde langsam dunkel. Seine Füße und Hände spürte er nicht mehr vor Kälte, und sein Herz fühlte sich ebenfalls an, wie von einer Schicht Eis umhüllt.

Er hatte Angst. Als ob sein eigenes Leben in höchster Gefahr wäre.

Sein Vater trat neben ihn und brüllte ihm ins Ohr: »Der Kapitän will jetzt nicht mehr länger warten – ich habe ihm schon die doppelte Menge an Geld geboten, aber es ist nichts zu machen. Der Sturm nimmt zu, und er will kein Risiko eingehen.«

Marcs Vater rieb sich Wassertropfen aus dem Gesicht, bevor diese gefrieren konnten, und sah so hilflos aus, wie Marc ihn selten gesehen hatte.

»Dad! Das können wir doch nicht machen! Sie ist da unten! Es kann doch nicht mehr lange dauern! Wir können sie doch nicht hierlassen!« Er schrie seine Angst und Sorge seinem Vater entgegen, und als das Boot plötzlich wieder Fahrt aufnahm, wollte er auf die Brücke stürmen, doch sein Vater hielt ihn zurück.

»Marc! Das hat keinen Sinn! Willst du eine Meuterei anzetteln? Wir können das Schiff ohne den Kapitän nicht heil durch den Sturm bringen, und er will nicht länger warten.« Er zog seinen Sohn in die Kajüte und half ihm aus den nassen Sachen, denn Marc war vor Kälte wie gelähmt.

Die Angst um Merla schnürte sich ihm wie ein enges Korsett um den Leib, dass er meinte, keine Luft mehr zu bekommen.

»Ich kann es spüren, Dad – sie wird gleich wiederkommen!«

»Wir werden uns im Hafen ein neues Boot suchen und wieder rausfahren, Marc. Wir holen sie natürlich zurück! Aber du darfst auch nicht vergessen, dass sie ein Meermädchen ist: Ihre Haut ist kälteunempfindlich, sie hat Sauerstoff dabei, und das Meer ist ihr Element. Sie lebt darin schon zeit ihres Lebens, da wird sie den heutigen Tag auch noch überstehen, meinst du nicht?«

Er hatte seinem Sohn den Arm um die Schulter gelegt und versuchte Zuversicht auszustrahlen, doch Marc wollte weder die Umarmung noch die halb tröstenden Worte. Wütend schrie er seinem Vater ins Gesicht: »Du bist ein Riesenarsch, Dad! Sie hat ihren Job getan, und jetzt brauchen wir sie nicht mehr, oder wie? Ich kann es nicht glauben, dass du das zulässt! Und wenn du diesem bescheuerten Kapitän das Zehnfache oder Fünfzigfache anbietest, meinetwegen auch den Wert seines Bootes – das sollte doch wohl möglich sein, für jemanden, der deinem Sohn zwei Mal das Leben gerettet hat und der sein Leben, ohne mit der Wimper zu zucken, für das von vielleicht hunderttausend Menschen riskiert?«

»Marc, beruhige dich!« Klaus Beck fixierte seinen Sohn mit einem Blick, der klar und hart war. »Der Kapitän hat mir mit einem Fingerzeig klargemacht, dass er eine Waffe an Bord hat, und mir damit sehr nachdrücklich mitgeteilt, dass *nichts*, aber auch gar nichts ihn davon abhalten kann, zurückzufahren. Natürlich werde ich Merla hier nie im Leben zurücklassen, und wenn es sein muss, suchen wir uns einen Hubschrauber, um sie zurückzuholen – hast du das verstanden?! Für wen hältst du mich eigentlich?« Schnaubend zog er sich die nasse Mütze vom Kopf und warf sie aufgebracht in die Ecke.

Er markierte die Position, auf der sie sich befanden, auf seinem Handy und setzte sich dann, in Gedanken versunken, neben seinen Sohn, der sich von ihm abwandte und ihn keines Blickes mehr würdigte, bis sie den Hafen von Anchorage erreicht hatten.

Sie rafften ihre Sachen zusammen und verließen das Schiff, ohne noch ein Wort mit dem Kapitän zu wechseln.

Marc brachte die Behälter mit den Loriciferas ins Hotel, während sein Vater sich auf die Suche nach einem neuen Boot machte, und zwei Stunden später standen sie im Steuerstand eines anderen Kutters, neben einem jungen Mann mit Namen Lewis, der ihnen versicherte, sein Schiff wäre jedem Sturm gewachsen und er würde für das Geld sogar noch rausfahren, wenn ihnen der Orkan mit 200 Stundenkilometern entgegenbrüllen würde.

Der Sturm schien Marc aber gar nicht stärker, sondern eher schwächer geworden zu sein, und mit verbissener Hoffnung starrte er jetzt in die Dunkelheit vor ihnen, die hinter dem Lichtkreis der Scheinwerfer wogte. Er spürte zwar immer noch Angst in sich nagen, aber seltsamerweise konnte er dahinter vage fühlen, dass es Merla gut ging.

Und diesmal hatte er auch eine Erklärung dafür.

Ich bin mit ihr verbunden. Ich kann sie erfühlen.

Sein Herz schlug schneller, als er an ihren Kuss dachte, und die Wärme, die sie verströmt hatte, breitete sich wieder in seinem Inneren aus und ließ die Angst, zu einer Pfütze geschmolzen, zurück.

»Da ist ein großer Trawler in der Nähe der Position, die Sie mir genannt haben.« Der Kapitän blickte auf die technischen Instrumente vor sich und fügte halblaut hinzu: »Eine von den scheißschwimmenden Fischfabriken der Koreaner. Ich funke die mal an!«

In einem Kauderwelsch aus Englisch und Seemannsslang nahmen die beiden Schiffe miteinander Kontakt auf, und Marc und sein Vater konnten sich nur fragend ansehen, weil sie kaum ein Wort verstanden.

Abrupt brach der Kapitän das Gespräch ab und wandte sich an Marcs Vater: »Was sucht ihr noch mal? Eine Taucherin, richtig?«

Klaus Beck bestätigte nickend, und der Seemann wandte sich wieder dem Funkgerät zu, antwortete und lauschte dann aufmerksam.

»Scheint so, als ob die Koreaner die gesuchte Person gefunden hätten. Sie haben zwar keine Tauchausrüstung bei ihr gefunden, aber dafür ein großes Messer, mit dem sie augenscheinlich Netze kaputt geschnitten hat.« Er lachte rau. »Das klingt mir ja nach einer recht abenteuerlichen Story. Typisch Koreaner. Netze durchschneiden? Mitten im eiskalten Pazifik?« Und zu Marc gewandt sagte er: »Ihr seid doch nicht etwa von Greenpeace oder Sea Shepherd oder so? Ich will mir hier keinen Ärger einhandeln!«

»Nein! Wir haben einen Forschungstauchgang gemacht! Und unsere Mitarbeiterin mussten wir zurücklassen, weil der Kapitän Sorge um sein Schiff hatte.«

Lewis schüttelte ungläubig den Kopf. »Was für ein Schwein, der alte Forster! Aber bei dem zählen Menschenleben weniger als volle Netze und noch viel weniger als sein Boot.« Er beschleunigte die Fahrt und lauschte dann wieder den unverständlichen Klängen aus dem Funkgerät.

»Die Dame scheint allerdings doch mehr als nur Forschung betrieben zu haben. Das Netz ist schwer beschädigt, und die Koreaner haben sie erst mal festgesetzt. Das finden die nicht so witzig, wenn jemand ihre Arbeit sabotiert. Die wollen sie wohl mitnehmen und vor Gericht bringen.«

»In Korea?«, warf Marc entsetzt ein.

»Keine Ahnung, das konnte ich nicht verstehen. Auf jeden Fall wollen sie sie bestraft sehen und steuern jetzt erst mal den Hafen von Anchorage an. Das heißt, wir müssen gar nicht mehr weiter, richtig?«

»Nein, dann können wir auch umkehren«, antwortete Klaus Beck und schlug dem Schiffsführer anerkennend auf die Schulter.

Marc sah die Erleichterung auf dem Gesicht seines Vaters – auch er war heilfroh darüber, dass Merla zumindest nicht mehr allein im eiskalten Nordpazifik umherschwamm.

Aber Marcs Sorge wollte nicht wirklich weichen.

Irgendetwas in ihm ließ ihn angespannt bleiben.

Sie ist in Sicherheit, aber nicht richtig. Etwas stimmt nicht. Die ganze Zeit über hatte *ich* Angst um *sie*, aber jetzt ist es anders: Jetzt fürchtet sie sich selbst.

Aber wovor?

Marc verließ den Steuerstand des Kutters, ging in die nebenan liegende Kabine und setzte sich auf einen der ungemütlichen Stühle. Er legte den Kopf nach hinten gegen die harte Metallwand und lauschte dem dröhnenden Stampfen der Motoren. Das Schiff rollte und schaukelte weitaus weniger als noch am Nachmittag, und er zerbrach sich erschöpft von Kälte und Sorge den Kopf darüber, was Merla jetzt so beunruhigte, bis das Wasser immer stiller wurde und sie schließlich im Hafen angekommen waren.

Marc hatte Hunger, er war müde und abgekämpft, aber er hatte keine Zeit, sich um sich selbst zu kümmern.

Merla von dem koreanischen Schiff zu bekommen, war ein wahrer Behörden- und Telefonmarathon. Es dauerte bis in die Nacht und dann noch mal den halben Tag, in der sie mit der Küstenwache, der Polizei, einem Rechtsanwalt und den Koreanern sprechen mussten.

Und Marcs unbestimmbares Gefühl von Angst wuchs minütlich.

An Bord eines ausländischen Schiffes galt zwar das jeweilige Recht des Landes, wie sie erfuhren, doch der Kapitän dieses Trawlers hatte weder Interesse an diplomatischen Schwierigkeiten noch daran, eine unbekannte Frau für die nächsten Wochen seines Einsatzes in den hiesigen Fanggebieten an Bord zu haben und durchzufüttern, um sie schließlich vor ein koreanisches Gericht zu stellen.

Das war ihr Glück!

Es war schon später Nachmittag, als sie endlich an der Seite von zwei Beamten der US Coast Guards an Bord des riesigen Trawlers gehen konnten.

Warum gehen die nicht schneller?, dachte Marc und wäre am liebsten die vielen Treppen hinaufgerannt, während der Tross Menschen sich mit aufreizender Langsamkeit voranbewegte.

Als der abweisend blickende Matrose die Tür öffnete, hinter der Merla festgehalten wurde, stürmte Marc schließlich an den Polizisten vorbei und schrie auf.

»Was habt ihr mit ihr gemacht? Verdammt! Habt ihr sie geschlagen?«

Merla lag an der Bordwand wie tot auf dem Rücken. Er stürzte sich neben ihr auf den harten Boden, griff mit einer Hand vorsichtig unter ihren Nacken und strich ihr mit der anderen sanft über die Wange.

»MERLA! Los, wach auf! Merla!«

Sein Vater hatte sich über ihren Brustkorb gebeugt, riss erschrocken die Augen auf und befahl Marc nur knapp: »Beatmen! Jetzt! Ihr Herz schlägt nicht mehr!«

Die Panik ging stoßweise durch Marcs Körper, doch er achtete nicht auf sie. Er bog Merlas Kopf leicht nach hinten und hielt ihr die Nase zu, während er seinen warmen Atem an sie weitergab.

Er gab ihr Luft, holte erneut Atem, wiederholte es immer wieder, während sein Vater gleichmäßig und kräftig auf ihren zarten Brustkorb drückte.

Doch nichts passierte.

Marc registrierte wie aus weiter Ferne, dass einer der Coast Guards einen Rettungswagen rief. Der Matrose jammerte laut auf Koreanisch, und sein Vater atmete ächzend, während er verzweifelt versuchte Merlas Herz zum Schlagen zu bringen.

Nun mach doch endlich die Augen auf!, schrie es in Marcs Kopf, und er spürte nicht einmal, wie die Tränen über sein Gesicht und über seine Lippen schließlich in ihren Mund rannen.

»Ihr Herz! Es schlägt wieder! Mach weiter, Marc!« Die Worte seines Vaters klangen in seinen Ohren wie das Schönste, was er je gehört hatte, und Marc holte noch einmal tief Luft und gab ihr nicht nur seinen Atem, sondern meinte, ihr auch wahrhaftig seine Lebensenergie einzuhauchen, bis sie schlagartig die Augen öffnete und keuchend selbst einatmete.

Er barg ihr Gesicht in seinen Armen und küsste ihre Stirn, sah in ihre Augen und lächelte, als sie ihm eine Träne von der Wange strich und schließlich mit noch etwas rauer, leiser Stimme sagte: »Wer hätte das gedacht? Nun steht es ja nur noch zwei zu eins für mich …«

Statt einer Antwort beugte er sich über sie und küsste sie liebevoll, bis sein Vater sich schließlich geräuschvoll räusperte und ihn damit wieder daran erinnerte, dass sie nicht allein waren und dies vielleicht auch nicht gerade der passende Ort für einen längeren Austausch von Zärtlichkeiten war.

»Da scheint eine Taschenlampe an zu sein, oder was leuchtet da so?«, fragte Klaus Beck. Merla murmelte etwas Unverständliches und stand vorsichtig auf, nachdem sie sich mit einem kurzen Blick davon überzeugt hatte, dass dort am Ende ihrer Beine auch tatsächlich Füße waren, auf denen sie stehen konnte.

Noch leicht geschwächt und in eine Decke gewickelt, stützte sie sich auf Marcs Arm, während sein Vater ihr zuwisperte: »Du streitest alles ab. Kein Messer, keine Walrettung. Verstanden? Und wenn dich einer fragt, wie du es bei diesen Temperaturen ohne Anzug im Eiswasser aushalten konntest – ich habe recherchiert: Es gibt eine Anomalie im Fettgewebe auch bei Landmenschen. Ein isländischer Fischer konnte so sechs Stunden in 5 Grad kaltem Wasser überleben. Sag einfach, du seist weitläufig verwandt mit dem ›Seehund-Mann‹ – die Bezeichnung ist ihnen sicherlich geläufig.«

»Okay, alles klar. ›Seehund-Mann!‹«, sie lachte schwach. »Und das mir! Wie lange können sie uns festhalten? Was ist mit unserem Flieger?«

»Ich habe auf morgen umgebucht, den heute schaffen wir nicht mehr. Gegen Kaution können wir dich aber gleich mitnehmen. Der Kapitän hat keine Lust auf Ärger, und nachzuweisen ist dir ja nichts – es steht Aussage gegen Aussage. Im Zweifel bekommen die Koreaner noch Ärger, dass sie eine amerikanische Staatsbürgerin fast haben sterben lassen.«

In der Station der US Coast Guards bekamen sie erst mal einen starken Kaffee, und Marcs leerer Magen brannte, als die braune Brühe in seinem Bauch schwappte.

Draußen war es schon längst wieder dunkel, als sie endlich zum Hotel zurückkehrten. Es waren noch einige Formulare auszufüllen und Fragen zu beantworten gewesen, bis sie schließlich alle drei vor Müdigkeit und Hunger wankend auf die Stühle in dem kleinen Restaurant des Hotels fielen.

Beim Essen kehrten ihre Lebensgeister zurück, und Merla erzählte endlich jedes Detail der erfolgreichen Walbefreiung und der darauffolgenden Gefangennahme durch die Fischer, während Vater und Sohn gespannt zuhörten.

Marc hatte Merlas Hand nur dann losgelassen, wenn es absolut nicht anders möglich gewesen war, und auch jetzt saß er neben ihr und hielt seinen Oberschenkel dicht an ihren, nur um zu spüren, dass sie wirklich da war.

»Ich frage mich, ob ich irgendetwas mit den Augen habe«, sagte Klaus Beck, nachdem sie alle so viel gegessen hatten, dass es auch noch für die nächsten beiden Tage reichen würde, »wenn ihr da so nebeneinandersitzt, sehe ich eine Art Helligkeit zwischen euch. Wie ein Leuchten. Ganz komisch! … Aber vielleicht habe ich gestern auch nur zu viel Eiswasser in die Augen bekommen.«

Merla zögerte kurz und überlegte, wie viel sie seinem Vater sagen sollte, aber beschloss dann doch beiden etwas über das *ewige Licht* zu erzählen.

Als sie geendet hatte, sah sein Vater nachdenklich und Marc strahlend glücklich aus.

»Das heißt, ich brauche gar keine Leine? Wir beide sind miteinander durch das Licht verbunden … und das kann man sehen?«, er zog Merla zu sich und küsste sie sanft auf die Lippen, bis sein Vater staunend ausrief: »Schon wieder! Tatsächlich! Es leuchtet mir zwar nicht ein, aber irgendetwas zwischen *euch* leuchtet definitiv, und wenn du es das *ewige* Licht nennst, Merla, dann bin ich wohl jetzt offiziell Schwiegervater eines Meermädchens, oder wie?«

Er lachte und sah sich um, ob auch niemand ihrem Gespräch lauschen konnte: »Dann *musst* du mich ja quasi in alle Mysterien des Meeres einweihen – es bleibt ja in der Familie!«

»Wenn du sie für dich behalten kannst, ›Papa‹, dann steht dem nichts mehr im Wege …«

Sie lachten alle und wurden erst wieder ernst, als sie besprachen, wie es nun weitergehen sollte.

»Morgen ist schon Dienstag! Das heißt, wir hinken mit unserem Zeitplan einen Tag hinterher. Und es war so schon nicht gerade viel Zeit, um die Laborarbeit erfolgreich hinzubekommen. Ich habe gestern noch eine E-Mail von dem italienischen Kollegen bekommen – anscheinend ist die Vermehrung der Loriciferas nicht schwer. Das einzige Problem sieht er im anderen pH-Wert des Wassers bei uns. Aber wenn ich die richtigen Bedingungen künstlich herstellen kann und wir sie dann auf ihr Lieblingsessen loslassen, müsste es machbar sein, meint er ...«

Auch wenn sie bisher erfolgreich gewesen waren: Marc wusste, dass dies nur der Anfang war. Die anderen schwierigen Teile ihrer Mission standen ihnen noch bevor, und die Zeit schien plötzlich immer schneller zu laufen.

»Ich muss dir noch etwas sehr Wichtiges sagen«, wisperte Merla in Marcs Ohr, während sein Vater die Rechnung beglich. »Aber vielleicht erzähle ich es dir auch lieber erst morgen, so müde, wie du aussiehst ... auf jeden Fall solltest du morgen früh zwischen sechs und sieben Uhr etwas Zeit für mich haben.«

Marc sah sie fragend an.

»Klar! Das ist allerdings früh – was haben wir denn vor? Der Flieger geht doch erst um elf Uhr.«

»Du musst mich küssen.«

»Nur zwischen sechs und sieben? Wenn's nach mir ginge, würde ich das lieber so oft wie möglich machen.« Marc zwinkerte verschwörerisch und flüsterte zurück: »Das heißt, mein Vater schläft heute nacht allein, richtig?«

»So blitzschnell kann er kombinieren, mein Retter. Nicht nur stark, sondern auch schlau, dieser Teres ...«

Sie lächelte auf diese leicht spöttische Art, die er so unwiderstehlich fand, zupfte ihn an einer Locke, griff seine Hand und zog ihn hinter sich die Treppe in den ersten Stock und zu ihrem Zimmer hinauf.

Und von nun an wirst du mich an jedem einzelnen Tag unseres Lebens in der Frühe küssen müssen, mein Leuchtender, dachte sie, und bei dem Gedanken daran fühlte sie sich strahlen, als ob sie die Sonne selbst wäre, die an diesem dunklen, kalten Ort schien, so hell sie konnte.

31

Über dem Pazifik
Dienstag. Noch 4 Tage.

Viel miteinander gesprochen hatten sie in der Nacht nicht und auch nur ein bisschen geschlafen.

Klaus Beck sah man die Anstrengung der letzten Tage an, während Marc und Merla trotz des wenigen Schlafes vor Energie zu glühen schienen.

Sie saßen bereits seit vier Stunden in der Maschine, die sie zurück nach Hawaii bringen sollte, als Merla aus einem tiefen und ruhigen Schlaf erwachte. Außer ihnen waren nur noch zehn weitere Passagiere an Bord. Die meisten hatten sich in ihren Reihen quer gelegt, um zu schlafen, und auch die Plätze um Marc und Merla herum waren frei geblieben.

Sie hatte so fest geschlafen, dass ihr Genick ganz steif war, und vorsichtig rieb sie sich die verspannten Muskeln.

Eindeutig ein Nachteil des Lebens an Land, bemerkte sie, im Wasser hatte ich nie solche Verspannungen. Vielleicht sehen die Teres deshalb manchmal so unlocker aus. Sie sollten mehr schwimmen, dachte sie und träumte noch ein wenig von dem Gefühl der Schwerelosigkeit unter Wasser, bis Marc auch aufwachte und sein Blick als Erstes den ihren suchte.

»Hey!« Er nahm ihre Hand und drückte sie leicht.

»Na – schlafen tut auch mal ganz gut, oder?« Sie zwinkerte ihn an.

»Früher habe ich tatsächlich gerne und deutlich mehr geschlafen ...«, er gähnte herzhaft hinter vorgehaltener Hand und streckte seine Beine, so gut es ging, in den Gang neben sich aus. »Seit ich dich kenne, ist davon nicht mehr so viel im Angebot. Ich gebe aber zu, dass ich es bevorzuge, *mit dir* wenig Schlaf zu bekommen, als ohne dich.« Er flüsterte ihr leise etwas ins Ohr, das ihre Wangen glühen und ihre Augen blitzen ließ, und sagte dann lauter: »Du hattest mir doch noch etwas Wichtiges sagen wollen, wozu wir dann heute morgen aber gar nicht mehr gekommen sind.« Er zog sie wieder zu sich. »Dass du aber auch so gut küssen kannst... Lass mich mal sehen, ob dem immer noch so ist...« Und nicht mal die Stewardess, die ihnen Tee und Kaffee anbot, nahmen sie wahr.

Erst als sein Vater im Vorbeigehen unmissverständlich gegen Marcs Sitz klopfte, hielten sie inne, und Merla sagte leise: »Das, was ich dir zu sagen habe, ist wirklich wichtig! Das klingt jetzt vielleicht nach einem charmanten Scherz, aber: Von deinen Küssen hängt tatsächlich mein Leben hier ab.«

Sie sah ihm in die Augen, als sie anfing zu erklären, und er wandte den Blick nicht eine Sekunde ab.

Marc schwieg erst einmal eine Weile, nachdem sie geendet hatte, dachte nach und schüttelte dann ungläubig den Kopf.

»Du meinst, dadurch, dass wir uns küssen, bekommst Du Füße und kannst wie wir atmen...?« Marc schaute sie zweifelnd an und musste mühsam ein Schmunzeln unterdrücken. »Das klingt jetzt aber wirklich nach Seemannsgarn!«

»Ts, ts, ts...«, Merla neigte leicht den Kopf und sah ihn amüsiert an, »da hat wohl einer in der Schule nicht richtig aufgepasst, was? Wie sind denn die Stadien der Embryonalentwicklung im Mutterleib? Da gibt es ja wohl ganz eindeutig verschiedene Stufen, und in einer davon haben alle Menschenwesen angelegte Kiemenöffnungen und einen Fischschwanz...«

Marc unterbrach sie. »Dann seid ihr also in der embryonalen Fischphase stecken geblieben?« Er runzelte die Stirn und versuchte immer noch sein ungläubiges Lächeln zu unterdrücken.

Merla richtete sich auf und sah ihm bestimmt in die Augen.

»Ja, so könnte man das auch ausdrücken – wenn man ein Landwesen ist wie du …«, sie zog die Nase kraus, »aber korrekter wäre es, zu sagen, dass ihr eine Variante *unserer* Art seid. Die Meinungen, wie es zur Abspaltung der ersten Teres kam, gehen bei uns allerdings auseinander. Die einen sagen, es waren besonders neugierige und auch aggressive Pioniere, die mit dem friedlichen und begrenzten Leben im Wasser nicht mehr zufrieden waren, andere meinen, dass eure Entwicklung auf einer Mutation basiert. Ein schlimmes Virus könnte vor Hunderttausenden von Jahren den genetischen Bauplan einiger Wesen verändert haben, und nur dadurch, dass ihr an Land verbannt wurdet, konnte unsere Art gesund weiterleben.«

Marc sah an Merla vorbei ins wolkige Weiß unter ihnen, schwieg eine Weile und meinte dann zögernd und noch immer nicht vollends überzeugt: »Und meine Biolehrerin Ms Haynes will uns immer erzählen, dass alle Säugetiere an Land auf den Quastenflosser zurückgehen – das konnte ich mir eigentlich auch nie vorstellen … Da klingt deine Theorie fast schon plausibler. Hast du mal einen Quastenflosser gesehen? Da sehe ich dir deutlich ähnlicher!« Er grinste und fügte skeptisch hinzu: »Aber die Verwandlung durchs Küssen erklärt das noch nicht, Miss Evolutionsbiologin!«

»Na ja … wie eure Wissenschaftler den genauen Wirkungsweg beschreiben würden, weiß ich auch nicht. Tatsache ist, dass unsere genetischen Anlagen fast völlig übereinstimmen. Wenn bestimmte Bestandteile mit dem Erbgut aus deinen Wassern in meine gelangen, dann kann ich mich wandeln.«

»DNA! Klar«, bestätigte Marc, als er langsam begriff, »wahrscheinlich sind es die Eiweißenzyme in den Körperflüssigkeiten, die dann in deine DNA eingefügt werden – krass! Das heißt, mein Speichel oder meine Tränen haben die Verwandlung bewirkt, als du bewusstlos warst? Weder mein Atem noch die Herzmassage hätten dich retten können?«

»Genau – das hätte nichts gebracht. Und es war wirklich knapp! Ich konnte meine Zehen schon nicht mehr spreizen, und ihr müsst wirklich gekommen sein, kurz nachdem ich das Bewusstsein verlor. Da war nicht mehr viel Zeit, bis ich als totes, gefangenes Meermädchen Furore gemacht hätte, und ihr wäret ganz schön in Erklärungsnot gekommen …!« Sie hielt seine beiden Hände fest, als sie nachdrücklich weitersprach: »Ich ersticke an Land, wenn du mir von nun an nicht alle 24 Stunden von deiner DNA – oder wie du es nennst – gibst. Ansonsten werde ich wieder ein Meerwesen, das dringend ins Wasser gehört!«

Er strich ihr mit den Daumen über die Handrücken und flüsterte nur noch für sie hörbar, als er weitersprach.

»Das bedeutet, wenn ich nicht will, dass mein wunderbares, allerliebstes Mädchen für immer in den Fluten verschwindet, dann muss ich immer dafür sorgen, dass du rechtzeitig geküsst wirst?«

Sie nickte ernst. Und er erwiderte ihren Blick mit derselben Ernsthaftigkeit des vollständigen Verstehens.

Und außerdem, fügte sie in Gedanken hinzu, würde ich nie wieder ganz sein. Nur noch ein halber Meermensch, der weder an das eine noch an das andere Element richtig angepasst ist. Von jetzt an brauche ich dich wie die Luft zum Atmen, dachte sie, sagte aber nichts.

»Ich will nicht.«

Sie sah ihn verständnislos an. »Was willst du nicht?«

»Ich will nie wieder ohne dich sein. Und deshalb werde ich da sein, wann immer du mich brauchst. Du kannst mich aus der tiefsten Tiefschlafphase aufwecken, mich aus der warmen Dusche oder von den besten Wellen des Planeten holen – ich küsse dich, egal, wann und wo. Versprochen!«

»Die besten Wellen nehmen wir ja wohl zusammen, da hole ich mir meinen Kuss im Vorbeisurfen, wenn du dich nicht wieder durchwaschen lässt …« Sie lachte laut und ansteckend, und Marc stimmte mit ein, bis die Stewardess sie ansah, als ob sie kurz davor wäre, nach einem Arzt zu rufen, um die beiden Passagiere, die entweder knutschten, flüsterten oder jetzt haltlos lachten, auf ihren Geisteszustand untersuchen zu lassen. Dann musste auch sie lächeln, wandte sich der Essensvorbereitung zu und wunderte sich nur ein bisschen über das eigentümliche Leuchten, das von den beiden in Reihe 17 auszugehen schien. Love is in the air – und denen kann man das sogar ansehen, dachte sie bei sich und seufzte halb gerührt, halb sehnsüchtig.

32

Alenuihaha Channel. 1000 Meter unter der Wasseroberfläche.
Mittwoch. Noch drei Tage.

Die beiden Meerwesen, die fast bewegungslos der Tiefe entgegenstrebten, waren schon an ihrer Körperhaltung gut zu erkennen. Velrons Rücken war rund, ohne Spannung, und sein Körper wirkte trotz seiner Größe gedrungen, während Akana athletisch und zugleich geschmeidig aussah, mit ihren breiten Schultern und der gestreckten Wirbelsäule.

Ihr Alter wirkte sich nicht auf ihre Erscheinung aus – sie machte einen starken Eindruck. Für Zweifel oder Skrupel hatte sie keine Ader, und das sah man ihr an.

Ihr Hass auf die Teres war fast so alt wie sie selbst. Sie hatte mit ansehen müssen, wie ihre im Sonnenbad glänzende Mutter vom Strudel einer riesigen Schiffsschraube erst hoch- und dann in Stücke gerissen worden war, während sie stumm vor Entsetzen ihren verzweifelten Vater zurückhalten musste, sich in dasselbe Schicksal zu stürzen, nur um nicht den Schmerz des Verlassenen ertragen zu müssen. Sie hatte mit wenig Licht auskommen müssen, denn ihr Vater wurde nie mehr froh. Es war ernst und kalt in ihrer Höhle gewesen, bis sie sich an der kleinen Flamme des Hasses wärmen konnte, die erst zaghaft und dann immer stärker in ihrem Herzen brannte.

Sie hasste die Wesen an Land für alles, was sie taten, und auch das, was sie unterließen.

Wieso traten sie das Element, aus dem alles Leben kam, so vernichtend mit ihren zerstörerischen Füßen? Sie hatte Nachrichten von anderen Kolonien erhalten, die sich durch das im Wasser treibende Zeug der Teres kaum mehr bewegen konnten. Ihre Nahrungsgrundlage, die Algen und anderen Wasserpflanzen, starben durch den Dreck aus den Wassern vom Land, und zudem wühlten die Teres seit einigen Jahren vermehrt den Meeresboden mit Maschinen auf und verlegten riesige stählerne Rohre, rammten in höllischer Lautstärke Pfeiler in den Grund und nutzten diese fürchterlichen Schallkanonen, um dann mit neuen Maschinen den Boden auszusaugen.

Selbst wenn sie das alles nicht taten, weil sie mit Absicht zerstören wollten, so mussten sie doch mit ihrem Wissen genug Verstand haben, um zu verstehen, dass sie das Meer und ihre Bewohner schädigten. Jeden Tag mehr. Jeden Tag schlimmer.

Und selbst wenn dieses eine Schiff nun seine Arbeit einstellen sollte, weil andere, »gute« Teres es erfolgreich im Hafen von Honolulu festgesetzt hatten, so würden doch einfach neue darauf folgen, die woanders weitermachten. Und es würden wieder Säuger, Fische, Meermenschen und andere Lebewesen zu Schaden kommen. Sie hörten nicht auf.

Und dann fangen wir eben an, dachte sie voller Wut. Wir beginnen hier vor diesen Inseln damit, sie zu töten, und wenn es möglich ist, dann weiten wir die Todeszonen aus. Ihre größten Städte liegen am Meer. Los Angeles, Tokio, Barcelona, Hongkong, New York und wie sie alle heißen – wir werden hier den Anfang machen, und dann können wir sie überall dort treffen, wo ihre Welt und unsere sich begegnen.

Velron musste ihr hassverzerrtes Gesicht bemerkt haben, denn als sie bei den gigantischen Feldern an den Hängen der Lavaberge angekommen waren, fragte er sie vorsichtig und mit ergebenem Tonfall: »Ist alles recht, Akana? Bist du zufrieden?«

Akana hob den Blick und ließ ihn über die Weite des leuchtenden Grüns gleiten und antwortete ruhig und gebieterisch: »Das sieht nach guter Arbeit aus, Velron. Sehr guter Arbeit. Und du sagst, auch die Felder auf der anderen Seite der Insel sind so weit?«

»Ja, auch dort sind die Grünalgen hervorragend gediehen und reif aufzusteigen. Die Strömungen werden sie genau an die seichten Ufer der Insel treiben, dorthin, wo die meisten Teres ihre Siedlungen haben. Bleibt es dabei, dass du die Überraschung auf deiner Seite haben willst? Ich konnte ja nicht alles genau hören, was Selva ihrer Tochter erzählt hat, aber klar ist, dass Ansa die Teres schützen will.«

»Und dann ist es gut, wenn wir ein wenig Vorsprung haben …«, sie lächelte still in sich hinein, bevor sie leise weitersprach, »das heißt, wir sollten einen Rat einberufen, um die großen Säuger darüber zu informieren, dass sie sich von der Oberfläche um die Inseln fernhalten und am besten jetzt schon tiefere Gewässer aufsuchen sollen. Ich möchte nicht wieder, dass es Tote auf unserer Seite gibt, hast du verstanden?«

»Das habe ich, Akana.«

Akana wusste, dass sie sich auf Velron verlassen konnte. Ihr wäre es lieber gewesen, wenn sie dasselbe auch von Lornas hätte sagen können. Er war zögerlicher. Und ihr nicht so ergeben. Außerdem teilt er das *ewige Licht*, dachte sie neidvoll. Das macht ihn weicher. Und Weichheit können wir uns nicht mehr leisten.

Ich werde bei der nächsten Ratswahl jemanden suchen müssen, dessen Herz nicht durch das Licht verweichlicht ist. Vielleicht Sira. Ihre Mutter und ihre Schwester sind zwar sehr eigensinnig und schwer zu kontrollieren, aber sie scheint mir mehr als vernünftig. Außerdem hätte ich so eine Möglichkeit, etwas über die Gedanken der rebellischen Familie aus der Höhle zu erfahren.

Erfreut über ihre Idee lächelte sie erneut, wandte sich ab und schraubte sich in lang gezogenen Spiralen wieder in die Höhe, ohne auf Velron zu achten.

Er würde ihr sowieso folgen.

33

Maui, Hawaii

»Ja, Mama, ich weiß, dass das blöd ist und du nichts planen kannst, aber wir sind eben von Dad abhängig, verstehst du?« Leo hatte seiner Mutter erklärt, dass es absolut keine gute Idee war, über die Weihnachtstage nach Maui zu kommen und dort mit ihren Söhnen, ihrem Ex-Mann und ihrem derzeitigen Freund Weihnachten zu feiern. So gut er konnte, hatte er etwas von einem Weihnachtsausflug auf Skippers Boot geschwindelt und hatte sich Mühe geben müssen, noch keine Andeutung zu machen, dass sie vielleicht alle überraschend Freitagnacht bei ihr einfallen würden. Sie wäre einfach zu traurig, wenn sie dann doch nicht kämen, und bei aller Entfremdung – er liebte seine Mutter und wollte sie nicht enttäuschen.

Nachdem er aufgelegt hatte, verspürte er den Impuls, seinen Vater anzurufen und ihn zu fragen, wie es denn aussah, ob die Vermehrung der Loriciferas voranging, aber das hatte er gerade erst vor einer Stunde gemacht, und es war nicht sehr wahrscheinlich, dass sich an dem verhalten positiven »Sieht ganz okay aus« seines Vaters etwas Grundlegendes geändert hatte.

Er setzte sich auf die Veranda in den Schaukelstuhl und wartete darauf, dass Marc und Merla zurückkamen. Sie waren mit dem kleinen Boot von Skipper um die Insel gefahren, um Orte zu suchen, die schnell zugängig waren, um sowohl vom Wasser als auch vom Land aus die hungrigen Loriciferas schon am Freitagmorgen aus den Tanks in den Pazifik freizulassen.

Sie hatten berechnet, wie viele Korsetttierchen sie ungefähr brauchen würden, um die anfallende Menge Gas zu verstoffwechseln, und sein Vater hatte bereits größere Tanks vorbereitet, um all die winzigen Wesen unterzubringen. Wenn sie denn überhaupt genug von ihnen hatten und die Tierchen hier dann noch überleben konnten.

Leo kämpfte mit aufsteigendem Unwohlsein im Bauch, wenn er an das dachte, was jetzt unerbittlich näher rückte. Doch er versuchte sich nicht davon mitreißen zu lassen.

Verdammt, es gibt so viele Fragezeichen und wir sitzen immer noch auf dieser Insel, die schon bald eine Todesfalle sein könnte.

Könnte, aber nicht werden muss, korrigierte er sich aufmunternd, wandte sich wieder seinem Laptop zu und schrieb eine verschlüsselte Messenger-Nachricht an den Freund mit dem bizarren Fantasienamen, der irgendwo auf der Welt saß und ihm helfen konnte, den Bericht über einen vermeintlichen Terrorangriff auf die Insel so einzuschleusen, dass noch am Freitagabend die Insel evakuiert werden würde.

Es war alles vorbereitet.

Sein Netzwerk in der dunklen Welt der Internet-Illegalität war groß, und er hatte sich einen guten Namen gemacht, als er ein Programm geschrieben hatte, um die neuesten Spiele der großen Software-Schmieden zu testen, bevor sie überhaupt auf dem Markt waren. Sein Unrechtsverständnis war mit den Jahren klarer geworden: Die Konzerne verdienten genug Milliarden und konnten seine Hacks gut verkraften. Es war absolut nicht nötig, vor Geld oder Macht zu kuschen, das hatte auch ihre erfolgreiche Aktion im Hafen von Honolulu wieder einmal gezeigt. Ganz im Gegenteil! Der Protest gegen das deutsche Forschungsschiff hatte eine weltweite Welle der Solidarität ausgelöst. Sie hatten nichts weiter getan, als ein paar Hundert Leute und Boote zu aktivieren und dies dann live per Internet über den Globus zu verbreiten.

Die Bilder der toten Walmutter zusammen mit den vielen entschlossenen Insulanern auf ihren Booten waren erschreckend eindrucksvoll gewesen, und sowohl die Regierung von Hawaii als auch die deutschen Auftraggeber des Forschungsprojekts hatten sofort leicht überhastete Statements veröffentlicht »*dass so etwas nicht mehr passieren dürfe ... und in Zukunft die Umgebung der Sprenggebiete sorgfältiger ausgewählt werde ... und man zudem an einer schonenderen Methode anstelle der Airguns arbeiten würde.*«

Klassische Weichmacherfloskeln natürlich, aber in die Netzhaut der Augen der Weltbürger hatten sich nun Bilder eingebrannt, die nicht mehr so leicht zu vergessen waren, und von Leonardo DiCaprio über Supersurfer Kelly Slater bis zu Greta Thunberg in Schweden hatten sich die Bilder auf Instagram-Accounts ausgebreitet wie ein Dominospiel, das die Erde umrundete.

Die Vize-Gouverneurin, die tatsächlich nicht nur sehr attraktiv, sondern auch zupackend war, hatte den Anstoß für eine internationale Konferenz gegeben, bei der sich Wirtschaft, Politik und Meeresforscher auf eine verträgliche Vorgehensweise bei der Erforschung des Meeresgrundes einigen sollten, und Leo, Keana und die anderen See-Demonstranten waren euphorisch von ihrem schnellen Erfolg nach Maui zurückgekehrt.

Leo hatte seinem Vater alles über ihre erfolgreiche Mission berichtet, nur den Zwischenfall mit der Frau, die Merla so ähnlich sah, hatte er vergessen, und jetzt fiel er ihm wieder ein.

Sie sieht ihr tatsächlich unglaublich ähnlich. Und ein seltsamer Zufall ist es ja schon, dass die eine aus der Unterwasserwelt aufsteigt, um uns zu helfen, und die andere über Wasser mit demselben Ziel unterwegs ist. Aber sie wollte absolut nicht auf das Thema eingehen – so viel war klar. Sie hatte richtiggehend schockiert ausgesehen, als Keana sie auf Merla angesprochen hatte.

Diese Annie war jedenfalls ein echter Gewinn für die Aktion gewesen: Sie hatte direkt einen guten Draht zu Akela Kehanamoku gehabt und schien bestens mit den Leuten der Regierung und denen vom Meeresbiologischen Institut auf O'ahu bekannt gewesen zu sein.

Wahrscheinlich ist die Ähnlichkeit nur Zufall, und ihre Verwirrung habe ich mir nur eingebildet, dachte Leo und gab ihren Namen bei Google ein, ohne dass er wirklich wusste warum.

Eine »Annie Thomson«, deren Alter passte, war tatsächlich bei

Wikipedia zu finden. Sie war im Beratungsstab des letzten Präsidenten in Umwelt- und Klimafragen gewesen und jetzt für die Forschungsabteilung einer Firma tätig, die ihr Geld mit Investitionen in »grüne« Projekte investierte. Verheiratet war sie mit einem Jay Thomson, Kinder hatten sie nicht.

Ein Streich der Natur war die Ähnlichkeit zwischen den beiden und nichts, was Merla wissen müsste, beschloss er und beschäftigte sich wieder mit den Evakuierungsplänen der Insel.

Weil sein Magen so laut knurrte, dass er ihn nicht mehr länger überhören konnte, ging Leo nach drinnen, um nach etwas Essbarem zu suchen, als sein Handy klingelte.

»Ja?« Er hatte gehofft, dass es sein Vater wäre und er gute Neuigkeiten hätte, aber es war Marc.

»Hey, wir haben ganz gute Spots für den Einsatz der Gasfresser gefunden, und ich wollte dir nur kurz sagen, dass wir jetzt noch in Richtung Hana fahren, damit Merla die gute Nachricht vom Stopp der Schallkanonen ihren Leuten überbringen kann.«

»Und wie …?«

»Frag einfach nicht«, unterbrach Marc ihn, »du würdest die Antwort sowieso nicht glauben … okay? Wir bringen was zu Essen mit und sind gegen fünf Uhr zurück. Gibt's Neuigkeiten von Dad?«

»Er klingt nicht gerade übersprudelnd vor Optimismus, aber auch nicht, als ob wir schon mal den Ernstfall proben müssten. Dad eben … keiner weiß was Genaues …«

»Okay. Dann versuch dich zu entspannen. Bis später!«, hörte Leo seinen Bruder noch sagen, und dann hatte er aufgelegt.

Entspannen! Sehr witzig. An Entspannung war hier ja wohl seit einiger Zeit überhaupt nicht mehr zu denken.

Vielleicht könnten ein paar schöne Wellen ihn ablenken …

Leo checkte die Wellenvorhersage in seiner App, fragte Keana, ob sie ihn abholen könnte, holte sein Brett und machte fahrige Dehnbewegungen in der Hoffnung, die dunklen Gedanken zu verdrängen, die sich in ihm breitmachen wollten. Aber es gelang ihm nicht.

Rund zwei Stunden später stand Leo mit dem Wasserschlauch in der Hand zwischen Garage und Hauswand und spülte sein Brett und seine Haare mit Süßwasser ab, als Marc und Merla rumpelnd die Auffahrt hinaufkamen.

Obwohl es schon fast Abend war, schienen sie ein Stück Helligkeit des Tages mitzubringen, als sie dicht nebeneinander die Treppen zum Haus hochgingen.

Doch ihre Mienen waren »not amused«. Die Meeresbewohner schienen entschlossener denn je. Kicko hatte Merla berichtet, dass Akana eine Ratsversammlung einberufen, die Meeressäuger vor den Folgen des Gases gewarnt und sie bereits in andere Gewässer geschickt hatte. Auch wenn die Nachricht vom Stopp der Schallkanonenangriffe unter Wasser mit Erleichterung aufgenommen worden war – es hatte nicht gereicht, um einen Stimmungswechsel zu erzeugen.

Dementsprechend bedrückt saßen sie schweigend beieinander, aßen ohne rechten Appetit von ihren gebratenen Asia-Nudeln und warteten auf gute Nachrichten aus dem Labor.

Doch auch ihr Vater sah abgespannt und ernst aus, als er schließlich dazukam.

»Die Anzahl ist zufriedenstellend, und sie machen auch einen ganz munteren Eindruck. Die Frage ist, wie sie mit dem pH-Wert klarkommen, und da habe ich im Moment nur mein Bauchgefühl.«

»Und was sagt dir das, Dad?«, fragte Marc.

»Ach, das kann ich nicht genau sagen …«, antwortete er ausweichend, aber Marc sah es ihm an.

Er hatte Zweifel. Ernsthafte Zweifel, dass ihr Plan funktionieren könnte.

In der Nacht hielt Marc Merla eng umschlungen, und es schien, als würde das ganze Haus vor Anspannung den Atem anhalten und keine Ruhe finden.

Er lauschte abwechselnd den Schritten, die immer wieder durchs Haus knarzten, und Merlas Atmung. Ruhig und gleichmäßig bewegte sich ihr Brustkorb unter seinem Arm, aber er wusste genau, dass auch sie nicht schlief.

Dreimal werden wir noch wach ... das alte deutsche Weihnachtslied »Morgen Kinder wird's was geben« geisterte höhnisch durch seinen Kopf, und ihn schauderte bei dem Gedanken, was genau es bald geben würde, so sehr, dass Merla sich umdrehte und ihm beruhigend über das Gesicht streichelte.

»Es ist erst vorbei, wenn es vorbei ist. Du denkst schon an das Ende, aber so weit sind wir noch nicht. Lass deine Angstgespenster nicht so groß werden. Hier«, sie hielt ihm ihre Handflächen entgegen und er verschränkte seine Finger mit den ihren, »spür mal.«

Und er fühlte ihre ruhigere Energie fließen, bis sich seine Sorge etwas gelegt hatte, und endlich schliefen sie beide ein.

34

Maui, Hawaii.
Donnerstag, noch 2 Tage.

Der Morgen graute hinter dem Vulkan, als Klaus Beck auf den noch menschenleeren Straßen nach Lahaina fuhr. Die Weihnachtsurlauber schliefen noch ihren seligen Auszeitschlaf, und auch die Bewohner Mauis ließen diesen Tag anscheinend geruhsam angehen.

Er selbst hatte die ganze Nacht kein Auge zugetan, was für ihn sehr untypisch war. Schlafen konnte er sonst eigentlich immer. Doch diese Situation war selbst für seine Nerven zu viel.

Er lenkte den Wagen bedächtig um die Kurve und dachte an die vielen Menschen, die friedlich in ihren Betten lagen und schlummerten oder gerade ihren Liebsten Kaffee und Frühstück bereiteten.

Plan A. Wir haben einen Plan A. Und wenn der nicht hinhaut, bleibt uns noch Plan B.

Mit diesem Mantra hatte er sich schon die letzten Stunden zu beruhigen versucht, aber sein Bauchgefühl war widerspenstig gewesen und hatte sich nicht einlullen lassen.

Plan B war aber auch eher ein Desaster als ein ernst zu nehmender Plan. Die Folgen eines angeblichen Angriffs aus der Luft waren so unabsehbar, dass alles in ihm schrie, die Finger davonzulassen.

Deshalb jetzt erst mal volle Konzentration auf Plan A, Dr. Beck, ermunterte er sich und öffnete die Tür zu seinem Labor. Die meisten Wassertanks mit den Korsetttierchen waren draußen hinter dem Gebäude, und seine Kollegen hatten nicht viele Fragen gestellt, sondern geholfen, auch wenn sie nicht wussten, warum gerade jetzt Loriciferas vermehrt werden sollten. Schließlich war er der Forschungsleiter, und wenn er gerade nun mal alle Tanks brauchte, dann war das auch in Ordnung.

Als er das Licht anmachte, bemerkte er schon aus zwei Metern Entfernung, dass etwas nicht stimmte. In dem Bassin, das zu einem Drittel mit Sediment gefüllt war, hatte sich an der Oberfläche eine feine Schicht gebildet, und Klaus Beck wusste, was das war, ohne überhaupt genau hingesehen zu haben.

Die Korsetttierchen waren alle tot.

»Das kann doch nicht wahr sein! Das könnt ihr uns nicht antun!«, schrie er in die Stille des Raumes hinein, und mit zitternden Händen nahm er eine Probe aus dem Glaskasten. Unter dem Mikroskop sah er seine schlimmsten Sorgen bestätigt: Keines der Loriciferas hatte in dem hiesigen Pazifikwasser überlebt.

»Scheiße! Scheiße! Verdammter Mist!« Er schrie seine Enttäuschung und Angst durch das gleichgültige Gebäude und sank dann erschöpft auf einen Stuhl.

Als er wieder einigermaßen klar denken konnte, sah er sich das Video der Kamera an, die über Nacht das gläserne Becken gefilmt hatte. Wann genau waren die sensiblen Tierchen denn gestorben? Vielleicht reichte ihre Überlebensfähigkeit ja gerade lange genug, um noch eine Menge an Gas vertilgen zu können.

Doch die Aufnahme dokumentierte das definitive Ende von Plan A. Schon zwei Stunden nachdem er das Wasser ausgetauscht und das Labor verlassen hatte, war Bewegung ins Becken gekommen, und die hochauflösende Kamera zeigte es genau: Ihre Hoffnung starb massenhaft. Und das auch noch rasant schnell.

Er überlegte, ob er noch andere Optionen hatte, aber das Ergebnis war zu eindeutig. Die Loriciferas würden ihnen keine Rettung bringen.

Von einem Schwächegefühl durchflutet, erlaubte er sich, das Gesicht in den Händen zu bergen, und versuchte sein Gehirn zu vernünftigen Gedanken zu zwingen. Aber wie in einem zu schnell geschnittenen, schlecht gemachten Actionfilm tobten die Bilder und möglichen Szenarien der nächsten Tage durcheinander. Sollte er mit seinen Jungs und Merla morgen in den Flieger nach San Francisco steigen und die Menschen den tödlichen Algen überlassen? Könnte Plan B gelingen, ohne eine internationale Krise auszulösen, die unabsehbare Konsequenzen haben konnte?

Er horchte in sich hinein, aber da war nur Rauschen und das Schlagen seines Herzens, das mittlerweile so heftig klopfte, dass er es in seinen Ohren hören konnte.

Es nützt nichts, hier herumzusitzen. Los, tu etwas! Er zwang sich aufzustehen und das Institut zu verlassen, holte sich in Lahaina einen Coffee to go für seinen Bambusbecher, den er immer dabeihatte, und schaltete das Radio ein. Bruno Mars sang *»Today I don't feel like doing anything, I just wanna lay in my bed ...«*, und er wünschte sich kurz wie ein Kind, einfach genau das tun zu können.

Doch seine Energie kehrte mit dem Kaffee und dem wunderschönen Licht, das die Morgensonne über der Insel ausbreitete, zurück. Er durfte die anderen nicht noch mit in die Hoffnungslosigkeit reißen, sie mussten sich jetzt noch mehr anstrengen, als sie es bisher getan hatten.

Oder einfach ihre Sachen packen, weil sie alles Menschen- und sogar Meermenschenmögliche getan hatten.

Er sah die langen, perfekten Linien der Wellen auf dem Wasser schon aus der Ferne und beschloss, dass sie alle erst mal einen freien Kopf brauchten. Er würde ihnen sagen, wie es stand, und dann würden sie zusammen surfen gehen.

Das war wenigstens *ein* realistischer Plan, dachte er sich und musste endlich mal wieder lächeln.

Leo schrie auf und schlug mit der Hand so heftig auf den Holzbalken, dass das Vordach wackelte, während Merla und Marc sich nur stumm und entsetzt ansahen.

»Soll das ein Witz sein, Dad?« Leo sah seinen Vater ungläubig an.

»Mir liegt nichts ferner, als darüber zu scherzen, Junge! Sie sind tot. Und damit auch Plan A.« Er sah sie alle der Reihe nach an. »Wir haben wirklich alles gegeben, jeder von uns«, er sah Merla anerkennend an, »und ich bin sehr stolz auf jeden Einzelnen! Aber es hat nicht funktioniert, und keiner von uns trägt die Schuld daran. Und auch wenn ich selbst nicht weiß, was wir nun tun sollen, eins weiß ich: Wenn man zu viel denkt, fräsen sich die Gedanken irgendwann fest. Das Einzige, was dann hilft, ist, mal das Denken abschalten, und deshalb würde ich sagen«, er klopfte seinem jüngeren Sohn beruhigend auf die Schulter, »wir tun jetzt einfach alle mal das, was uns guttut. Die Wellen sind super – schnappt euch eure Bretter, und wir gehen erst mal surfen. Danach mache ich Pfannkuchen, und dann schauen wir, was wir mit den restlichen 48 Stunden anfangen, einverstanden?«

Leo sah seinen Vater entsetzt an. »Meinst du das jetzt ernst? In 48 Stunden könnte diese Insel ein Massengrab sein, und du willst surfen gehen?«

»Korrekt. Und du kommst mit!«

»Nein, verdammt, das werde ich nicht!« Leo war tatsächlich blass vor Wut, und so hatte Marc ihn noch nie mit ihrem Vater sprechen hören. »Ich weiß, dass mein Plan B zweifelhaft und nicht gerade toll ist. Deshalb werde ich hier sitzen bleiben und so lange darüber nachdenken, wie wir die Menschen vom Wasser wegbekommen können, bis ich einen vernünftigen Plan habe. Jede einzelne Sekunde ist kostbar, und ich werde die garantiert nicht mit abgeschaltetem Kopf auf dem Wasser verbringen. Das habe ich gestern schon versucht, und es hat nicht geklappt.« Er blitzte seinen Vater wütend an. »Du erinnerst mich gerade an die Musiker auf der Titanic, die noch hingebungsvoll musiziert haben, während Tausende von Menschen in den eiskalten Wassern um sie herum ertranken. Das fand ich schon in dem Film bekloppt – warum haben die sich in der Zeit kein Floß gebaut? Geht ihr mal surfen, ich suche hier nach Rettung für unsere Mitmenschen!« Aufgebracht stieß Leo den Stuhl nach hinten und stürmte laut vor sich hin schimpfend die Treppen nach oben.

Sein Vater zuckte die Schultern und ging in die Garage, um sich sein Surfbrett zu holen, das er dann wachste und auf die Ladefläche des Trucks legte.

»Ich gehe gern ein bisschen in die Wellen. Und du?«, sagte Merla nach einer Weile des ratlosen Schweigens zu Marc, und wenig später steuerte Marc den Truck den Berg hinunter, Merla neben sich, sein Vater hinten, bis er an der Kreuzung zum Küsten-Highway kurz anhalten musste. Marc ließ seinen Blick müde von links nach rechts wandern, um zu sehen, ob die Straße frei war, als er plötzlich erstarrte.

Die traubenförmig angebrachten, gelben Lautsprecher an einem Metallmast hatten seine Aufmerksamkeit erregt, und die Idee, die ihm dann plötzlich durch den Kopf schoss, tauchte aus dem Nichts auf wie eine taghelle Sternschnuppe am dunklen Nachthimmel.

»Das gibt's doch nicht! Oh, mein Gott! Warum sind wir nicht früher darauf gekommen?!« Marc schlug auf das Lenkrad und schrie auf.

»Was … worauf sind wir nicht gekommen? Wovon sprichst du?« Merla drehte sich um und sah seinen Vater verständnislos an, der denselben fragenden Gesichtsausdruck hatte.

Marc lachte laut auf, parkte den Wagen am Straßenrand und stieg aus. Die anderen beiden folgten ihm mit Fragezeichen auf den Gesichtern, während er mit ausgestrecktem Arm auf die Sirene zeigte.

»Das Tsunami-Warnsystem! Die ganze Insel ist doch seit dem Tsunami von 1960, spätestens aber seit dem von 2004 bestens für eine Gefahr aus dem Meer gerüstet! Fangen die Sirenen an zu heulen, sind alle, aber auch wirklich **alle** Bürger schnellstens dazu aufgefordert, die höheren Lagen am Haleakala oder in den West Maui Mountains aufzusuchen! Es gibt Notfallpläne für die Kran-kenhäuser, und sogar die Passagiere auf den Luxuslinern würden zack, zack nach oben gebracht werden. Das System ist bestens ausgearbeitet!«

Aufgeregt wandte er sich seinem Vater zu. »Erinnerst du dich nicht an den Probealarm, als die ganze Insel auf den Beinen war? Innerhalb von vier Stunden war niemand mehr am Wasser, alle waren auf dem Berg!« Er setzte kurz ab.

»Und dieses Gas ist doch sehr schwer, oder? Es steigt nicht weiter auf als 50 Meter, und dann vermischt es sich so mit den Atmosphärengasen, dass es irgendwann unwirksam wird, oder? Je dichter über der Wasseroberfläche, desto gefährlicher. Das heißt, wenn wir alle rechtzeitig nach oben lotsen, können die Algen so viel faulen, wie sie wollen – wir sind aus der Gefahrenzone!«

»Das klingt gar nicht mal so übel …«, stimmte sein Vater halblaut zu, drehte sich um und hob den Kopf dem Vulkan entgegen.

Über 3000 Meter ragte der mächtige Schildvulkan in die Höhe, dem die Hawaiianer nachsagten, der Halbgott Maui hätte die Sonne dort eingefangen und ihn deshalb »Haus der Sonne« genannt.

Merla verstand nicht alles, was Marc gesagt hatte, und fragte: »Aber *wie* wollt ihr das System aktivieren? Dieses Seebeben im Warmen Ozean damals muss fürchterlich gewesen sein. Ich weiß es nicht genau, aber man munkelt, dass die Bewohner der Kolonien dort an der Entstehung des Bebens mitbeteiligt waren …« Sie hörte auf zu reden, als sie in die entgeisterten Gesichter von Marc und seinem Vater sah.

»Warmer Ozean? Meinst du den Indischen Ozean? Wie denn beteiligt …? Es war doch ein Seebeben …?«, fragte Marc, während sein Vater den Gedanken weiterspann. »Mehr als 230 000 Menschen sind damals in Südostasien gestorben! Es war Weihnachtszeit, und die Strände waren voll mit Touristen …«, Marcs Vater stockte, »genau wie jetzt. Die Meermenschen hier wollen uns also genau wie damals dann treffen, wenn wir alle entspannt und glücklich am Strand sitzen. So ist der Horror noch effektiver!«

Seine Miene hatte sich verdüstert, als er schroff zu Merla gewandt weitersprach: »Ich kann ja besser als die meisten hier oben verstehen, dass ihr mehr als wütend über das seid, was wir eurem Element antun, aber all diese Unschuldigen zu töten! Das macht doch keinen Sinn! Wohin soll das führen? Das hat weder in der Steinzeit noch zu irgendeiner anderen Zeit zu Frieden geführt: Wie du mir, so ich dir. Und ich hatte tatsächlich gedacht, dass ihr Meermenschen uns etwas an Lebensweisheit voraushabt ...!«

Marc nahm Merla schützend in den Arm und redete beschwichtigend auf seinen Vater ein. »Hey, hey, Moment mal! Sie ist auf unserer Seite, ja? *Sie* ist diejenige, die in Alaska fast ihr Leben gelassen hätte, um uns zu helfen – es gibt keinen Grund, sie jetzt so anzufahren, Dad!«

Klaus Beck kickte einen Stein am Boden zur Seite und sagte dann mit belegter Stimme, als er wieder aufsah: »Entschuldige, Merla, aber ich habe noch nie verstanden, wie das gegenseitige Töten Probleme lösen soll. Und ich bin mehr als frustriert darüber, dass selbst dein friedliebendes Volk keinen anderen Weg mehr sieht, mit der Plage Landmensch fertig zu werden.«

Er nahm sie kurz in den Arm und drückte sie herzlich. »Entschuldige!«

Merla fühlte sich unwohl, wusste nicht, wie sie reagieren sollte, und war froh, als Marc das Wort wieder aufnahm.

»Egal, wer für was verantwortlich war, dafür haben wir jetzt weder Zeit noch Nerven ... zu deiner Frage, Liebste: Nein, wir würden kein echtes Seebeben auslösen wollen. Wir setzen alles darauf, dass Leo und seine Computerfreaks das Pacific Tsunami Warning Center glauben lassen können, dass da ein Monster-Tsunami auf uns zurollt. Ob und wie das geht – keine Ahnung. Aber wenn Leo einen Fake-Raketenangriff starten lassen kann, dann sollte so ein falscher Tsunami ja wohl auch kein Problem sein, oder?«

Er zog sie an sich, strich ihr eine Haarsträhne aus dem Gesicht und küsste sie ein bisschen. Und dann noch ein bisschen mehr.

»Ich weiß nicht, ob es an deinem Kuss liegt, mein Meermädchen, aber zum ersten Mal seit Tagen habe ich das Gefühl, es gibt eine reelle Chance, dass wir Weihnachten friedlich und vor allem lebendig am Strand sitzen.« Sie küssten sich noch mal, und Merlas Unbehagen hatte sich schon längst in Luft aufgelöst. Marcs Küsse ließen sie ein strömendes Gefühl von Energie und

Glück spüren, und sie fühlte seine Zuversicht in sich selbst wachsen.

»Wenn ihr weiter eure Zeit mit Knutschen verbringt, sehe ich da allerdings schwarz!« Lachend zog Klaus Beck seinen Sohn am Arm zum Auto, und hätte ihnen jemand bei der Hinfahrt gesagt, wie hundertprozentig anders sie sich bei der Rückkehr fühlen würden – sie hätten ihm kein Wort geglaubt.

Leo hatte nicht auch nur den Bruchteil einer Sekunde gezögert. Sein Grinsen war erst zaghaft, dann immer breiter geworden, bis er seinem Bruder einen kräftigen Schlag auf die Brust verpasst hatte, den dieser mit einer kurzen Umarmung quittiert hatte, und dann war er nach oben gestürmt, um Marcs Plan »reloaded« zu starten.

Er und Merla waren von da an überflüssig.

Sie konnten nichts mehr tun, außer zu warten. Warten, ob Leo mit seinen Bemühungen in der *anderen Welt* – wie er sie nannte – Erfolg hatte.

Ihr Vater war zurück zum Institut gefahren, um das Korsett-tierchen-Massaker aufzuklären und den italienischen Wissenschaftlern seine Erfahrungen mitzuteilen, und Marc und Merla blieben – froh über ihre plötzliche Zweisamkeit – unbeschäftigt zurück.

Sie schliefen zwei Stunden eng aneinandergeschmiegt in der Hängematte, bis die Mittagshitze sie weckte, und fuhren dann nach Ho'okipa ans Wasser, nachdem von Leo nur grunzende Halblaute und keine klaren Aussagen zu möglichen Fortschritten zu hören waren.

Seltsamerweise beunruhigte sie das nicht weiter. Eine zweifelsfreie Zuversicht schien den Kampf gegen Angst und Sorge gewonnen zu haben.

Die Wellen rollten perfekt brechend in die Bucht und waren so groß, dass sich nur wenige Touristen zu den ansässigen Surfern im Line-up gesellt hatten.

Die Bewegung im Wasser tat Merla gut, und ihre immer noch

schmerzhaft verspannten Muskeln im Nacken und zwischen den Schultern ließen endlich locker. Sie genoss es, zu tauchen und zu schwimmen, sie surfte ein paar eindrucksvolle, vier Meter hohe Wellen nach Art der Bodysurfer mit nach vorn gestrecktem Arm, und die anderen Surfer zollten ihr johlend größten Respekt, nachdem sie gesehen hatten, wozu sie in der Lage war.

Marc war so stolz auf sie und so glücklich, dass er sich kaum auf seine Wellen konzentrieren konnte. Entweder sprach und lachte er mit ihr und den anderen, oder er sah ihr zu und verpasste so eine gute Welle nach der anderen. Aber es machte ihm nichts aus. Er genoss es, mit ihr im Wasser zu sein. Zum ersten Mal unbeschwert und verspielt.

Als sie plötzlich mit erschrockenem Ausdruck in ihren schönen Augen vor ihm auftauchte, war der Zauber der Leichtigkeit schlagartig verschwunden.

»Marc! Ich glaube, es geht schon los! Ich bin ein bisschen weiter runtergetaucht und habe es gesehen: Die ersten Algen treiben nach oben!«

»Wieso denn das? Jetzt schon?« Marc zog die Augenbrauen zusammen und blickte angestrengt auf das scheinbar unveränderte Blau.

»Ja …« Sie knabberte nachdenklich an ihrer Unterlippe, bis sie weitersprach: »Mmh, ganz eindeutig ist wahrscheinlich nicht vorherzusagen, wann die Grünalgen so verdorben sein werden, dass ihre Stängel sich lösen. Vielleicht sind diese einfach etwas frühreif. Normal wäre, wenn sie morgen Nacht aufsteigen und dann am Tag darauf mit der Sonnenwärme reagieren würden.«

»Aber du bist dir ganz sicher, dass der Tag nicht schon morgen sein könnte?«

Merla strich sich tropfendes Wasser von den Haaren aus dem Gesicht und hielt sich an seinem Oberschenkel fest. »Der Tag, nachdem der Mond ganz voll war, soll der Tag des Angriffs sein. Da bin ich mir ganz sicher. Und das ist doch der Tag, den ihr Samstag nennt, oder?«

»Ja. Aber was, wenn sie ihren Plan geändert hat und einfach einen Tag früher beginnt?« Marc sah Merla alarmiert an, und der Schreck über diesen Gedanken fuhr ihm direkt in den Bauch.

Merla teilte seine Sorge sofort. »Du könntest recht haben … das erklärt zum einen, warum die Algen bereits jetzt im Wasser treiben, und zum anderen, warum die Säuger schon nach draußen ziehen sollten …« Besorgt sah sie wieder auf den so blau blitzenden Pazifik hinaus und sagte dann bestimmt zu Marc: »Ich muss Kicko rufen! Er soll mit Mommie sprechen und uns dann Bescheid geben.«

»Aber was ist, wenn deine Mommie genauso ahnungslos ist und Akana gar nicht alle darüber informiert hat, dass sie einen Tag früher zum tödlichen Schlag ausholt? Für euch spielt es ja keine Rolle, wann genau wir hier oben sterben werden …«

Merla wurde blass, und sie kniff die Augen zusammen, als sie hervorstieß: »Oh, gütige Sonne – du hast recht … so wird es sein! Das sieht mir in der Tat nach Akana aus. Vielleicht hat sie befürchtet, dass es Verräter geben könnte, die ihren Plan vereiteln wollen, und um ganz sicherzugehen, beginnt sie einfach früher!«

Sie hielt sich an Marcs Unterschenkel fest und sah ihn ratlos an. »Was machen wir jetzt? Wenn heute Nacht die Algen aufsteigen, dann müssen wir bis spätestens morgen Vormittag die Menschen in Sicherheit gebracht haben.«

»Und was, wenn du dich irrst und es doch bei dem Tag nach Vollmond bleibt? So lange werden die Leute ihre Häuser nicht verlassen, wenn der angekündigte Tsunami *nicht* kommt. Und gehen sie dann zurück, wird es schwierig, sie ein zweites Mal mit einem Fehlalarm zu täuschen.«

Merla bekam wieder den entschlossenen Gesichtsausdruck, bei dem er sofort wusste, dass Widerspruch zwecklos war. »Du gibst mir dein Surfbrett, schwimmst an Land und machst deinem Bruder klar, dass es eventuell noch eiliger ist, als wir gedacht haben. Und ich paddle nach draußen, versuche mich von Tigerhaien fernzuhalten, und bitte Kicko darum, seine Ohren weit aufzusperren und Akana und Velron zu belauschen. Sie könnten jetzt unvorsichtig sein, wo sie so kurz davor sind. Vielleicht kann er etwas in Erfahrung bringen.«

»Pass auf dich auf, meine Wagemutige, und denk daran, dass ich dich lieber früher als später wieder küssen möchte!«, versuchte Marc zu scherzen, als sie sich auf sein Brett legte und er sich schwimmend über Wasser hielt.

»Ich fahre schnell nach Hause und warte dann unten am Strand auf dich, okay?«

Sie drehte sich noch kurz um, warf ihm eine Kusshand zu und reckte den Daumen in die Höhe.

Als sie hinter dem nächsten Wellenberg verschwunden war, schwamm Marc, so schnell er konnte, in Richtung Ufer. Er versuchte, eine Welle mit schnellen Armzügen zu erreichen, aber sie erwischte ihn, bevor er sich richtig positionieren konnte, und tüchtig durchgewaschen kam er kurzatmig vor Anstrengung an Land.

Er vermied den Blickkontakt mit den Leuten, die ihn am Strand fragend ansahen, um keine dummen Antworten geben zu müssen, und fuhr, so schnell es mit dem alten Toyota möglich war, nach Hause.

35

Maui, Hawaii. Freitag, 9 Uhr 20.

Jaulend und schrill schallten die Alarmtöne an- und abschwellend aus den Lautsprechern über Straßen, durch Bürogebäude und in den Häfen.

Polizeibeamte und extra für diese Situation vorbereitete ehrenamtliche Helfer fuhren in alle Gemeinden der Insel, und vielstimmig tönte es von überall aus den Megafonen:

»Dies ist eine Notfallwarnung des Pacific Tsunami Warnsystems. Ein Seebeben der Stufe 8,8 wird innerhalb der nächsten Stunden zu schwersten Überflutungen führen! Bitte bringen Sie sich, Ihre Haustiere und Wertsachen so schnell wie möglich in höher gelegene Gebiete! Nehmen Sie pro Person drei Liter Wasser, aber keine Lebensmittel mit! Brauchen Sie Hilfe, rufen Sie die Nummer 999 für genau diesen Notfall an! Wir wiederholen: Dies ist eine Notfallwarnung …!«

Die Bewohner Mauis folgten den Aufrufen ruhig und einigermaßen geordnet. Viele Ältere erinnerten sich an den Tsunami, der Hawaii im Jahr 1960 mit über zehn Meter hohen Wasserwänden bombardiert hatte, während die Jüngeren die Videos aus Bali und Indonesien vor Augen hatten, die das Grauen an Weihnachten 2004 fast live in die Wohnzimmer übertragen hatten.

Auch wenn viele Straßen den Vulkan und die West Maui Mountains hinauf sofort voll waren, blieben die Insulaner gelassen, und alles bewegte sich zwar langsam, aber doch stetig nach oben.

Und dann kam die Stille.

Ohne seine rund 27 000 Einwohner ruhte Kahului stumm und still wie eine verlassene Goldgräberstadt im Wilden Westen, und auch in Lahaina und in den mit Hotels gesäumten Gebieten der Westseite war das Leben wie ein Spuk aus den Straßen und Häusern verschwunden.

Die Sonne strahlte vom harmlos wolkenlosen Himmel, und nur diejenigen, die aus den Regionen direkt ans Ufer kamen, fragten sich, ob die riesigen Algenteppiche im Wasser auf irgendeine Weise mit dem herannahenden Tsunami in Zusammenhang standen. Doch für solche Überlegungen blieb den meisten weder Zeit noch Aufmerksamkeit – erst einmal ging es nur darum, die Häuser zu verlassen, strampelnde Katzen und Hunde in Autos zu zerren und nach oben zu gelangen.

Und dann abzuwarten, bis das Meer sich erhob.

Sie saßen in der Küche und sahen live die Bilder, die die Maui News von Webcams an verschiedenen Orten der Insel zeigte. In ihrer Straße, die bereits hoch genug lag, hatten schon viele Menschen auf der Flucht vor dem Wasser ihre Autos geparkt, und die Nachbarn öffneten ihre Türen, um den bekannten und unbekannten Schutzsuchenden Betten und Badezimmer anzubieten.

Die grün gestrichene Tür des Hauses mit der Nummer 78 blieb allerdings verschlossen. Besser so, denn das Triumphgeheul dahinter wäre sonst auch rundum zu hören gewesen.

»Whoooo-hooo!«

»Es hat geklappt! Wir haben es geschafft! Mein Bruder – unser Held!«

»A-huuuuuuuu!« Wie ein Wolf jaulend, legte Klaus Beck den Kopf in den Nacken. Merla klatschte in die Hände und wippte auf und ab, dass ihre Locken wild um sie herumtanzten.

Strahlend nahm Marc Leo in die Arme und drückte ihn, bis dieser sich lautstark protestierend befreite. »Stopp, Alter! – du brichst mir noch sämtliche Rippen. Entspann dich!«, sagte Leo lachend und fand sich bereits in der nicht weniger quetschenden Umarmung seines Vaters wieder.

»Ich habe zwar nicht den leisesten Schimmer, was du da in diesem Parallelnetz angestellt hast, und wahrscheinlich machte ich mich sogar strafbar, wenn ich es wüsste, aber es war anscheinend das Richtige – ich bin stolz auf dich, mein Hacker-Sohn!« Er schüttelte den Kopf und lachte. »Dass ich so etwas einmal sagen würde …«

Auch Merla umarmte Leo, und dann überschütteten sich alle gegenseitig mit Lob und Komplimenten, während der Radiosender der Insel, der aus einem extra für diesen Zweck eingerichteten Notstudio aus den West Maui Mountains sendete, »Somewhere over the rainbow« spielte.

»Jetzt wird's aber richtig kitschig«, brummte Klaus Beck und wischte sich heimlich eine Träne der Erleichterung aus dem Auge, während Leo ihrer Mutter in San Francisco schrieb, dass sie sich keine Sorgen machen müsste, sie wären alle in Sicherheit.

Marc zog Merla ein Stück abseits und flüsterte ihr die Worte zu, die schon lange in ihm rumorten, für die aber erst jetzt Zeit und Raum war. »Ich habe es ja lange nicht gecheckt, aber eigentlich habe ich es tief in mir von Anfang an gewusst: Du bist mehr als nur meine große Liebe«, seine braunen Augen glänzten weich, als er weitersprach, »du bist mein Lebenslicht. Nicht nur, weil du mir das Leben nun drei Mal gerettet hast, sondern auch weil ich mich fühle, als hätte ich etwas gefunden, was ich schon lange unbewusst gesucht habe.« Er zögerte und suchte nach den richtigen Worten, bevor er genauso leise weitersprach: »Erkenntnis. Das ist es! Ich verstehe jetzt alles hier: Das Leben. Das Glück. Die Liebe. Alles nur durch dich.«

Merla vergrub ihr Gesicht in seinen Locken, atmete seinen Duft ein und flüsterte mit dem ihm so vertrauten, sanften Spott in der Stimme zurück: »Da sei dir mal nicht zu sicher. Ob aus dem Meer oder vom Land – ich bin immer noch ein Mädchen. Da kannst du gar nicht immer alles verstehen …«

Und sie lachten erst verhalten, dann immer mehr, bis sie nach Luft rangen und sich endlich atemlos küssten.

Als in den frühen Morgenstunden im Inselradio die Meldung kam, dass die Tsunamiwarnung ein Fehlalarm, verursacht durch

eine Computerpanne, gewesen war und etwas später die ersten
Bewohner den Rückweg zu ihren Häusern antraten und draußen
die Motoren starten ließen, schliefen in diesem einen Haus alle
Bewohner so tief und fest, dass weder ein Vulkanausbruch noch
ein echter Tsunami sie hätte wecken können.

36

Velron war durch den dichten Schleier herabsinkender Algen hinabgetaucht und wusste, dass es immer die Überbringer schlechter Nachrichten waren, die den Zorn auf sich zogen. Er straffte seine hängenden Schultern und wappnete sich innerlich für den Sturm der Wut, der ihm gleich entgegenbrausen würde.

Doch Akana war bereits im Bilde.

»Sie wurden gewarnt und haben sich in Sicherheit gebracht – du musst nichts sagen, Velron. Ich weiß es schon.«

Ihre Stimme klang gelassen und ruhig, aber Velron kannte sie gut genug, um zu wissen, dass es darunter brodelte.

»26 Landmenschen, die sich nicht vom Wasser entfernt haben, haben den Tod gefunden. Dazu zahllose Vögel, Insekten, Amphibien, einige Landsäuger, aber kein Meeressäuger«, sagte Velron und schwieg dann vorsichtshalber.

Akana glitt durch ihre Höhle, und es leuchtete gleißend weiß, als sie zornig mit den Flossen schlug.

»Das war mehr als enttäuschend! Alles umsonst! Wer hat uns verraten?« Ihr Gesicht schimmerte kalkweiß wie ausgebleichte Knochen. »Ich werde die Ratsversammlung einberufen und unser Scheitern verkünden.«

Sie ordnete gedankenverloren die kleinen, weißen Muscheln an ihrem eng anliegenden Kleid, und Velron wusste nicht, ob sie noch etwas sagen würde, als sie ihren Kopf hob und ihn durchdringend ansah.

»Ich werde außerdem noch zwei weitere Themen anbringen, die mir am Herzen liegen. Erstens werden die Verräter dafür bezahlen müssen, dass die Teres so billig davongekommen sind. Und zweitens«, ein grimmiges Lächeln breitete sich auf ihrem Gesicht aus, »lass es uns als ersten Versuch werten. Auch wenn es dieses Mal nicht geklappt hat, bin ich doch von unseren Mitteln und Wegen mehr als überzeugt. Die Teres haben noch mehr Siedlungen an unseren Ufern, mit mehr Menschen, und wir können so viele Algen anpflanzen, wie wir brauchen, um sie bis ins Mark zu treffen.«

Sie lächelte immer noch, als sie hinzufügte: »Außerdem habe ich Nachricht von den anderen Räten: Wir sind nicht mehr allein mit unserer Mission. Auch viele andere Kolonien sind bereit, endlich zurückzuschlagen. Und außerdem gibt es noch mehr unscheinbare Einzeller, die Großes bewirken können. Wir sind uns alle einig: Das hier war erst der Anfang!«

Sie machte eine kurze Pause und flüsterte dann fast unhörbar und wie zu sich selbst: »Sie sollen die Macht der Meere spüren. Schmerzhaft und gewaltig.«

Und ihre Miene sah so kalt und hart aus, dass sogar Velron erschauerte bei der Vorstellung, was genau sie damit meinte.

Danksagungen

Mein Dank geht vor allem an meine Familie, die mitgefiebert und -gefeiert hat: Torsten, mein Fels in der Brandung und liebster Surf-Buddy, das einzig wahre und wagemutige Wassermädchen Merla und unser Leo, der zwar kein Helden-Nerd, aber auch ein klasse Surfer und Typ ist. Ihr seid einfach eine krasse Herde.

Danke an dieser Stelle auch meiner »sis« Katrin und Verena, die fleissig gelesen und mich bestärkt und meine Zweifel mit ihrer positiven Energie weggewischt haben.

Natürlich Timm Kruse, der mich schon von Anfang an mit Rat und Tat unterstützt hat – außerdem ist er brother in mind und seine Bücher so witzig und erkenntnisreich, wie er selbst.

Meiner Lektorin Christiane Bauer, die sich auch in die Unterwasserwelt mit hat ziehen lassen und mich mit ihrer Begeisterung erfreut hat.

Tiefsee-Taucher und -Spezialist Uli Kunz für seine Zeit und seine unglaublich schönen Bilder aus »Leidenschaft Ozean« als Anregungen für die Ausgestaltung der Unterwasserwelt.

Danke auch der Agentur Arrowsmith für Geduld und Einsatz und an das Hotel Seeblick in Heikendorf für die richtige Schreib-Atmosphäre und den guten Espresso. Meiner Mutter für ihre Unterstützung und mein Schreib-Asyl in Hohwacht, dazu meinem Bruder, dessen Wortwitz ich liebe.

Danke an all die lieben Menschen, die ich hier nicht alle aufzählen kann, die mein Leben mit ihrer Anwesenheit und Energie so reich machen – möge das ewige Licht uns allen leuchten!

Und zuletzt gilt mein Dank allen, die sich für den Schutz unserer wunderschönen Meere und ihrer Bewohner einsetzen, denn sie brauchen unsere Hilfe mehr als je zuvor …